AF396954

LE PRATICIEN

FRANÇAIS.

IMPRIMERIE DE H.-L. PERRONNEAU.

LE PRATICIEN

FRANÇAIS.

EN DEUX PARTIES.

La Iere. donne l'*Esprit* et la *Théorie* du Code de procédure, avec les formules.

La IIe. en présente l'*Application* et la *Jurisprudence.*

Par les RÉDACTEURS de la JURISPRUDENCE DU CODE CIVIL.

TOME QUATRIÈME.

A PARIS,

Chez M. Bavoux jeune, Directeur de la Jurisprudence du Code civil, rue de Savoie, n°. 18.

=====

M. DCCC. VII.

Prix des 4 vol., 24 fr. — 30 fr. port franc.

On trouve aussi, à la même adresse, la *Jurisprudence du Code civil*; prix, 20 fr. par an ou 1000 pages, et des années 12, 13, 14 et 1806, 70 fr.

LE PRATICIEN FRANÇAIS.

LIVRE V.

De l'exécution des jugemens.

Nous avons jusqu'ici suivi la marche naturelle des procès ; nous avons vu comment ils sont entamés, poursuivis, instruits et jugés ; nous avons examiné les voies ordinaires et extraordinaires mises en usage pour attaquer les jugemens ou les arrêts ; il nous reste à connaître les différens moyens admis pour les mettre à exécution.

Ces moyens sont très-nombreux, parce qu'ils dépendent de la nature de la condamnation, de la volonté de la partie poursuivante, des facultés de la partie poursuivie, des sûretés qu'elle présente, du degré de mauvaise foi, de la ténacité qu'elle oppose, et de l'intérêt qu'a la société de faire respecter et exécuter les décisions de la justice.

Ainsi, pour ne pas déranger l'ordre adopté par le Code, nous traiterons successivement et dans autant de chapitres :

1°. Des réceptions de cautions ;

2°. De la liquidation des dommages-intérêts ;

3°. De la liquidation des fruits ;

4°. Des redditions de compte ;

5°. De la liquidation des dépens et frais ;

6°. Des règles générales sur l'exécution forcée des jugemens ;

7°. Des saisies-arrêts ou oppositions ;

8°. Des saisies-exécutions ;

9°. De la saisie-brandon ;

10°. De la saisie des rentes constituées sur particuliers ;

11°. De la distribution par contribution ;

12°. De la saisie immobiliaire ;

13°. Des incidens sur la poursuite de saisie immobiliaire ;

14°. De l'ordre ;

15°. De l'emprisonnement ;

16°. Enfin des référés.

TELLES sont les voies que la loi a introduites pour forcer la partie condamnée à obtempérer aux ordres souverains de la justice. Sans doute, il serait préférable de s'y soumettre volontairement plutôt que de montrer une ténacité souvent odieuse et coûteuse ; mais il est des esprits aveuglés par la passion, qui ne veulent céder qu'à la force, et qui alors qu'on leur présente un jugement de condamnation, redoublent d'efforts, se jettent dans des frais énormes pour s'y soustraire, ou au moins pour obtenir des retards et des délais.

Alors il faut venir au secours de celui qui a obtenu gain de cause ; le jugement entre ses mains serait un titre absolument illusoire, si la loi ne lui concédait en quelque sorte une portion de sa puissance pour forcer à l'exécution d'un acte émané de la justice, celui qui persiste à s'y refuser.

« Ici, la force vient à l'appui du droit reconnu ou déclaré ; mais comme dans toute société bien organisée, nul ne peut de sa propre autorité obliger par la force son adversaire à remplir un devoir, à exécuter une convention, à obéir à un jugement, la force publique supplée la violence particulière et les officiers dépositaires de cette force interviennent pour l'exercer. » (M. Réal.)

Voici, dans ces moyens d'exécution et de contrainte, les règles qu'il faut suivre.

CHAPITRE PREMIER.

Des réceptions de cautions.

Lorsque le mot *caution* est employé seul , il ne s'entend que d'une simple promesse sous la foi du serment, c'est-à-dire une caution *juratoire*, si l'on n'ajoute bonne et suffisante, *L. 3.* , *cod. de verb. sign.* , et Godefroy sur cette loi. C'est de la dernière seulement dont il est ici question, ou de celle qu'on connaît sous le nom de *caution judiciaire*.

Cette caution est la sûreté que donne une personne solvable d'indemniser la partie intéressée , au cas où l'adversaire ne pourrait opérer la restitution ou le paiement ordonnés. Voy. le *tit.* 14, *liv.* 3 *du Code civil.*

Nous avons parcouru plusieurs cas où la caution judiciaire peut être demandée et doit même être ordonnée :

1°. Si le jugement est exécutoire par provision. *Voy. p.* 407 *du* 1er. *vol.* , *et p.* 485 *du* 2e. *vol.*

2°. Lorsqu'un étranger est demandeur. *Voy.* p. 14 *du* 2°. *vol.*

3°. Si l'on accepte une succession sous bénéfice d'inventaire. *Voy. art.* 992.

Ces trois cas suffisent pour donner des exemples.

Celui qui est tenu de fournir caution peut-il se décharger de cette obligation en offrant d'hypothéquer ses immeubles ?

Cette hypothèque, dira-t-on, est de droit, et elle ne présente pas un plus grand degré de sûreté ; si le tribunal eût voulu se contenter de cette garantie, il n'eût pas ordonné de fournir une caution.

Il est vrai que la caution n'est ordinairement ordonnée que quand le tribunal a cru que les biens étaient insuffisans ; néanmoins nous estimons que dans tous les cas où un individu condamné à fournir caution, montre clairement qu'il a des biens libres suffisans pour répondre, et qu'il offre hypothèque sur ces biens, le tribunal ne doit pas le forcer à donner une caution qui, sans presque rien ajouter à la sûreté du créancier, n'aurait d'autre objet que d'inquiéter mal-à-propos le débiteur ; on présume assez facilement en ce cas, que le tribunal en ordonnant le cautionnement, n'a pas connu le véritable état des biens du débiteur ; les biens d'ailleurs peuvent être survenus depuis, et dans ce cas sur-tout on ne doit faire aucune difficulté d'accepter la caution en immeubles.

Cette décision montre assez que le tribunal ne doit pas exiger trop légèrement une caution, et qu'il doit même s'abstenir de le faire, lorsqu'on offre des immeubles libres pour sûreté de la chose contestée.

Quel est le délai pour présenter caution ?

Ordonner à une partie de fournir une caution sans lui fixer un délai quelconque pour le faire, serait une précaution absolument vaine ; cette partie se retrancherait dans un perpétuel refus en objectant toujours que le terme accordé pour remplir cette formalité, n'est point encore arrivé, et dans le fait elle ne serait jamais en demeure.

Si d'un autre côté on recourt au tribunal pour fixer ce délai, on entame une nouvelle difficulté, un nouvel incident.

C'est pour éviter ce double inconvénient que le Code ordonne au tribunal de prescrire dans son jugement le délai pour fournir caution (1), et celui qui est convenable pour l'accepter ou la contester, 517.

C'est toujours dans la même vue et pour abréger ces difficultés, que le Code exige que la caution soit présentée par exploit signifié à la partie ou à son avoué, si elle en a un (2), avec la copie de l'acte de dépôt fait au greffe des pièces qui constatent la solvabilité de la caution, c'est-à-dire, de titres qui la constituent propriétaire d'immeubles d'une valeur supérieure à celle de l'objet litigieux (3).

La cour de Metz disait : « que depuis le nouveau Code hypothécaire, la solvabilité de la caution présentée ne pouvait être connue que par l'exhibition du certificat de non-inscription donné par le conservateur des hypothèques, de la situation des biens : elle demandait qu'on ajoutât cette condition à l'article. »

Quoique le Code ne se soit point exprimé positivement, nous pensons que l'exhibition du certificat du conservateur est nécessaire pour

---

(1) Ce premier délai a été accordé sur la demande de la cour de Turin ; le projet n'en parlait pas.

(2) Art. 2, tit. 28 de l'ordonnance de 1667.

(3) L. 234, parag. 1, ff. *de verb. signif.*

remplir la disposition qui exige copie des titres qui constatent la solvabilité.

Un homme qui aurait seulement pour fortune un grand crédit, des effets, des marchandises, des meubles, pourrait être refusé pour caution : ces objets sont trop mobiles pour donner une grande sûreté ; des capitaux de rentes en présenteraient davantage ; ils pourraient être admis si la caution s'engageait à ne point en faire le transport.

La COUR DE DIJON observait : « que dans les tribunaux de première instance , où les facultés des individus présentés comme caution sont presque toujours connues, il est rarement besoin du dépôt et de la communication des titres qui justifient la solvabilité de la caution, pour la faire accepter ; il paraîtrait donc convenable de n'ordonner ce dépôt et cette communication que dans le cas où la caution présentée serait contestée : c'est à ceci que l'ordonnance de 1667 l'avait réglé. »

C'est sur cette observation qu'est fondée l'exception admise dans l'art. 518 pour le cas où la loi n'exige pas que la solvabilité soit établie par titre

Ce cas se réfère à la disposition de l'art. 440. *Voy. p.* 486 *et suiv.*, 2e. *vol.* , et *le Disc.* de M. Réal.

Comment la caution est-elle contestée?

La partie intéressée prend communication des pièces justificatives au greffe, sans les déplacer.

Ensuite ou elle accepte, ou, ce qui produit le même effet, elle ne conteste pas la caution dans le délai prescrit par le jugement; ou bien encore après contestation, la caution est admise; alors celle-ci se présente au greffe pour faire sa soumission, qui devient exécutoire sans jugement, même pour la contrainte par corps, si l'affaire en était susceptible.

Ou la caution est contestée dans le délai, et l'incident est porté à l'audience sur un simple acte; il est jugé sommairement, sans mémoire ni écriture, et le jugement est exécutoire nonobstant l'appel, 519, 520, 521 et 522.

« On ne voit pas de motifs suffisans, disait la COUR DE TURIN, pour que le jugement de réception de caution doive toujours être exécuté nonobstant appel : en laissant subsister la disposition indéfinie de l'art. 521, le jugement d'appel, même en réformant celui de première instance, ne pourra pas réparer le préjudice que l'une des parties aura souffert de l'exécution provisoire du jugement qui aurait admis une caution insolvable. »

Il paraît donc que la disposition de l'article ne peut être conservée que pour les cautions relatives à l'exécution provisoire des jugemens sujets à appel.

Le Code n'ayant point admis de distinction, nul doute que dans tous les cas possibles, le jugement est exécutoire nonobstant l'appel.

La cour de Metz demandait « qu'il fût permis de prendre inscription sur les biens de la caution. »

Il était inutile que la loi accordât cette permission ; nous estimons qu'elle est de droit, sans elle le créancier n'aurait pas une sûreté entière.

Il faut observer que celui-là ne peut être présenté comme caution, que la loi exempte de la contrainte par corps, tels que les septua-génaires, les femmes, les filles. *V. art.* 2066 *du Code civil.*

Pour connaître la nature et l'étendue du cau-tionnement, il faut consulter les art. 2011 *et suiv.* du Code civil.

Le juge ne peut aujourd'hui être recherché pour avoir reçu une caution insolvable ; c'est à la partie intéressée à la contester, à s'enquérir de sa fortune, et à veiller à ce qu'elle puisse ré-pondre (1) de la restitution de l'objet litigieux.

---

(1) Si l'avoué peut se porter caution pour son client. Voy. M. Merlin, *Quest. de droit,* tom. 2, p. 201.

FORMULES.

N°. 260.

Jugement qui ordonne de fournir caution.

Le tribunal

Ordonne que le présent jugement sera exécuté par provision, nonobstant toute opposition et appel, et sans y préjudicier, à charge néanmoins par le demandeur de présenter dans le délai de trois jours bonne et suffisante caution, laquelle sera contestée par le défendeur dans le délai de huitaine, sinon sera tenue pour acceptée, etc.

N°. 261.

Acte de dépôt des titres de la caution.

L'an   , le   , est comparu aujourd'hui au greffe du tribunal d   , le sieur   , (mettre là le nom de la personne qui a remis les titres), qui a déposé, 1°. le titre qui le constitue propriétaire d'un immeuble situé à   , commune d   , de la contenance de

2°. Un acte de partage qui prouve que le sieur Célestin Benoît a eu dans son lot, savoir : une pièce de terre située   ; une portion de maison située à

3°. Différens baux qui constatent que le tout est affermé 800 fr. par an (ou le tout produisant un revenu de la valeur de 800 fr. environ, ou imposé, suivant l'extrait du registre des contributions ci-joint, à la somme de   );

lesquels immeubles sont tous exempts d'hypothèque,
(ou n'en sont grévés que pour la somme de 1000 fr.),
suivant qu'il en conste par un certificat du conservateur,
délivré le 15 avril courant, qui est joint aux actes susdits.

En foi de quoi le présent acte de dépôt a été dressé par
moi Simon Duffaux, greffier du tribunal.

Fait à   , le

Le greffier délivre lui-même un extrait de cet
acte, dont on signifie la copie dans la forme
ordinaire à la personne en faveur de laquelle la
caution est ordonnée.

N°. 262.

Présentation de la caution.
(Si la partie n'a pas d'avoué.)

L'an mil huit cent huit, le sept janvier, à la requête
de la dame Françoise-Clothilde Dégard, libraire, demeurant rue des Poitevins, n°. 6, à Paris, j'ai, Louis Nicole,
huissier reçu au tribunal etc., signifié au sieur Clément, chapelier rue du Théâtre-Français, n°. 22, demeurant aussi
à Paris, que pour satisfaire au jugement rendu au tribunal
de première instance du département de la Seine, la
dame Dégard présente pour caution le sieur Louis Batilliot, libraire, demeurant rue Serpente, n°. 1, à Paris;
et pour justifier de la solvabilité de ce dernier, il a été
déposé au greffe dudit tribunal, 1°. un titre qui le constitue propriétaire d'un domaine sis à Vaugirard près Paris;
2°. un certificat du conservateur des hypothèques, qui
prouve que ce domaine n'est chargé d'aucune inscription;

et

et j'ai en outre sommé ledit Clément de prendre communication des titres déposés, et de contester la caution dans le délai de huitaine, s'il ne consent pas expressément à l'accepter.

Copie du présent exploit [a été laissée par moi au domicile dudit Clément, parlant à sa femme, etc.

Nota. Cette présentation est faite par acte d'avoué à avoué, s'il en a été constitué.

N°. 263.

Déclaration d'acceptation de caution.

L'an　　　, le　　　, à la requête du sieur B　　　, je,　　, huissier immatriculé, etc., ai signifié et déclaré au sieur Nicolas, que le sieur B　　　accepte pour caution le sieur Benoît, aubergiste, à la charge par celui-ci de faire sa soumission aux termes et dans les délais de droit.

Et j'ai audit sieur Nicolas, en son domicile parlant à　　, laissé copie du présent acte.

Fait à　　　, ce

Si la partie a un avoué, l'acceptation se fait en son nom. Nous estimons qu'elle serait aussi valablement faite sur les registres du greffe, sans signification et dans cette simple formalité : « J'accepte la caution présentée. »

En cas de contestation, on fait l'acte suivant.

N°. 264.

Acte de contestation de caution.

L'an   , le   , à la requête de   , je   ,
huissier etc. , ai déclaré au sieur Nicolas que le sieur B
entendait contester la caution offerte ; pourquoi le requérant somme le sieur Nicolas de venir à l'audience du   ,
pour entendre dire que la caution par lui offerte sera rejettée, pour les causes et moyens qu'il déduira.

Si mieux n'aime cependant ledit Nicolas présenter une
autre caution plus solvable que la première, et qui soit
comme lui contraignable par corps.

Et j'ai laissé copie audit Nicolas, en son domicile, parlant à   , du présent acte.

N°. 265.

Soumission de la caution.

Aujourd'hui, seize janvier mil huit cent huit, est comparu au greffe du tribunal de première instance de la Seine
le sieur Louis Batilliot, libraire, demeurant etc. , lequel
a déclaré se présenter pour faire sa soumission et se porter
caution judiciaire de la dame Dégard, en conformité du jugement rendu par ce tribunal, le sept janvier courant,
s'obliger personnellement et même par corps envers le sieur
Clément, chapelier, à toutes les restitutions, dommages-
intérêts et frais qui pourraient résulter de l'exécution
provisoire dudit jugement; à cet effet, et pour plus
grande sûreté, il hypothèque spécialement son domaine
de Vaugirard envers ledit Clément, etc.

Nº. 266.

Avenir.

L'audience est poursuivie sur un simple acte.
Voy. le nº. 52.

Nº. 267.

Jugement.

Attendu que le domaine du sieur Batilliot offre une garantie plus que suffisante pour répondre des suites de l'exécution provisoire du jugement du 15 janvier dernier, sans avoir égard aux reproches du sieur Clément, lesquels sont déclarés mal fondés, ordonne que la caution présentée fera sa soumission dans le délai de trois jours, etc.

Si la caution est rejettée, le jugement porte :

Attendu que la caution présentée ne justifie pas d'une solvabilité suffisante, ou qu'elle n'a pas satisfait au vœu de l'art. 518 du Code de procédure,

Le tribunal ordonne que, par la dame Dégard, il sera dans la huitaine présenté une autre caution, à charge par le demandeur, etc.

Tant que celui qui est condamné à fournir caution n'a point satisfait au jugement qui lui impose cette obligation, il n'a plus le droit d'agir; il ne peut passer outre, et réclamer l'exécution du jugement ou de l'acte à l'occasion desquels le cautionnement avait été ordonné.

CHAPITRE II.

De la liquidation des dommages-intérêts.

Nous avons dit, *p.* 394 *du* 1ᵉʳ. *volume*, que le tribunal en adjugeant des dommages - intérêts à une partie, n'avait pas toujours le tems ni les données nécessaires pour les liquider par le même jugement ; qu'en conséquence il était obligé d'ordonner qu'ils seraient fixés par état.

Alors le demandeur doit signifier à l'avoué du défendeur, s'il en a été constitué, une déclaration du montant de ces dommages-intérêts qu'il réclame.

Il doit ensuite lui communiquer les pièces par la voie du greffe, pour vérifier si la demande est juste; ou si le défendeur a constitué un avoué, celui-ci prend en communication ces pièces sur le récépissé qu'il donne à son confrère, 523.

Après cette communication, les pièces sont rétablies par le greffier ou l'avoué du défendeur dans les délais et d'après les règles développées, *p.* 368 *du* 1ᵉʳ. *vol.*

Et le défendeur est tenu de faire dans

huitaine offres de la somme qu'il croit devoir
pour dommages-intérêts, afin que si elles sont
suffisantes, il soit déchargé des frais de liquidation, ou que, dans le cas contraire, la cause
portée à l'audience sur un simple acte, il soit
condamné à les supporter, ainsi qu'aux dépens
qui ont été faits du jour des offres, 524 et 525.

Le Code a ici consacré le principe fondé sur
la justice et sur l'ordre public, que celui-là doit
supporter les frais qui les a occasionnés ; il faut
appliquer, en conséquence, **la même théorie que
sur les dépens.** *Voy. p.* 395 *du* 1er. *vol.*

Voici les observations qui ont été faites sur ce
titre par plusieurs cours d'appel.

Celle d'Agen disait :

« Les dommages-intérêts sont une peine pour
un dommage moral, ou un dédommagement
pour une perte réelle. Au premier cas, ils peuvent être accordés pour une atteinte portée à
l'honneur ou à la probité d'une partie. Dans ce
cas, le juge devrait être autorisé à les arbitrer
suivant sa conscience, toutes les fois qu'il croit
en devoir adjuger. »

« Au second cas, ils sont dus pour une perte
réelle qu'on a soufferte dans sa propriété ; et
alors il semble qu'il serait plus simple que la

partie formât sa demande et la fixât dans son jugement, avec faculté de faire des offres dans un délai fixé, et que faute d'acceptation, les dommages seraient réglés par experts. C'est ainsi qu'on devait procéder, d'après les art. 88 et 89 de l'ordonnance de 1539, et 145 de l'ordonnance de Blois; et c'est ainsi que l'on procède encore en général, nonobstant le titre 32 de l'ordonnance de 1667. L'art. 128 ci-dessus paraît même indiquer cette marche. Cet article serait donc mieux à sa place au commencement de ce titre. »

« Cette voie paraît plus simple; elle paraît plus expéditive et moins dispendieuse : on voit, d'après les art. 524 et 525, qu'il faudra, du moins souvent, en venir à une expertise. Pourquoi faire une longue procédure pour l'ordonner, si elle peut être ordonnée par le jugement de condamnation ; ne faudrait-il pas ajouter à ce titre 11, que l'avoué qui a occupé dans la cause principale, sera tenu de le faire dans la liquidation des dépens, sans nouveau pouvoir? car ses pouvoirs sont censés expirés au jugement définitif. »

La cour de Dijon disait aussi :

« Il est une multitude de circonstances où le juge se trouve suffisamment éclairé pour estimer d'office les dommages - intérêts ; sa décision , dans ce cas , est toujours plus juste que celle qui résulte de l'avis des experts ou de la déposition des témoins, qui , les uns ou les autres , partagent plus ou moins les passions des parties : cette faculté a encore l'avantage précieux d'éviter , dans les contestations d'un modique intérêt, les frais d'une liquidation et d'une procédure qui s'élèveraient quelquefois au - dessus de la somme principale ; on pense donc que le 1er. art. du titre devrait être celui-ci : »

« En cas de condamnation à des dommages et intérêts , le tribunal doit les arbitrer d'office et par le même jugement, toutes les fois qu'il peut le faire en connaissance de cause. »

« Sil ne se trouve pas suffisamment éclairé pour les liquider d'office , il admettra les parties à les faire liquider par déclaration , ou il les fera constater , suivant l'existence des cas , par des experts ou par la preuve testimoniale. »

A-peu-près même observation de la COUR DE GRENOBLE : « afin , disait-elle , de faire coïncider cet article avec le 128 , qui veut que le jugement qui accorde des dommages , en contienne la liquidation , ou qu'il ordonne que l'état en sera donné. »

C'est d'après ces motifs que dans l'art. 523 on

a ajouté la disposition qui accorde au juge le droit de fixer les dommages-intérêts, sans être obligé de recourir à aucune voie étrangère, lorsqu'il est à même de statuer seul sur ce point.

La COUR D'APPEL D'AIX disait:

« Il arrive quelquefois que le juge ne peut, de sa place, décider du mérite de la déclaration et de la suffisance des offres ; il est alors obligé d'envoyer à des experts la liquidation des dommages et intérêts. Il convient donc d'ajouter ici un article portant : »

« Si les offres sont contestées, le juge pourra, s'il le croit nécessaire, ordonner que la liquidation sera faite par experts ; et il sera procédé en exécution de ce jugement, ainsi qu'il est dit à l'article de l'expertise. »

« En autorisant le défendeur à faire au demandeur les offres de la somme qu'il avisera pour les dommages et intérêts, on expose le demandeur qui les conteste, et là où elles sont jugées suffisantes, aux dépens du jour desdites offres. L'usage avait fait renoncer à cette forme de procéder, quoiqu'indiquée par l'ordonnance de 1667, parce que, le plus souvent, le demandeur déclare s'en rapporter à la prudence du tribunal, ou à la liquidation à faire par experts. »

Celle d'Agen demandait « comment on ferait pour éclaircir le fait de savoir si la déclaration est juste et bien vérifiée ? Faudra-t-il des experts ? »

Celle de Grenoble disait « qu'il fallait prévoir le cas où il n'est pas possible au tribunal de procéder à la liquidation des dommages sur la déclaration du demandeur et la défense de l'autre partie. La discordance sur la qualité ou la nature des dommages, peut rendre cette liquidation impossible au tribunal ; il faudrait dans ce cas, qui est très - ordinaire , statuer que le tribunal renverra à des experts. »

Nous croyons que c'est le seul moyen de s'assurer de la véracité de la déclaration.

La cour de Turin observait que « les dispositions contenues dans les trois articles de ce titre supposent de deux choses l'une : ou que la déclaration du demandeur est trouvée juste et bien vérifiée , ou que les offres du défendeur , quoique contestées par le demandeur , sont jugées suffisantes. »

« Mais on n'y parle pas de l'espèce où la déclaration du demandeur , et l'offre du défendeur seraient reconnues injustes , de manière que le juge ait à y statuer en déchargeant l'une des parties envers l'autre de leurs plus amples demandes et oppositions respectives, sans dé-pens. »

Ce cas se décide facilement par les deux autres, et dès-lors toute disposition sur ce point devenait inutile.

FORMULES.

N°. 268.

Déclaration des dommages-intérêts.

Par jugement (ou arrêt) rendu le   · , par le tribunal (ou la cour) de   , il a été décidé que le sieur B serait tenu de garantir et indemniser le sieur A   des différentes pertes que celui-ci a éprouvées par le fait du sieur B   . Les dommages et intérêts qu'il a à réclamer s'estiment, savoir :

1°. Pour la non jouissance pendant un an de la maison sise à Beauvais, rue de l'Enfant, à 300 fr. ;

2°. Pour les dégradations commises dans ladite maison savoir : l'enlèvement des portes et fenêtres, ainsi que de leurs ferrures, etc., à 600 fr. ;

30. Pour excavations occultes faites dans les caves, sans l'aveu du propriétaire, à 200 fr. ;

4°. etc.

Et pour prouver la justice de ces réclamations, le sieur A   produit 1°. un procès-verbal d'experts, etc. ; 2°. une copie du bail ; 3°. un état constatant l'état des lieux au moment où ledit B   est entré en jouissance, etc.

Cet acte est signifié dans la forme ordinaire (*Voy.* le modèle 65 ou 71.) à la partie ou à l'avoué, s'il y en a un de constitué dans l'instance principale ; et la communication en est faite à l'avoué sur un simple récépissé conçu en ces termes :

N°. 269.

Récépissé de pièces.

Reçu de M. C   , avoué du sieur A   , les pièces à l'appui de sa déclaration, consistant 1°., 2°., etc.

Fait à   , ce

Le même reçu se fait au greffe, si les pièces se déplacent ; et la remise, lorsqu'elle a lieu, se constate dans la forme du n°. 60.

CHAPITRE III.

De la liquidation des fruits.

Nous avons vu, *p.* 394 *du* 1er. *vol.*, différens cas où le tribunal doit condamner une partie à

restituer des fruits en nature. Ces cas sont d'ailleurs rappelés dans Rodier sur l'art. 1, tit. 30
de l'ord. , et par les art. 547 et suivans du Code
civil. Comme ils rentrent dans le domaine du
droit , nous n'avons point à nous en occuper.

Il s'agit ici de déterminer la *forme* dans laquelle les fruits doivent être liquidés.

Pour ne pas consacrer des dispositions inutiles , le Code s'est ici écarté de l'ordonnance
qui prescrivait un mode particulier pour la liquidation des fruits. Il a au contraire déclaré qu'il
y serait procédé comme sur les autres comptes
rendus en justice , 526.

'Ainsi on liquidera des fruits naturels ou industriels , comme un compte de tutèle , de société ,
d'administration. — La cour de Grenoble indi-
quait cependant une autre marche ; elle disait :

« Que d'après l'article 129 , il était inutile de
parler de nouveau de la liquidation des fruits ,
et qu'il faut supprimer l'article 526 ; que, s'il
s'agissait de faire mention en cet endroit de la
liquidation des fruits restituables , il ne faudrait
point ordonner une reddition de compte à la
forme des comptes tutélaires , mais que la liquidation serait faite sur l'état que donnerait la partie condamnée, et sur les mercuriales du marché
le plus voisin , ainsi que le porte l'article 129 ;

qu'il faudrait prévoir que les parties ne seraient pas d'accord sur la quotité des fruits restituables , et qu'il faudrait en conséquence ordonner qu'à défaut d'état et de mercuriales , ou en cas de discordance sur la quotité des fruits , la liquidation en serait faite par experts devant un commissaire délégué par le tribunal. »

Le Code en ayant décidé autrement il faut s'y conformer , et suivre ce qui est prescrit dans le chapitre suivant.

CHAPITRE IV.

Des redditions de compte.

Nous examinerons dans ce chapitre ,

1°. Ce qu'est la reddition d'un compte.

2°. Devant quel tribunal on doit la poursuivre ?

3°. Quelles sont les formalités à suivre pour procéder au compte ?

4°. Que doit contenir le jugement définitif ?

Nous traiterons ces principales questions dans autant de paragraphes.

§ Ier.

Qu'est-ce qu'une reddition de compte ?

Rendre compte à quelqu'un en justice, c'est lui présenter un état exact des frais de gestion, d'administration, et en général de toute la recette et dépense qu'on a faite pour lui.

Toute personne qui a administré les affaires d'autrui doit en rendre compte quand sa gestion est finie.

Ainsi le mari et les héritiers doivent compte à la femme ou à ses héritiers après la dissolution de la communauté.

Celui qui a géré les affaires de la société doit compte à ses associés.

Un procureur fondé doit compte de sa gestion à son commettant.

Un tuteur à ses mineurs : *art.* 469 *du Code civil.*

Un maire, un syndic, un directeur, un administrateur à son corps, à sa communauté.

Les poursuites en reddition de compte étaient connues à Rome sous le nom de *actio negotiorum gestorum.*—Voy. notamment *l'art.* 1993 *du Code civil.*

§ II.

Devant quel tribunal doit-on poursuivre la reddition de compte?

Le Code a résolu cette question en consacrant les trois dispositions suivantes :

1°. « Les comptables, commis par justice, seront poursuivis devant les juges qui les auront commis. »

L'art. 2, tit. 29 de l'ord. avait employé le mot *pourront*, le projet s'était servi du même terme ; c'est ce qui a donné lieu à l'observation suivante de la COUR DE RENNES.

« Cet article semble accorder une faculté indéfinie de former une demande de compte devant le juge du domicile du comptable qu'il a commis; le tuteur même peut être traduit devant les juges de son domicile ou devant les juges du lieu de la tutèle. Cette faculté peut donner lieu à des instances en déclinatoire qu'il est toujours bon de prévenir. »

« La cour propose de rendre, par le seul mot *seront*, l'article impératif, et de le rédiger ainsi. »

« Les comptables, commis par justice, seront

poursuivis, etc. ; » cette proposition a été adoptée, et le changement a eu lieu dan s la rédaction définitive.

On a par-là écarté une autre observation de
la cour de Turin, tendant à laisser le choix
de poursuivre devant les juges du lieu de l'administration, où il était possible qu'on trouvât
beaucoup de facilités pour constater les frais et
parvenir à la reddition du compte.

Ainsi un gardien judiciaire, un curateur nommé à une succession vacante aux termes de l'art.
812 du Code civil, doivent être traduits pour
rendre compte, devant le tribunal qui les a
choisis, bien qu'ils eussent leur domicile dans
un autre arrondissement, ou qu'ils eussent administré ailleurs.

La raison qui fait ici fléchir la règle générale est que le juge qui confie une gestion,
une mission quelconque à des individus, est
plus capable que tout autre de décider s'ils se
sont fidèlement acquittés de leur mandat ; que
d'ailleurs il est naturel que tout gérant, que
tout administrateur rende compte personnellement à ses commettans.

2º. « Les tuteurs devant les juges du lieu
où la tutèle a été déférée, soit qu'elle l'ait été

par

par les père et mère, ou par le conseil de famille. (1) »

Cette règle s'applique également aux subrogés tuteurs.

Les motifs de la loi sont les mêmes dans ces deux cas qu'à l'égard des curateurs ou gardiens judiciaires.

Mais nous ne pensons pas que les tuteurs de droit, tels que les père et mère et ascendans, puissent être poursuivis ailleurs que devant leurs juges naturels. Voy. l'authentique *matri et aviæ* Code *quandò mulier tutelæ off. fungi potest;* et plus particulièrement l'article 469 et suivans du Code civil sur les comptes de tutèle.

3°. « Tous les autres comptables sont poursuivis devant les juges de leur domicile, » 527.

Ainsi trois dispositions : les deux premières renferment deux exceptions ; la dernière partie consacre la règle générale, *actor sequitur forum rei.*

Le Code établit ensuite une dérogation à un principe adopté par l'article 472, qui permet aux cours qui infirment un jugement de retenir le fond et même l'exécution de leurs arrêts : comme il serait trop dispendieux

____

(1) Voy. sections 2 et 4, tit. 10, liv. 1 du Code civil.

pour des comptables de se transporter et de séjourner plusieurs jours dans la ville où siége la cour d'appel, pour débattre et apurer leurs comptes, la loi veut qu'en cas d'arrêt infirmatif sur l'appel, le fond, c'est-à-dire la reddition de compte, soit renvoyé devant les premiers juges ou devant un autre tribunal que l'arrêt indiquera.

Si au contraire le compte a été rendu et jugé, il ne s'agit plus que de savoir s'il l'a été bien ou mal, *an benè vel malè judicatum sit*, et alors on rentre sous l'empire du droit établi par l'art. 472 cité, 528.

Quel avoué faut-il choisir, s'il y a plusieurs parties ?

L'article 523 du projet portait simplement que les oyans, qui auront le même intérêt, nommeront un seul avoué, et que faute de s'accorder, chacun d'eux pourra en constituer un à ses frais. Sur quoi la cour de Dijon observa : « que lorsque l'article dit que si les parties qui ont le même intérêt, ne peuvent s'accorder sur le choix d'un avoué commun, chacun d'eux pourra en constituer un à ses frais, il ne dit pas assez ; il faut qu'en ce cas celui qui a pris un avoué particulier, supporte tous les frais, tant actifs que passifs, auxquels cette nomination aura donné lieu. »

La cour de Metz demandoit qu'on ajoutât qu'il ne sera passé en taxe à tous les avoués, que les frais d'un seul , qu'ils partageront entre eux.

Celle de Rennes ajoutait : « par la rédaction de l'article... il semblerait que si chacun des oyans constituait un avoué , il le ferait à ses propres frais ; et que si sur six oyans , ayant le même intérêt , quatre faisaient choix d'un avoué, ils ne pourraient obtenir de dépens: il est cependant une infinité de circonstances où le rendant compte , par sa morosité, par des contestations déplacées , donne lieu à des condamnations personnelles de dépens contre lui ; n'est-il pas juste que les oyans qui seront représentés par un même avoué , puissent obtenir des dépens utilement et légitimement faits ? »

« La cour propose de remplacer l'article.... par le suivant : »

« Les oyans qui auront le même intérêt , nommeront un seul avoué : faute de s'accorder sur le choix, les dépens seront alloués à l'avoué qui occupera pour le plus grand nombre, eu égard à la quotité de l'intérêt , sauf aux autres à payer les avoués qu'ils auront institués; et si chacun d'eux constitue un avoué, il le fera à ses frais. »

C'est de la combinaison de ces diverses

observations qu'on a fait l'art. 529 qui veut,
1°. que ceux qui entendent le compte et qui
ont le même intérêt, par exemple, plusieurs
héritiers qui représentent leur père, plusieurs
individus, formant la même société, nomment un seul avoué.

Pour être partagée entre plusieurs ayant-
droit, la cause demeure toujours la même à
l'égard du comptable, *pro und comparatur*,
§ 5, *inst. de excusat. tut.*; la seule question
à examiner est celle de savoir si son compte
est juste et suffisamment justifié, question qui
est indivisible à l'égard de tous.

2°. Si les oyans compte ne peuvent s'accorder sur le choix de l'avoué, le plus ancien doit
occuper; autrement, si chacun pouvait constituer le sien, il procurerait inutilement un surcroît de frais à son adversaire.

3°. Cependant comme la confiance dans le
zèle et les lumières d'un avoué est personnelle,
qu'il ne convient point de forcer un individu
de placer ses intérêts dans des mains qui lui
paraissent suspectes; la loi autorise chacun des
ayant - droit à constituer un avoué pour défendre ses droits, mais à ses frais et sans espoir
de les recouvrer.

Ordinairement celui qui doit, cherche à temporiser; il préfère supporter davantage de frais et reculer sa condamnation; mais pour empêcher cet abus, l'art. 550 exige que le jugement qui ordonne la reddition du compte, fixe en même tems le délai pour le présenter; et commette un juge pour le recevoir (1).

Pour la reddition du compte, le Code a saisi et consacré la disposition de l'ordonnance qui ne permettait de passer en taxe plus de six rôles pour le préambule du compte. Le but de cette disposition est de mettre un frein à la cupidité de certains avoués et d'empêcher de multiplier inutilement les frais.

Le préambule du compte est une exposition succincte du fait qui a donné lieu à la gestion du comptable, que l'on place au commencement de ce compte pour donner connaissance de l'objet litigieux, 531.

« Il est inutile, disait la COUR DE GRENOBLE, de transcrire aucun jugement dans le préambule du compte, il suffit d'en rappeler le contexte. »

« Le second membre de cet article, ajoutait la COUR DE RENNES, semble autoriser la trans-

____

(1) Voy. l'art. 5, tit. 29 de l'ordonnance.

cription en entier de l'acte ou du jugement qui
aura commis le rendant. Cette transcription a
paru inutile à la cour ; elle ne causerait que des
frais en pure perte, sans que l'oyant et le rendant compte puissent en tirer aucun avantage.
Elle propose en conséquence de rédiger l'article
de la manière suivante : »

« Les comptes seront toujours fournis en (*tant
de rôles*): le préambule ne sera compté que pour
trois articles ; il y sera seulement fait mention
de l'acte ou jugement qui aura commis le rendant et de celui qui ordonnera le compte. »

Quoique l'article ne se soit pas nettement expliqué sur ce point, en ne passant en taxe que
six rôles, il en résulte bien que le jugement ne
doit point être transcrit en entier.

Celui qui accepte une commission qui le
rend comptable envers autrui, est tenu par-
là même de présenter son compte à ses frais ;
il ne doit employer pour dépenses communes,
c'est-à-dire qui intéressent les deux parties,
que les frais de voyage, s'il demeure dans des
lieux éloignés du tribunal ; il peut y joindre les
vacations de l'avoué qui a mis en ordre les
pièces du compte, les grosses et copies, les
frais de présentation et affirmation (1), 552.

---

(1) Art. 18, tit. 29 de l'ordonnance. Voy. art. 534 ci-après.

Plusieurs cours demandaient cependant qu'on comprît dans les dépenses communes celles du compte même.

« C'est sans doute par oubli, disait la cour DE RENNES, que les rédacteurs de l'article n'ont pas mis au nombre des dépenses communes la *dresse* du compte (l'acte qui contient le compte); cependant elle en doit nécessairement faire partie. »

« La cour propose d'ajouter après les mots, *pièces du compte*, ceux-ci : *la dresse, la première expédition et copie en ce que chacun y est fondé.* »

La COUR DE ROUEN ajoutait : « nous pensons que la façon du compte doit être employée pour dépenses communes ; car nombre de personnes peuvent fournir les élémens fort exacts d'un compte, et être forcées d'employer un tiers plus exercé pour sa rédaction. »

L'article n'a pas été changé, de sorte que l'on a persisté à ne point comprendre dans les dépenses communes, celles du compte.

« Suivant différens articles de ce titre, disait encore la COUR DE ROUEN, le comptable doit communiquer à l'appui de son compte les pièces justificatives d'icelui ; la presque totalité

de ces pièces sont les quittances des paiemens
par lui faits à l'acquit de l'oyant. Avant la loi
du 22 frimaire an 7, sur les droits d'enregistrement, les productions soit d'avoué à avoué,
soit par la voie du greffe, des pièces nécessaires pour justifier la libération, se faisaient
par forme d'exception, et sans qu'on fût
obligé de faire contrôler ou enregistrer ces
pièces. Les percepteurs des droits de contrôle
avaient plusieurs fois voulu exiger que ces
pièces fussent contrôlées; mais leur prétention avait toujours été proscrite. Dictionnaire
raisonné des domaines, *verbo*, acte sous-seing;
§. 7. »

« La régie de l'enregistrement argumentant
des articles 2, 23 et 47 de la loi du 22 frimaire
an 7, qui ne renfermaient cependant pas, d'autres dispositions que celles des lois antérieures
en cette partie, a voulu (du moins ses agens
ont voulu) renouveler ces prétentions; il im-
porterait donc de consacrer le principe que
toutes pièces et actes qui ne sont produits
que par exception pour établir une défense,
et sans en tirer aucune induction active, ne
doivent aucun droit d'enregistrement; que les
actes et pièces produits en justice pour la justification de la recette et de la dépense d'un
compte, en sont dispensés. S'il en pouvait

être autrement dans les instances de compte, le droit d'enregistrement excéderait le principal de l'action, qui se réduit toujours à un reliquat plus ou moins considérable et quelquefois fort modique. »

Cette observation a donné lieu à l'art. 537 ci-après, qui a été ajouté dans la rédaction définitive.

§ III.

Comment doit être présenté le compte ?

Pour remplir le but de la loi, il doit offrir avec le plus de clarté, de méthode et de précision, le tableau détaillé de la recette et dépense effectives et la récapitulation de chacune d'elles, pour qu'au premier coup-d'œil le juge soit à même de saisir le tout et de décider si ce compte est juste dans son entier, et s'il doit être reçu ou rejeté.

Afin d'éviter la confusion, le rendant compte place les objets à recouvrer dans un chapitre particulier, 533.

La cour de Grenoble demandait qu'on fît aussi un chapitre des objets à rendre en nature ; cette disposition paraîtrait inutile, car cela rentre dans les objets à recouvrer.

« Tout comptable, disait la cour d'Orléans,

doit compte de sa mission, et ce compte à rendre est une charge qui lui est propre : l'action à
fin de rendre, comme le jugement qui l'ordonne, ne changent pas son obligation, et
n'impriment pas au compte un caractère diffé-
rent de celui attaché au compte amiable : la
rédaction du compte n'est pas un acte exclusivement du ministère de l'avoué ; il n'est pas
une partie intégrante de la procédure : la forme
dans laquelle se sont jusqu'ici faits les comptes
ordonnés en justice, est monstrueuse par les
frais qui résultent d'une rédaction mise en
grosse, et opérant au profit de l'avoué les émo-
lumens d'écritures ordinaires. Quand il est ordonné qu'un compte sera rendu, le comptable
doit le fournir à son avoué, tout dressé, et
prêt à être présenté : on sait que quelquefois la
rédaction d'un compte excédera les facultés in-
tellectuelles du comptable, et qu'il sera obligé
d'employer le secours d'un avoué plus intelligent
que lui ; le compte est toujours à la charge de
l'oyant : on propose, en disant que le compte
sera fourni par le rendant, sous sa signature,
et, suivant l'article 533, contiendra, etc., de
laisser au juge la faculté d'accorder et d'arbitrer une indemnité au comptable, pour la rédaction et mise au net du compte. Les articles 531 et 532 devront être supprimés. »

Toute raisonnable que paraisse cette observation, comme elle n'a point été accueillie, l'on ne peut s'y arrêter.

Pour remplir le vœu de la loi, il ne suffit pas de déclarer en tête ou en marge du compte qu'on *l'affirme sincère et véritable*, il faut le présenter en personne ou par fondé de procuration spéciale, authentique ou privée, dans le délai fixé par la loi et au jour indiqué par le juge-commissaire, en présence des oyant compte ou après les avoir dûment appelés en les citant à personne ou domicile, s'ils n'ont avoué, ou par acte d'avoué, s'ils en ont constitué, afin de mettre la partie intéressée à même de faire telle observation qu'elle jugera convenable.

Après le délai fixé pour la reddition de compte, le comptable est réputé de mauvaise foi ; on présume qu'il ne retarde que pour jouir injustement du bien de ses commettans ; en conséquence la loi s'arme d'une sévérité salutaire pour le punir de son refus ou de sa négligence ; elle dit que le délai passé, le rendant sera contraint par la saisie et vente de ses biens.

C'est ce qui faisait dire à la cour d'Agen : « qu'on puisse saisir les biens de celui qui refuse d'affirmer son compte, qu'on puisse le contraindre par corps, cela se conçoit; mais on ne peut de même vendre ses biens avant que la dette soit liquide, d'après le Code, titre des expropriations. » C'est cette observation qui a fait ajouter à l'article : *jusqu'à concurrence d'une somme que le tribunal arbitrera*.

Si cette mesure paraît trop faible, si la morosité ou les retards du comptable deviennent préjudiciables à l'oyant compte, si la désobéissance est manifeste, si enfin il était à craindre qu'il s'évadât, la loi accorde au juge le droit de prononcer la contrainte par corps contre le récalcitrant, 534.

Les juges doivent être sans commisération à l'égard des comptables judiciaires ; mais ils doivent tenter d'abord les voies ordinaires à l'égard des tuteurs et des associés.

Le tribunal peut-il proroger le délai accordé pour rendre compte ?

Le Code semble exclure cette prorogation, mais il est des cas où elle est commandée par la nécessité ; par exemple, si le comptable est malade ou obligé de s'absenter momentanément pour le service public, etc. Nous estimons qu'alors, le tribunal peut prononcer un sursis proportionné à l'urgence du cas.

« Il vaudrait peut-être mieux, disait la cour d'Aix, quand le rendant n'affirme pas son compte dans le délai déterminé, autoriser l'oyant à le rendre lui-même par entrée et sans issue, ou suivant les circonstances à déterminer, sous la religion du serment, la somme qu'il croit lui être due. »

Ce mode laissait trop à l'arbitraire de la partie intéressée, et n'a point été adopté.

« Les moyens de saisie et de la vente des biens du rendant, disait la cour de Turin, même la contrainte par corps pour l'astreindre à la présentation de son compte, ne sont pas des moyens suffisans pour constater sa comptabilité, il faut donc que la loi y pourvoie en fixant la marche que l'oyant aura à suivre pour constater sa créance, lorsque le comptable se refuse à présenter ses comptes. »

Il paraît que pour atteindre ce but, il n'y aurait qu'à adopter le serment en plaid, suivant les principes qu'on lit à l'art. 1569 du Code civil.

Ce nouveau moyen n'aurait probablement pas été beaucoup plus efficace; voici contre le

serment les observations que présentait la cour
de Dijon :

« La nécessité de l'affirmation du compte,
disait cette cour, doit être supprimée ; il est
reconnu que cette affirmation ne donne au
compte ni plus d'authenticité, ni plus de vérité ; c'est une procédure inutile et coûteuse,
puisqu'il faut y appeler les parties ; il suffit que
le compte soit présenté et déposé au greffe
dans le délai fixé. »

« En tout cas, si on voulait maintenir l'affirmation, il ne serait pas nécessaire d'y appeler les parties. »

« Articles à ajouter : »

I. « Si le comptable est en demeure de rendre son compte après le délai qui lui a été
fixé, il pourra être condamné sur la demande
de la partie, à lui payer une provision à raison
de l'importance de l'objet, et il pourra être
contraint à la payer par saisie et exécution,
même par corps, s'il y échet. »

II. « Il n'est pas dérogé au droit qu'ont
les parties majeures de compter pardevant
des arbitres, ou à l'amiable, encore que celui qui doit rendre le compte ait été commis
par l'ordonnance de justice. »

III. « Le tribunal peut aussi, lorsqu'il le juge convenable, renvoyer dès le principe, les parties devant un notaire ou avoué, ou devant une ou deux personnes versées dans les affaires dont il s'agit, et indiquées par les parties ou nommées d'office, pour recevoir et examiner le compte et régler leurs prétentions respectives, sauf, à la vue de ce règlement, être statué par le tribunal, ainsi qu'il appartiendra. »

IV. « Quoique le compte soit rendu et arrêté, le rendant est toujours réputé comptable jusqu'à ce qu'il ait payé le reliquat et remis les pièces justificatives. »

Si le compte est présenté et affirmé (1), et qu'il en résulte que la recette a excédé la dépense, de son propre aveu le rendant compte se trouve dépositaire, et il ne faut pas qu'il profite des retards ultérieurs, ni que l'oyant compte (2) qui se trouve dès-lors créancier de

---

(1) Le rendant peut remplir cette formalité en déclarant en haut ou en bas du compte : *Je présente ce compte, que j'affirme sincère.* Voy. au reste la formule ci-après.

(2) L'*oyant* et le *rendant* compte sont des termes peu français ; le premier est le participe présent du verbe *ouïr*, qui signifie *entendre*. Ainsi l'*oyant* compte est celui qui *ouït* le compte, et à qui on le rend ; le *rendant*, au contraire, est celui qui le rend.

cet excédant, soit obligé d'attendre plus longtems.

L'oyant peut de suite requérir exécutoire de
cet excédant, c'est-à-dire, demander au juge
qu'il lui donne les moyens d'exécution pour
forcer le débiteur à payer ce qu'il confesse devoir; mais il faut observer que tout en réclamant l'exécution du compte en ce point, il
peut ne point l'approuver dans les autres parties ; on veut seulement le mettre à même de
jouir tout de suite de ce qui paraît lui revenir,
sans qu'il soit obligé d'attendre que les autres
difficultés qui peuvent s'élever sur le compte,
soient terminées, 535.

« Les effets de cette disposition , disait la
COUR DE TURIN, dépendent beaucoup de ce qui
a été dit à l'art. 533.

« Si le compte contient les recette et dépense effectives, outre un chapitre particulier
des objets à recouvrer, il peut se faire que la
recette excède la dépense, sans que le rendant
puisse paraître en l'état comptable de l'excédant , si dans le calcul on laisse à part le chapitre des objets à recouvrer. »

« Il paraît donc que pour prévenir toute
difficulté à cet égard , on pourrait en cet article
                                        indiquer

indiquer que le calcul ait à se faire aussi sur le chapitre particulier des objets à recouvrer. »

Cette observation est très-juste, et aidant au texte de la loi par son esprit, nous estimons qu'il ne faut pas seulement entendre les mots *recette* et *dépense*, de ce qui a été reçu ou dépensé en numéraire métallique ou autre valeur semblable ; que bien que la recette en argent excédât la dépense, si dans celle-ci il y a des objets à recouvrer, il ne faut pas contraindre le rendant à payer en argent tant qu'il aura droit de former des répétitions en nature, en denrées ou marchandises, par exemple, qui, si elles ne sont pas remises au rendant, devront lui être payées en argent. Forcer celui-ci à se dessaisir en ce cas, serait peut-être lui ôter toutes les sûretés qu'il pourrait avoir, ce serait peut-être le forcer à un circuit d'action, à donner d'un côté ce qu'il aura ensuite le droit de demander d'un autre ; ainsi nous estimons que cet article a voulu parler de la recette et de la dépense générale, et comprendre dans l'une ou dans l'autre, ce qui se trouvera dans le chapitre particulier qui n'en fait pas moins partie du compte.

Comment faut-il procéder au compte ?

La première formalité à remplir, lorsque le

compte est dressé, présenté et affirmé, c'est de le signifier à l'avoué de l'oyant.

Il faut ensuite mettre celui-ci à portée de vérifier ce compte, articles par articles, sur les pièces justificatives.

Pour lui procurer cet avantage, l'avoué du rendant compte, cote et paraphe ces pièces; il les communique ensuite à l'avoué de l'oyant.

« On ne voit pas, disait la COUR DE NANCY, la nécessité de signifier la copie du compte. Ce sont des frais inutiles, au moyen de ce qu'on peut en prendre communication au greffe. »

« L'art de falsifier les pièces, disait la COUR DE DOUAI, est tellement perfectionné, qu'il sera toujours dangereux de permettre l'enlèvement des pièces déposées par les parties en cause : il est plus sûr de n'en donner inspection qu'au greffe en présence de la partie déposante et du greffier, auquel il serait juste d'accorder des frais de vacation modérés. »

Nonobstant ces observations, l'article en ne permettant pas même, comme en plusieurs autres cas, la communication par la voie du greffe, semble l'interdire ; de manière que l'avoué peut refuser ce mode de communication, et demander les pièces mêmes sur son récépissé.

Lorsque ces pièces ont été examinées, et le

compte vérifié , elles sont restituées à l'avoué du rendant dans le délai fixé par le juge-commissaire sous les peines portées , *pag.* 368 *du* 1er. *volume.*

Pour ne pas éterniser les débats , lorsque plusieurs oyant compte sont assistés de différens avoués , chacun d'eux ne prend pas successivement communication des pièces ni du compte , tous doivent se transporter chez le plus ancien d'entre eux pour prendre des renseignemens.

Il en est autrement si les oyant compte ont des intérêts différens. Les pièces et le compte sont successivement communiqués à leurs avoués.

S'il y a des créanciers intervenans , ils n'ont qu'une seule communication , parce qu'ils ont cela de commun que tous tendent uniquement à conserver leurs droits. Les créanciers du rendant compte ont , par exemple , intérêt qu'il ne soit pas déclaré reliquataire ou qu'il le soit d'une moindre somme ; ceux de l'oyant compte ont un intérêt contraire , tous peuvent craindre une collusion entre le rendant et l'oyant compte ; c'est pour l'éviter qu'ils interviennent , 536.

Comme la reddition de compte place le

comptable dans la nécessité de produire beaucoup de pièces justificatives à l'appui, la loi a consacré une sage disposition qui excepte de l'enregistrement, toutes les quittances des fournisseurs, ouvriers, maîtres de pension et autres de même nature, produites accessoirement et dans le seul but de justifier certains articles du compte, 557.

Quand le compte est-il débattu ?

« Au jour et heure indiqués par le juge-commissaire, les parties se présentent devant lui pour fournir débats, soutenemens et réponses sur son procès-verbal. »

Les *débats* sont les moyens par lesquels l'oyant attaque le compte ; ce sont les objections qu'il oppose au rendant.

Les *soutenemens* et réponses sont les moyens que le rendant emploie pour soutenir son compte, et pour détruire les objections ou débats proposés par l'oyant.

Ces soutenemens et débats sont consignés dans un procès-verbal, pour éviter les significations respectives de cahiers et de productions que se faisaient les parties sous l'empire de l'ordonn. (1), et pour mettre le juge à portée

____

(1) Voy. Rodier sur l'art. 16, tit. 29 de l'ordonnance.

de prononcer sur le mérite des moyens allé-
gués.

Sur la disposition qui exige qu'il soit dressé
un PROCÈS-VERBAL , là COUR DE CAEN observait
« que l'ordonnance de 1667 avait dérogé à cette
forme de procéder, qui paraît vicieuse. Il conviendrait mieux que l'oyant fournît ses contredits d'avoué à avoué dans un délai , que le rendant donnât sa réponse , et l'oyant sa solution ;
après quoi on procéderait à l'apurement conformément aux articles suivans.

« Cet article, ajoutait encore la COUR DE NANCY,
entraîne trop de lenteur et trop de frais. Si l'on
dresse un procès-verbal séparé du compte, il semble alors que ce ne devrait être que dans le cas où
le compte n'offrirait pas de marges assez spa-
cieuses pour y placer les débats et soutenemens ;
dans ce cas seulement, ce procès-verbal ne
devant contenir que les dires très-sommaires des
parties. »

« Dans tout autre cas , ce procès-verbal est
inutile ; on peut se borner à mettre les débats
et soutenemens en marge du compte. »

« Mais , dans aucun cas, on ne voit pas la nécessité de signifier ce procès-verbal ; on peut
en prendre communication au greffe comme du
compte même. »

Si les parties ne se présentent pas, ou ne font aucune observation, ou si elles consentent formellement, l'affaire est portée à l'audience sur un simple acte, 538.

Si au contraire elles se présentent, mais ne s'accordent pas, le juge-commissaire ordonne qu'il en soit fait un rapport à l'audience, et sans qu'il soit nécessaire d'aucune sommation ultérieure, les parties doivent s'y rencontrer, 539.

C'est la continuation du principe adopté par les auteurs du Code, qu'il ne faut permettre dans une procédure que les actes nécessaires. Or, pourquoi donner une sommation de paraître quand le juge l'a déjà ordonné ?

§ I V.

Que doit contenir le jugement ?

Pour que les parties puissent vérifier si le tribunal n'a rien omis, la loi veut qu'il retrace dans son jugement.

1°. Le calcul de la recette et des dépenses.

2°. Le reliquat précis, s'il y en a un.

Ce dernier point est l'objet d'une condamnation contre le rendant compte, qui doit l'obliger à se libérer sur-le-champ de ce reliquat (1) , 540.

Peut-on attaquer ce jugement pour omission ou erreur ?

L'autorité de la chose jugée défend de reviser aucun compte arrêté par un jugement , et de remettre en problème des articles qui ont été débattus par les parties et définitivement appréciés par le tribunal.

Mais quelque respect que l'on doive à la chose jugée , il ne doit point empêcher la rectification d'une erreur , d'une omission commise dans le jugement ; le tribunal , sur l'observation ou la demande qui lui est faite , répare cette faute sans porter atteinte à sa décision.

La cour de Grenoble demandait qu'on ajoutât à l'article , « sauf à appeler du jugement de compte si les parties sont dans le délai. »

Cette énonciation serait peut-être bien à desirer ; cependant la loi n'indiquant le mode de réparation de l'erreur qu'en se représentant devant les mêmes juges , nous pensons qu'on ne pourrait venir devant les juges d'appel , avant

---

(1) Cet article est le vingtième du tit. 29 de l'ordonnance.

d'avoir soumis les points dans lesquels il y a erreur, aux juges qui, ayant fait le compte, sont plus à même de s'assurer si réellement elle a été commise.

Comment faut-il procéder, si l'oyant fait défaut ?

Le juge-commissaire fait également son rapport au jour indiqué, et les articles sont alloués au rendant compte s'ils sont justifiés ; mais s'il y a un reliquat à payer, le rendant ne doit point souffrir du retard qui lui est causé par la non comparution de l'oyant compte ; il peut, ou garder les fonds sans intérêts, ou se libérer en consignant son reliquat, à moins qu'il ne préfère garder la somme en donnant caution ; mais un tuteur est dispensé de cette formalité, parce que sa probité a déjà été jugée, lors de sa nomination (1), 542.

Cet article est d'une fréquente application dans l'usage ; aussi a-t-il donné lieu à plusieurs observations qui montrent les difficultés qu'il peut présenter.

La cour d'Agen demandait « si le comptable ne veut ou ne peut fournir caution, et que

----

(1) Art. 23, tit. 29 de l'ordonnance.

l'oyant ne se présente pas pour recevoir, que devra-t-il en arriver? que fera-t-il des fonds? les intérêts courront-ils? sera-t-il tenu de consigner le reliquat? c'est encore ce que la loi devrait prévoir. »

« Il semble d'ailleurs que cet article devrait être restreint aux absens, pour absence éloignée, longue et notoire, et non à de simples défaillans. Les mineurs, devenus majeurs, pourront-ils compter avec leurs tuteurs devant des arbitres, ou même compter à l'amiable? l'art. 485 du Code civil paraît dire oui, mais on peut conclure le contraire de l'art. 527 du présent Code; il faudrait donc une disposition expresse sur cette difficulté. »

« Pourquoi autoriser le tuteur ou comptable à garder les fonds sans intérêts, disait la coun DE CAEN. Il est un débiteur ordinaire qui est condamné; il ne peut se libérer que par des offres et la consignation; tant qu'ils ne se libèrent pas, les intérêts courent de droit contre les tuteurs; tel est l'ancien droit, juste et conforme à la qualité des parties et à la nature de l'engagement; droit confirmé par l'art. 474 du Code civil, qui fait courir les intérêts, sans demande, du jour de la clôture du compte. L'oyant qui a laissé agir le ministère de la justice, qui s'en est rapporté à elle en ne se présentant pas, n'est pas plus défavorable que celui qui a débattu et contesté quelquefois, et souvent même, sans de justes motifs. »

« Si l'on croit devoir laisser subsister l'article, il semble que dans tous les cas le comptable, pour être dispensé d'intérêts, doit faire des offres réelles, et qu'il doit aussi dans tous les cas, donner caution. »

« Il faut prévoir le cas, disait la COUR DE GRENOBLE, où le tuteur ou tout autre mandataire ayant provoqué l'audition et le jugement de son compte, la partie assignée ne se sera pas présentée pour voir affirmer le compte et le contredire ; dans ce cas, le comptable doit être autorisé à affirmer son compte, et à le faire juger. »

« La finale de cet article autorise le rendant ou comptable à garder (dans le cas prévu) les fonds dont il sera reliquataire, sans intérêts ; mais cette disposition paraît être en contradiction avec celle de l'art. 474 du Code civil. »

« Il faudrait néanmoins que le reliquataire pût faire cesser les intérêts, en mettant en demeure l'oyant. »

La COUR DE NANCY observait : « qu'on ne

voyait pas pourquoi on voudrait obliger le rendant à donner caution dans le cas où l'oyant ferait défaut ; car s'il a pu conserver les fonds de son reliquat jusqu'à l'apuration de son compte, sans être astreint à cette formalité, sa seule responsabilité doit suffire après comme avant, sur-tout lorsque l'oyant fait défaut. »

« Deux difficultés peuvent s'élever sur cette disposition, ajoutait la cour de Turin ; la première est que, lorsque l'oyant est défaillant et le rendant est reliquataire, celui-ci doit garder les fonds. »

« La seconde est que le reliquataire, pour garder ses fonds ait à donner caution, s'il ne s'agit point d'un compte de tutèle. »

« Il est des circonstances où la prudence conseille de se délivrer d'une dette, quoiqu'elle ne puisse être augmentée par des intérêts. »

« On doit donc laisser à ce reliquataire la faculté de faire la consignation de son reliquat. »

« Que s'il ne veut consigner la somme par lui due, et que son créancier ne se soucie pas de la recouvrer, il est juste qu'il puisse la garder ; mais il n'est pas nécessaire de l'obliger à donner une caution si son créancier ne l'exige pas. »

« Et quant aux intérêts dont le projet décharge le rendant pour le reliquat, lorsque l'oyant est défaillant, ainsi qu'il est indiqué dans cet article, on observe que si le rendant est tenu de payer les intérêts de son reliquat, il n'est pas juste qu'il en soit déchargé par la simple contumace de l'oyant à l'audience du commissaire, si en même tems il n'offre pas le paiement des intérêts sur-le-champ. En effet, aux termes de l'art. 831 du projet, le jugement ne doit prononcer la cessation des intérêts que du jour de la résiliation des offres. Que si la nature de l'administration, les conditions de la convention entre les parties ne chargent pas le rendant des intérêts des fonds qu'il a près de lui, il est inutile pour ces cas de statuer qu'il ait à les garder sans intérêts. »

« Il paraît qu'il serait très-nécessaire d'autoriser le juge-commissaire à se prévaloir d'experts calculateurs dans les discussions des comptes, lorsque la nature de l'affaire peut l'exiger; car il est assez connu qu'il est des comptes très-compliqués, et que pour applanir des difficultés que l'on y rencontre, il est nécessaire de procéder à des opérations de calcul qui bien souvent ne sont pas à la portée des juges. »

La cour de Rennes présentait, contre plusieurs dispositions du titre, des observations que nous croyons devoir faire connaître.

« La nomination de commissaire, la présentation et l'affirmation du compte, ont paru à la cour des formalités purement illusoires : elles donnent lieu à des frais en pure perte ; elles ne sont utiles ni à l'une ni à l'autre des parties. On peut même dire que l'usage de l'affirmation est immoral ; il donne lieu à un serment presque toujours faux ou téméraire. Il ne faut pas avilir le caractère redoutable du serment, ni familiariser le plaideur avec le parjure. En exigeant le serment d'un comptable infidèle, n'est-ce pas le rendre parjure sans nécessité, puisque l'oyant a la faculté de débattre le compte qu'il reçoit, et de le décharger ? »

« Depuis longtems d'estimables jurisconsultes se sont prononcés contre ces formalités purement inutiles, qui ne sont qu'un reste de nos très-anciennes maximes judiciaires, qui, dans le cours de la procédure, obligeaient les parties à outrer différens sermens. S'ils ont été si sagement abrogés, pourquoi ne ferait-on pas disparaître le serment plus qu'inutile d'un comptable, serment auquel on n'a aucun égard ? »

« L'obligation qu'on impose aux parties de se présenter devant un commissaire, pour fournir débats, soutenemens et réponse, dont il serait tenu de dresser procès-verbal, occasionnerait des frais considérables aux parties. En leur laissant, en matière de compte comme en toute autre contestation, la liberté de fournir leurs écritures, et en les obligeant à les fournir dans un délai, on leur évitera des dépenses, et elles obtiendront un résultat tout aussi satisfaisant. »

« La cour propose donc de retrancher de l'art. 350 ces mots, *et commettra un commissaire*, et de remplacer les autres articles par ceux qui suivent. »

Ces articles n'ayant point été adoptés, il suffit de connaître les motifs qui les ont déterminés.

Enfin la cour d'Agen observait « que ce titre, étant commun aux comptes des fruits à restituer, ne dit pas ce qu'on devra faire si l'oyant conteste la quantité des fruits, si les parties ne sont pas d'accord sur l'évaluation et sur l'estimation des frais de labour, de semence et récolte. La preuve de la quantité pourra-t-elle être faite par témoins ? L'évaluation devra-t-elle être faite par experts ? Si les témoins ne sont pas conformes sur la quotité des fruits, et cependant s'il résulte de l'enquête que cette quotité excède celle portée par la déclaration, ou si une partie des témoins l'établit inférieure et l'autre supérieure, à quelle quotité le juge devra-t-il se fixer? L'art. 538 du projet ne peut résoudre aucune de ces difficultés ; la loi devrait donc les prévoir et y prononcer expressément. »

L'art. 526 veut que lorsqu'il y a condamnation en restitution des fruits, on procède comme pour tous les autres comptes rendus en justice, et d'après les formes du tit. 4.

L'art. 539 prévoit le cas où les parties ne s'accordent pas : alors il faut se soumettre au mode qu'il prescrit, recevoir la preuve testimoniale dans tous les cas où elle est admissible, en se soumettant toutefois aux *art.* 1541 *et suiv.* du Code civil, et décider ensuite sur la qualité et la quantité des fruits à rendre, comme on le ferait en toute autre matière où il s'agirait de l'exécution d'une convention quelconque.

N°. 270.

Demande à fin de compte.

L'an   , le   , à la requête du sieur A   , je *j* huissier, immatriculé près le tribunal de   , y demeurant, ai donné assignation au sieur B   séquestre, nommé par jugement du   . , en son domicile, parlant à   , à comparaître le   à l'audience du tribunal de   , dans le local ordinaire de ses séances, rue   , à midi précis, pour s'entendre condamner à rendre compte au demandeur de l'administration qui lui a été confiée, en qualité de séquestre, depuis le jour auquel il a été nommé jusqu'à ce jour, et à remettre tous les titres et papiers qui lui avaient été donnés, etc. Déclarant au sieur B   que le sieur C   , avoué au tribunal de   , occupera pour le demandeur sur la présente assignation ; et j'ai audit B   , en parlant comme dessus, laissé copie du présent.

Le jugement qui condamne à rendre compte, ou à l'entendre, est dans la forme ordinaire de tous les autres jugemens ; seulement on ne négligera pas de fixer le délai dans lequel le compte sera rendu, et de commettre le juge pardevant lequel le compte se rendra.

N°.

N°. 271.

Modèle de compte.

Compte que rend le sieur B   , de la gestion et administration qui lui a été confiée, en sa qualité de séquestre nommé par jugement du

La gestion a commencé le   , et a fini le

Le présent compte se compose, 1°. de la garde de la maison sise à   , avec ses dépendances ; 2°. des meubles qui garnissaient la maison, etc. ; 3°. de la récolte, etc. ; 4°. de l'argent provenant, etc.

Recette.

1°. 3oo fr. provenant du prix du bail de ladite maison de, etc. ;

2°. 6oo fr. provenant des meubles qui ont été vendus, suivant que le rendant y était autorisé par le même jugement qui l'a nommé séquestre ;

3°. etc.

Dépense.

1°. 2oo fr. pour réparation de la maison, etc. ;

2°. Pour achat de différens meubles, en remplacement de ceux qui ont été vendus ;

3°. 3oo fr. pour imposition, etc. ;

4°. Pour dépenses qui doivent être supportées en commun, 1°. 8o fr. pour frais de différens voyages faits, savoir : dans le courant de mai dernier, deux voyages à Bellefort, pour etc. ;

5°. Pour vacations de l'avoué qui a mis les pièces en ordre, 60 fr. ;

6°. etc.

Balance de la recette et de la dépense.

De tous ces calculs, il suit que la recette est de

Et la dépense de

Partant, la recette excède la dépense de

Objets à recouvrer.

1°. Vers le fermier de   , la somme de   , pour prix de son bail échu le   ;

2°. La somme de   , qui a été prêtée au sieur A   , et dont le remboursement devra se faire le 20 du mois prochain ;

3°. etc.

N°. 272.

Acte pour assister à la présentation et à l'affirmation du compte.

A la requête du sieur   , avoué du sieur   , soit signifié et déclaré à   , avoué du sieur B   , qu'en vertu du jugement du   il a été procédé au compte, et que le sieur B   le présentera et affirmera entre les mains du sieur D   , juge - commissaire nommé à cet effet ; pourquoi le sieur A   est sommé d'y comparaître, sinon il y sera procédé tant en absence qu'en présence.

S'il n'y a pas d'avoué constitué, la somma-

tion sera faite à la partie à personne ou domicile.

N°. 273.

*Procès-verbal de présentation et affirmation
de compte.*

L'an   , le   , en vertu de notre ordonnance
du   , est comparu le sieur   , qui a présenté son
compte et a affirmé qu'il contenait la vérité ; et pour justifier de tous les articles qu'il contient, il a déposé toutes
les pièces dont l'état est ci-joint, et a consenti qu'elles
fussent annexées au compte.

Est aussi comparu le sieur D   , avoué, etc.

Nous avons donné acte au sieur B   de la présentation
et affirmation de son compte,

Et ordonné que copie dudit compte serait signifiée
au sieur A   , que les pièces à l'appui lui seront com-
muniquées sur récépissé, à charge par lui de les remettre
au sieur B   dans le délai de huitaine.

Ordonnons en outre que les parties comparaîtront devant nous le 1er. du mois prochain, pour accepter ou débattre le compte.

De tout quoi nous avons dressé le présent procès-verbal,
qui a été signé par nous et notre greffier.

Fait à   , le

La signification du compte se fait dans la
forme ordinaire. (Voy. n°. 71.)

Le procès-verbal qui se dresse lors des débats du compte, consiste uniquement dans les faits, dans les dires respectifs des parties; par cette raison, il est inutile d'en donner une formule particulière.

S'il y a débats sur le compte, on vient à l'audience sur un simple acte.

Le jugement sur le compte est dans la forme ordinaire de tous les autres jugemens.

CHAPITRE V.

De la liquidation des dépens et frais.

COMMENT doit se faire cette liquidation?

Le mode pour y parvenir était longuement tracé dans le titre 5 du projet, depuis l'article 535 jusqu'au 571; mais plusieurs cours d'appel s'élevèrent contre ce mode.

« La première observation qui se présente sur ce titre, disait la cour DE DIJON, concerne la nécessité de faire un règlement général sur les frais et vacations des officiers ministériels;

tout est, à cet égard, dans la confusion et l'arbitraire. Chaque tribunal d'arrondissement s'est fait des règlemens particuliers qui n'ont entre eux nulle proportion ; l'attente d'une décision législative a relâché, sur cette partie, la surveillance des corps judiciaires. Cet état provisoire est très-préjudiciable aux plaideurs ; c'est un désordre qu'il est aussi facile que pressant de faire cesser. Un règlement général, gradué sur la population des villes où siégent les tribunaux, doit suivre le Code de la procédure, et le completter. »

LA COUR DE DOUAI demandait aussi un tarif général, ou un article qui autorisât chaque cour d'appel à faire ou proposer son tarif particulier.

La COUR DE NISMES disait « qu'il y avait bien des motifs pour ôter aux chambres des avoués de première instance l'attribution de la taxe des dépens. »

Les cours d'ORLÉANS, de PAU, de RENNES, faisaient aussi des observations à-peu-près dans le même sens ; et conformément aux motifs qui les avaient déterminées. On a supprimé tous ces articles, et on y a substitué les deux suivans :

« En matière sommaire , les dépens et les frais doivent être liquidés dans le jugement même qui les adjuge , 543. »

Dans toute autre matière, il faut faire la liquidation d'après le tarif , (*p.* 376 *et suiv. du* 5e. *vol.*) 544.

CHAPITRE VI.

Règles générales sur l'exécution forcée des jugemens et actes.

Iere. règle.

« Nul jugement ni acte ne pourront être mis
» à exécution , s'ils ne portent le même intitulé
» que les lois , et ne sont terminés par un
» mandement aux officiers de justice , 545. »

Voy. nos observations sur l'art. 146.

Voy. les formules n°s. 5 et 73 , 1er. vol.

Voy. art. 25 de la loi du 25 ventose an 11, sur le notariat.

Le motif de cette règle est puisé dans l'organisation des pouvoirs. En France , la justice se rend au nom de l'Empereur , chef de l'état; c'est aussi en son nom que se poursuit l'exécution de tous les actes émanés de la justice; il prête main-forte contre le citoyen qui refuse de s'y soumettre.

On donne aux jugemens et actes judiciaires ou notariés, le même intitulé qu'aux lois, pour montrer qu'on est obligé de les exécuter comme elles, et que toute résistance serait absolument vaine et répréhensible.

La cour d'Orléans faisait sur cet article l'observation suivante :

« Les actes de l'autorité administrative sont exécutoires sans recours à l'autorité judiciaire, et sans son concours ; ils ne sont assujettis par aucune loi à l'intitulé des lois ; ils ne le sont pas au mandement que l'autorité administrative ne pourrait d'ailleurs conférer ; ils semblent devoir être exceptés de la généralité des expressions de l'article. »

« Les huissiers doivent et ne peuvent refuser leur ministère pour l'exécution des jugemens et actes ; au cas de refus, le projet n'établit pas le mode de les y contraindre. Nous proposons un article additionnel à ce titre. »

« Les huissiers ne pourront refuser leur ministère pour l'exécution de tous jugemens et actes; en cas de refus, il leur sera enjoint

par les procureurs généraux et impériaux des
tribunaux auxquels ils seront attachés, de
mettre à exécution lesdits jugemens et actes : ils
pourront, au cas de désobéissance, être sus-
pendus, même interdits de leurs fonctions,
suivant la gravité des circonstances, sans préjudice des dommages-intérêts résultant des retards occasionnés par leur refus. »

Le Code a laissé de côté tout ce qui touche
l'autorité administrative ; ainsi nous estimons
que l'art. 545 ne s'applique pas aux actes ad-
ministratifs qui ont leur règle particulière.

Quant aux huissiers, la loi n'ayant pas prévu
les cas de refus, et n'ayant infligé aucune peine,
nous ne pensons pas qu'on puisse les punir
pour ne pas avoir exécuté ; seulement on pourrait obtenir du juge une ordonnance ou un mandement à un de ses huissiers désignés, d'obtempérer à la réquisition de la partie poursuivante.

IIe. règle.

« Les jugemens rendus par les tribunaux
» étrangers, et les actes reçus par les officiers
» étrangers, ne seront susceptibles d'exécution
» en France que (d'après) les art. 2123 et 2128
» du Code civil, 546. »

Le motif de cet article est sensible. Les tribunaux et les princes étrangers n'ont aucun pouvoir à exercer en France ; leur autorité expire sur le bord de leurs frontières : il faut donc que les jugemens étrangers empruntent la force ou l'autorité du gouvernement français, pour devenir exécutoires en France.

Nous avons développé cette doctrine, p. 145 du 4e. vol. de la Jurisprudence du Code civil.

Cet article paraissait à la COUR DE RENNES, déplacé dans un Code de procédure civile ; elle pensait que c'était un objet qui appartient au droit public et diplomatique, qui a ses règles particulières, et qui peut varier suivant les circonstances de la politique et l'état de paix, ou de guerre entre les gouvernemens. Il faut laisser au gouvernement la liberté pleine et entière de déterminer les cas et les époques où les jugemens rendus par les tribunaux étrangers, et les actes reçus par les officiers étrangers, seront susceptibles d'exécution en France.

IIIe. règle.

« Les jugemens rendus et les actes passés en
» France seront exécutoires dans tout l'empire,
» sans *visa* ni *pareatis*, encore que l'exécution

» ait lieu hors du ressort du tribunal par le-
» quel les jugemens ont été rendus, ou dans
» le territoire duquel les actes ont été passés. »

Anciennement, les provinces qui étaient sub-
juguées et réunies réservaient ordinairement la
conservation de leurs usages et priviléges ; en
sorte que les parlemens étaient étrangers les
uns aux autres, et assez indépendans de l'autorité suprême : l'arrêt d'une cour n'était exécutoire que dans son ressort, suivant la loi
dernière, *ff. de jurisdict. omnium judicum.*

Néanmoins, dans la suite, on n'eut plus recours qu'à un simple *pareatis* pour faire exécuter en France un jugement quelconque, rendu
par un tribunal français. *Voy. art.* 6, *tit.* 27
de l'ordonnance de 1667.

Depuis que les différentes provinces, les
différens parlemens ont été fondus dans le
même empire, les cours et les tribunaux sont,
les uns par rapport aux autres, comme autant
de sections d'une même cour de justice ; en sorte
qu'un jugement rendu par le tribunal de Turin
est exécutoire dans le département de la Somme,
comme s'il émanait du tribunal d'Amiens, qui
est le chef-lieu de ce département.

« Il nous a paru sur cet article, disait la
cour de Turin, que les jugemens, pour être

exécutés hors du tribunal qui les a rendus, devraient être légalisés par le président, à l'instar de la disposition de la loi sur le notariat. »

Cette formalité n'ayant point été exigée, elle n'est point nécessaire.

IVe. règle.

A l'égard des tiers, les jugemens qui prononcent une main-levée, une radiation d'inscriptions, un paiement, ou quelqu'autre chose à faire par un tiers ou à sa charge, ne sont exécutoires que par leur signification à la partie condamnée.

Un débiteur hypothécaire obtient la radiation d'une inscription prise sur son immeuble; il se présente chez le conservateur des hypothèques pour faire exécuter la radiation ordonnée; le conservateur s'y refuse, attendu que le créancier peut attaquer le jugement par voie d'opposition ou d'appel, et que si dans l'intervalle on radiait son inscription, d'autres créanciers pourraient s'inscrire et primer l'opposant ou l'appelant, et lui enlever des droits et un titre qu'il s'efforce de maintenir. On voit que le conservateur est fondé dans son refus. A la vérité on peut lui opposer l'art. 2157 du Code civil, qui paraît ne se contenter que d'un jugement en dernier ressort quelconque, contradictoire ou par défaut, pour opérer la radiation.

Mais le texte de cet article doit fléchir devant les dispositions générales du système hypothécaire, et c'est principalement pour lever les doutes que l'art. 2157 du Code civil avait fait naître (1), que l'art. 548 du Code de procédure a été ajouté au projet, ainsi que les 549 et 550 ci-après.

D'après cet article un jugement qui prononce main-levée ou une radiation d'hypothèque, n'est exécutoire par ou contre un tiers, que sur le certificat de l'avoué de la partie poursuivante, contenant la date de la signification du jugement, faite au domicile de la partie condamnée, et sur l'attestation du greffier, constatant qu'il n'existe contre le jugement ni opposition ni appel.

En conséquence l'avoué de l'appelant doit faire mention de son appel sur le registre des oppositions tenu au greffe du tribunal de première instance en vertu de l'art. 163 du Code, 549.

Et sur le certificat de l'avoué de première

____

(1) Voy. pag. 303 et 486 du troisième vol. de la Jurisprd. du Code civil.

instance constatant qu'il n'existe aucune opposition au jugement par défaut, ou aucun appel du jugement en premier ressort qu'il a obtenu, qu'en conséquence il a acquis l'autorité de la chose jugée, les séquestres, gardiens, conservateurs et tous autres, sont tenus de satisfaire au jugement, 550.

La cour de Metz demandait « que la saisie mobiliaire pût être autorisée dans certains cas sans titre exécutoire. »

Un créancier par acte privé voit son débiteur soustraire son mobilier ; un artisan, un ouvrier, qui n'ont point de titres écrits ; un boulanger, un boucher, et d'autres fournisseurs de première nécessité, un propriétaire de ferme, de maison, qui n'a pas même un bail écrit, seront-ils exposés à perdre ce qui leur est dû, et à ne pouvoir arrêter la soustraction, la dilapidation des objets mobiliers sur lesquels ils ont un privilège ? Dans ces cas et autres semblables, la saisie devient d'une nécessité absolue. »

« D'après ces observations on croit que l'article devrait être ainsi conçu : »

« Il ne sera procédé à aucune saisie sans un titre exécutoire, à moins qu'il n'y ait péril en la demeure ; et dans ce cas en vertu d'ordonnance du juge. »

La cour de Rouen disait aussi « qu'il conviendrait d'ajouter après ces mots, *il ne sera procédé à aucune saisie immobiliaire*, *qu'en vertu d'un titre exécutoire*, ceux-ci, *ou ordonnance du juge*. »

Une ordonnance du juge est exécutoire, comme tous les actes émanés de la justice, ainsi une disposition à cet égard était inutile.

*V*e. *règle.*

« Il ne sera procédé à aucune saisie mobilière ou immobilière qu'en vertu d'un titre exécutoire et pour choses liquides et certaines. »

En combinant cette règle avec les premières que nous avons tracées, il résulte que pour saisir il faut,

1°. Ou un acte notarié,

Ou un jugement rendu en France,

Ou un jugement rendu par un tribunal étranger, mais revêtu d'un *pareatis ;*

2°. Que l'objet du contrat ou de la condamnation soit liquide et certain (1), on peut même ajouter *exigible*, car auparavant le débiteur n'est pas tenu de payer, suivant le brocard des

----

(1) Art. 26, tit. 33, ordonnance de 1667.

praticiens, *qui a terme, ne doit rien.* Il doit être *liquide*, c'est-à-dire, que le compte doit être fait et liquidé ; être *certain*, c'est-à-dire, que la quantité en doit être déterminée, et qu'il n'y ait aucune difficulté sur ce point.

« Si la dette exigible n'est pas d'une somme en argent, il sera sursis, après la saisie, à toutes poursuites ultérieures, jusqu'à ce que l'appréciation en ait été faite, 551. »

« C'est alors seulement que l'objet devient *certain*. »

« Il semble, disait LA COUR DE NISMES, qu'en fait de saisie de dette exigible en nature, la mesure d'appréciation est non-seulement inutile, mais même qu'elle est en contradiction avec la qualité de la dette. »

Cette observation est juste dans tous les cas où la dette est exigible en nature, mais l'article est fait pour ceux où il y a dette exigible de choses que l'on ne peut prendre en nature ; il faut bien dès-lors une appréciation pour savoir jusqu'à quelle somme s'étendra la saisie.

VIe. *règle.*

« La contrainte par corps, pour objet susceptible de liquidation, ne pourra être exécutée qu'après que la liquidation aura été faite en argent. »

D'après l'art. 2060 du Code civil, la contrainte par corps peut avoir lieu pour une chose à faire, comme pour une somme d'argent ou une chose à fournir, *ad faciendum, vel ad solvendum*.

Or, dans ce dernier cas, lorsqu'un gardien judiciaire est condamné à restituer plusieurs litres de blé et de vin, il faut avant tout réduire cette marchandise en une somme d'argent d'après la mercuriale, afin que le débiteur sache d'une manière précise ce qu'il doit offrir et fournir pour se libérer.

Voici les observations qui ont été proposées sur cet article par différentes cours d'appel.

« Cet article, disait celle de Metz, borne l'exercice de la contrainte par corps aux choses liquidées en argent. »

« Elle devrait être aussi exécutée pour des objets à fournir en denrées et marchandises. Un négociant s'est soumis à des fournitures qui sont indispensables à celui avec lequel il a traité. A raison du retard, celui-ci obtient jugement qui condamne à délivrer, sinon autorise à en acheter et en récupérer le prix sur la représentation des quittances. On ne connaît aucune différence entre ce cas et celui où il s'agit d'argent à payer : il est aussi facile au débiteur de se procurer des denrées et marchandises que de l'argent. »

« Suivant cet article, ajoutait la COUR DE POITIERS, la contrainte par corps ne peut être exécutée que pour choses liquides en argent. Il serait possible d'évaluer des fermages en grains, des rentes en nature et d'obtenir une condamnation par corps pour ces sommes représentant les objets qui font le sujet de la demande. Mais comment exécuter cet article lorsqu'il s'agit de réintégrande, de restitution de titres demandés à ceux à qui on les a confiés, de représentation de choses déposées aux séquestres, commissaires et autres gardiens, etc., objets pour lesquels l'art. 2060 du Code civil a déclaré que la contrainte par corps avait lieu. »

La COUR DE RENNES observait « qu'on pourrait induire de l'art. 552, qu'on pourra employer la contrainte par corps toutes les fois qu'une somme serait liquide : cependant la loi, et notamment le Code civil, précisent les cas dans lesquels la contrainte par corps doit seulement avoir lieu. La cour propose de supprimer l'article 552, et de rédiger ainsi l'article..... : il ne sera procédé à aucune saisie mobilière ou immobilière, qu'en vertu d'un titre exécutoire, et pour choses liquides et certaines. Si la dette

exigible est en nature, il sera sursis, après
la saisie, à toutes poursuites ultérieures, jusqu'à ce que l'appréciation ait été faite, et la
contrainte par corps, dans le cas où elle a lieu,
ne pourra être exécutée que lorsque l'appréciation aura été faite. »

Celle de Turin, croyait « qu'en ce qui concerne la contrainte par corps, la disposition du
Code civil, au titre 16, liv. 3, paraît suffire,
d'autant plus que celle du projet pourrait entra-
ver de quelque manière l'exécution du Code en
cette partie. »

Celle de Nismes « pensait aussi que cet article
avait besoin d'être concilié avec l'art. 2062 du
Code civil. »

Nous ne voyons aucune contradiction dans les
articles du Code civil et de procédure ; il faut
observer que le Code civil ne fait que consacrer
le principe, qu'accorder le droit ; le Code de
procédure est venu régler l'exercice de ce droit,
déterminer la forme de l'action ; ainsi se ratta-
chant à l'art. 2062 du Code civil, les art. 551 et
552 du Code de procédure disent que la contrainte
par corps ne pourra être exercée, pour le chep-
tel, les semences et les instrumens, que quand
on aura fait l'appréciation ou la liquidation.

VIIe. règle.

« Les contestations élevées sur l'exécution des jugemens des tribunaux de commerce, seront portées au tribunal de première instance du lieu où l'exécution se poursuivra, 553. »

L'art. 442 avait déjà défendu aux tribunaux de commerce de connaître de l'exécution de leurs jugemens ; mais il n'avait pas désigné quel tribunal civil devait vider les contestations à naître sur l'exécution ; devait-ce être celui du lieu où le jugement avait été rendu, ou celui du domicile du débiteur, etc. ? Ces doutes nécessitaient une explication, c'est l'objet de cette règle.

« Cette disposition est absolue, disait la COUR DE POITIERS; les cours d'appel ne seront donc pas chargées de l'exécution de leurs arrêts infirmatifs de jugemens de tribunaux de commerce, comme l'art. 472 les charge de l'exécution de leurs arrêts lorsqu'ils ont infirmé des jugemens de tribunaux de première instance? Cependant la cour d'appel pense que la règle doit être la même, et pour rendre la loi générale, elle propose de renvoyer l'exécution de tous les arrêts aux tribunaux de première instance. »

« Cet article, disait la COUR DE TURIN, peut être

conservé à l'égard des contestations qui portent sur des objets qui ne sont pas de la compétence des tribunaux de commerce, tels que les oppositions basées sur des titres qui sont du domaine des tribunaux civils. »

« Mais à l'égard des contestations qui portent directement sur la forme et sur la validité des jugemens rendus par les tribunaux de commerce, même sur le vrai sens du dispositif de ces jugemens, rien ne s'oppose à ce que la connaissance en soit laissée à ces tribunaux; cette marche est même beaucoup plus simple, car la disposition de cet article telle qu'elle est dans le projet, fournirait bien souvent des entraves à l'exécution des jugemens qui, en matière de commerce, doit-être très-prompte. »

Malgré ces observations, l'article a resté le même, de sorte qu'il faut s'y attacher rigoureusement.

*VIII*e. *règle.*

« Si les difficultés élevées sur l'exécution des jugemens ou actes, requièrent célérité, le tribunal du lieu y statuera provisoirement et renverra la connaissance du fond au tribunal d'exécution, 554. »

Cette règle a pour objet de concilier la

prompte exécution du jugement ou de l'acte avec la délimitation des pouvoirs judiciaires.

Retarder l'exécution jusqu'à ce que le tribunal compétent ait statué, ç'eût été la rendre gênante et souvent impraticable; que faire, par exemple, d'un homme arrêté, jusqu'à ce que le juge civil qui a prononcé la contrainte par corps ait pu lever l'incident?

Dépouiller ce juge de la connaissance définitive de cet incident, ç'eût été créer une foule d'erreurs et de contrariétés de jugemens.

La cour de Caen observait sur cet article, « que le projet ne s'explique pas sur celui qu'il regarde comme juge de l'exécution : est-ce celui qui a rendu le jugement ou celui du lieu où le jugement s'exécute? Suivant les anciennes formes, toutes saisies et exécutions, arrêts et autres, étaient attributives de jurisdiction. Il semblerait, d'après cet article et l'art. 472, qu'il faudrait procéder devant le juge qui a rendu le jugement en vertu duquel elle a été faite, même devant les cours d'appel, si le jugement dont est appel a été infirmé. Cela présente des inconvéniens graves, développés sur l'art. 472. On y ajoutera que d'après l'art. 554, on donne au juge du lieu où le jugement s'exécute, un droit de statuer provisoirement ; en sorte que, pour un même fait, il s'engagera deux procès, l'un sur la provision, et l'autre, dans un autre tribunal, sur le fond. S'il y a appel des deux jugemens, il peut arriver qu'il soit porté dans deux tribunaux d'appel différens, et il peut intervenir des arrêts contradictoires : l'un, par exemple, suspendra l'exécution, l'autre l'ordonnera. »

« Tous ces inconvéniens n'existeront pas si la loi qui voulait que la saisie fût attributive de juridiction, est maintenue comme nous pensons qu'elle doit l'être. »

Cette observation est devenue sans objet depuis l'addition qui a été faite à l'art. 472. *V. p. 213, 3e. vol.*

« L'art. 554, disait la cour de Rennes, laisse ignorer si le juge de paix pourra statuer provisoirement sur les difficultés élevées lors de l'exécution ; la cour pense qu'il doit le faire. Le tribunal de première instance le plus voisin peut être trop éloigné pour juger la difficulté survenue : il n'y a pas plus d'inconvénient dans cette attribution passagère au juge de paix, que dans celle que lui donne l'art. 617 du projet (594 du Code). La cour est d'avis qu'on ajoute à la fin de l'art. ces mots : *même le juge de paix.* »

L'addition n'ayant point été faite, le juge de paix ne peut pas connaître de l'exécution qui, d'après l'art. 553 , est exclusivement dévolue en ce cas aux tribunaux de *première instance.*

IXe. règle.

« L'officier insulté dans l'exercice de ses fonctions dressera procès-verbal de rebellion ; et il sera procédé suivant les règles établies par le Code criminel. »

Si la loi n'environnait de sa protection l'homme qui exécute des titres authentiques , cet homme ne voudrait point s'exposer à remplir la mission qui lui est confiée ; les arrêts seraient sans force, et la justice ne serait plus qu'un vain fantôme que l'on outragerait impunément.

Aussi les ordonnances de Moulins et de Blois prononçaient la peine de mort pour le cas de rebellion à justice : l'ordonnance criminelle de 1670 le mettait au nombre des *cas royaux ;* aujourd'hui la répression de ce délit appartient également aux cours de justice criminelle.

« La sûreté individuelle , observait la cour de Turin, paraît exiger que l'officier dresse son procès-verbal de rebellion en présence de deux témoins, qui devront le signer avec lui , en annonçant en cas de refus de signer, la cause qui le motive. »

Il eût bien été à desirer qu'on pût exiger cette formalité ; mais bien souvent il n'y a pas eu de témoins, et alors l'offensé ne doit pas rester sans défense, ni la rebellion impunie ; mais l'inconvénient n'est pas si grand qu'il pouvait le paraître d'abord ; car ce n'est pas sur le procès-verbal seul que l'accusé est jugé devant les tribunaux criminels ; il faudra y prouver la rebellion, et le procès-verbal ne fera pas preuve complette ; le juge ou le jury aura la faculté d'apprécier les faits et de s'assurer du délit.

Qui peut porter plainte de la rebellion à justice ?

Non-seulement l'huissier outragé, mais encore la partie qui lui avait confié l'exécution de son jugement, parce qu'elle a intérêt que cette exécution ait lieu ; le ministère public près le tribunal qui a rendu le jugement, peut aussi dénoncer ce délit et en demander la répression aux juges criminels.

Si la rebellion avait lieu dans l'auditoire, le tribunal civil pourrait et devrait la réprimer sur-le-champ. *Voy.* art. 91 du Code.

Qu'entend-on par *rebellion* à justice ?

On ne pourrait entendre par-là une injure

verbale, une simple résistance qu'opposerait la personne saisie, pour exécuter les ordres de l'huissier, comme d'ouvrir les portes, de payer une somme, etc. Pour caractériser la rebellion, il faut un acte de violence, une voie de fait, une résistance ouverte.

Xᵉ. règle.

« La remise de l'acte ou jugement à l'huissier vaudra *pouvoir* pour toutes exécutions. » Telle est la règle générale.

« Pour la saisie immobilière et l'emprisonnement, il sera besoin d'un pouvoir spécial, 556. » Telle est l'exception.

On applique ici les mêmes principes qu'aux avoués ; une partie qui remet ses titres à un officier ministériel, est par-là même censée le mettre en exercice de ses fonctions et le charger de poursuivre : la remise des pièces ne peut que très-rarement avoir un autre objet.

Mais lorsqu'il s'agit d'un acte rigoureux, insolite ou extraordinaire, la présomption de la loi cesse, il faut un pouvoir spécial ; il faut que le créancier manifeste formellement sa résolution d'en venir à cette mesure extrême, comme lorsqu'il s'agit de poursuites en faux, en désaveu, en prise à partie, etc.

« Ce titre a prévu le cas de la rebellion, disait la cour d'Orléans, mais pour ne s'occuper que de sa répression, et non des moyens d'exécuter nonobstant la violence; une nouvelle addition devient donc encore nécessaire. »

« En cas de rebellion et violence lors des exécutions, sur le vu du procès-verbal qui les constatera, le fonctionnaire indiqué ci-dessus pour l'ouverture des portes, accordera à l'huissier la main-forte qui lui sera nécessaire pour que force demeure à justice. »

Une disposition sur ce point était inutile, car la formule exécutoire accorde elle-même le droit de main-forte.

La cour de Rennes observait « que cet article donne à l'huissier un pouvoir beaucoup trop étendu, et dont il peut abuser contre la volonté des parties. Tous les jours il arrive qu'on remet à un huissier un acte ou un jugement pour le faire seulement signifier, sans qu'on ait l'intention de faire passer outre à la saisie. D'après l'art. 556, l'huissier gardera l'acte ou le jugement, et après les délais de la signification, il passera outre à la saisie mobilière, qu'il n'était pas dans le vœu de la partie de former. La cour desire qu'au lieu de immobilière l'article porte mobilière, et qu'il soit rédigé ainsi : »

« La remise de l'acte ou jugement à l'huissier vaudra pouvoir pour toutes exécutions autres que la saisie mobilière et l'emprisonnement, pour lesquels il sera besoin d'un pouvoir spécial. »

La cour d'Agen, au contraire, disait « qu'il n'y avait pas de pouvoir plus spécial que la remise des pièces. »

Ces observations n'ont point fait changer l'article, de sorte qu'il faut s'en tenir à la distinction qu'il admet.

« La cour de Riom demandait qu'on ajoutât, sauf relativement aux saisies-arrêts, la disposition de l'art. 562 ci-après. »

Il suffit que cette disposition se trouve dans l'art. 562, pour qu'elle ne soit plus ici qu'une répétition.

FORMULES.

Nota. Ce titre ne prescrivant que des règles, n'exige aucune formule particulière.

DES SAISIES.

Lorsqu'un créancier a obtenu gain de cause, qu'il a fait condamner son débiteur à se libérer, il n'a encore qu'une arme pour obtenir la chose due ; quelquefois ce débiteur qui s'était d'abord rendu sourd aux cris de sa conscience, veut encore résister aux ordres, aux arrêts de la justice ; c'est en vain qu'on le somme de s'y soumettre, il entreprend d'éluder ces arrêts, de s'y soustraire : de là le moyen rigoureux de la saisie.

Nous entendons par saisie, le séquestre qu'appose un officier ministériel sur les biens du condamné.

S'il s'agit de meubles, la *saisie est mobiliaire*.

S'il s'agit d'immeubles, la *saisie est immobiliaire*.

Si la saisie est exécutée sur la personne, elle prend le nom d'*emprisonnement*.

La saisie mobiliaire prend encore différentes dénominations que nous remarquerons dans les chapitres suivans.

CHAPITRE VII.

Des saisies-arrêts ou oppositions.

Qu'est-ce qu'une saisie-arrêt (1) ?

C'est un acte par lequel un créancier fait *arrêter* les deniers ou choses mobiliaires appartenant à son débiteur et qui se trouvent dans les mains d'un *tiers* ; il les met en état de séquestre, et *s'oppose* à leur remise jusqu'à ce que la justice les ait fait adjuger ou fait vendre au bénéfice de ce créancier.

« L'ordonnance de 1667 gardait le silence sur ce mode d'exécution. Il n'était réglé que par des usages, des traditions incertaines, et quelques arrêts de cours souveraines. Il était la source d'abus énormes et de vexations révoltantes. Il

---

(1) «Saisie-arrêt et opposition signifient ici la même chose, et produisent le même effet, disait la COUR D'APPEL D'AIX; pourquoi donc en ployer les deux expressions ? Serait-ce pour ménager les habitudes de quelques départemens ? Mais alors il faudrait employer trop de synonymes ; car on appelait *arrêtement* en Provence ce qu'en Languedoc on appelait bauniment, ce qu'ailleurs on appelait saisie-arrêt. »

est ramené dans ce titre à toute sa simplicité et au seul but de son institution. » (M. Réal.)

Qui peut faire une saisie-arrêt ?

Pour éviter le désordre qui résulterait de la faculté illimitée de former opposition , la loi a pris soin de déterminer d'une manière précise les conditions requises que doit réunir l'opposant.

1º. Il doit être *créancier* de la personne à qui un tiers doit de l'argent ou des choses mobiliaires.

2º. Avoir un *titre* sur son débiteur.

Ce titre peut être authentique ou seulement sous seing privé , 557.

« Il paraît qu'on ne devrait donner le pouvoir de saisir - arrêter qu'au créancier porteur d'un titre authentique, disait la COUR DE LIÉGE. »

« Il nous paraît dur et même dangereux , ajoutait la COUR DE TURIN , que des titres privés et non reconnus puissent autoriser des saisies-arrêts. »

« Une simple écriture privée portant l'obligation d'une somme modique , pourra autoriser le créancier à faire une saisie-arrêt d'un effet dont son créancier , notoirement connu très-solvable peut avoir un pressant besoin. »

« La saisie-arrêt , sur-tout lorsque le poursuivant n'est pas fourni d'un titre exécutoire , ne peut être admise lorsqu'il s'agit d'un débiteur d'une mauvaise réputation. »

« Nous pensons donc que la disposition peut être conservée pour les titres exécutoires , et que pour les autres , de même que pour les obligations verbales, on doit adopter l'art. 558, en prescrivant aux juges de permettre cette mesure lorsque le requérant justifiera que le débiteur est d'une solvabilité douteuse , ou que les circonstances particulières des cas peuvent exiger cet acte conservatoire. »

La disposition a cependant été maintenue pour les actes sous seing privé, comme pour les actes authentiques.

A défaut de titre , et si les moyens du créancier paraissent suffisans , si , par exemple, il justifie que son titre lui ait été enlevé par le fait du débiteur , par événement de force majeure ou autrement ; si la somme est au-dessous de 150 fr. etc. , il peut recourir au juge qui a droit de l'autoriser à faire la saisie-arrêt.

Ce juge est indifféremment celui du domicile du débiteur , ou celui du domicile du tiers saisi, mais dans aucun cas il ne peut être

Reliure serrée

ni celui qui a rendu le jugement, ni celui du domicile de l'opposant.

La loi a voulu réprimer ici l'abus qui existait avant le Code ; un créancier se contentait de faire une saisie-arrêt, et pour en demander la main-levée, le tiers saisi était obligé de se transporter devant le juge du saisissant qui était dans le fait défendeur à l'action en main-levée d'opposition ; cette subtilité a disparu : le défendeur est celui que l'on attaque, c'est le tiers saisi, c'est en conséquence son juge qui doit en connaître, ou celui du débiteur qui est également défendeur à la saisie-arrêt.

Sur cet article, la COUR DE LIÉGE disait : « le pouvoir est trop grand, il ne doit pas être accordé au juge. Quoi, sur une simple requête et sans avoir entendu l'autre partie, on permettrait au juge de donner la faculté de ruiner le crédit d'une personne, de tarir ses moyens d'existence et de faire face à ses affaires ! C'est ouvrir une source intarissable de tracasseries et de procès en dommages-intérêts ; d'ailleurs, dès qu'il n'y a point de titres, quelles règles suivra le juge pour accorder ou refuser cette permission ; la seule exposition du fait, les seules allégations d'une partie qui aura toujours soin d'exposer les faits à son plus grand avantage,

suffiront.

suffiront. Nous croyons que le juge accordera toujours ou refusera toujours ; car quelle raison pourrait-il avoir pour accorder cette permission à l'un et la refuser à l'autre. Tous ceux qui la demanderont exposeront toujours de bonnes raisons pour l'obtenir ; ils en forgeront. Tous ceux qui demanderont cette permission seront dans le même cas, puisqu'aucun n'a un titre. Ainsi le juge devra toujours accorder cette permission ou la refuser toujours. Dans le premier cas, tout homme doit trembler pour son crédit ou ses propriétés ; il suffira d'avoir un ennemi pour être exposé à ne pouvoir jamais compter sur la rentrée de ses fonds pour faire face à ses affaires; une pareille situation nous paraît incompatible avec la prospérité publique et avec la sécurité dont tout citoyen doit jouir sous l'égide tutélaire de la loi , sécurité qui fait son bonheur et qui est la source de toutes les spéculations commerciales qui sont un des fondemens de la prospérité des états ; et dans le second cas ou dans celui où le juge refusera toujours cette permission , la disposition de cet article est inutile. »

« La saisie-arrêt met sous la main de la justice, ajoutait la cour d'Orléans, la simple opposition a pour effet seulement de conserver. C'est un droit nouveau, contraire à tous les principes reçus, que de pouvoir, ainsi que le porte l'article, saisir sans titre, quoiqu'avec la permission du juge : la saisie-arrêt étant un acte d'exécution, ne doit avoir lieu qu'en vertu de titre authentique, ou, si le titre est privé, en vertu de l'autorité de justice, en l'absence de titre authentique ou de la permission du juge; le créancier par titre privé ne doit être admis qu'à conserver par simple opposition : privé de tout titre, le créancier n'a qu'une action; il ne doit pouvoir saisir ni s'opposer. »

Nonobstant ces observations, l'article a été maintenu.

Comment doit être fait l'exploit d'opposition?

Il doit énoncer,

1°. Le titre du créancier opposant ou la permission du juge qui en tient lieu, et qui évalue provisoirement la dette si elle n'est pas liquide,

2°. L'élection de domicile dans le lieu où la saisie-arrêt est faite, si le saisissant n'y demeure pas.

Le motif de la première formalité est d'instruire le débiteur du droit en vertu duquel on le poursuit, afin qu'il examine s'il doit combattre les prétentions du saisissant, ou s'y soumettre. « La France entière, dit M. Réal, commerçante ou propriétaire, réclame, depuis cent ans contre les vexations de tout genre, suite des oppositions *sans causes énoncées.* »

L'objet de la seconde condition est de donner au tiers saisi plus de facilité pour obtenir la main-levée de l'opposition et de le dispenser de faire de grands frais, pour aller au loin poursuivre l'opposant à son domicile naturel.

C'est par cette raison qu'en cas de contravention la loi prononce la peine de nullité, 559.

« Les formes de cet exploit sont-elles bornées à celles prescrites dans cet article, demandait la COUR D'AGEN, ou devra-t-il encore renfermer toutes celles prescrites pour les exploits d'ajournement, par les art. 61 et suivans ? — La majeure partie de ces formes devrait leur être applicable ; mais il faudrait que l'article les en exceptât nommément, ou les y assujettît, ou désignât celles qui devraient être remplies. L'art. 586 ci-dessous en deviendrait encore plus clair. »

Quoique l'art. 61 et les suivans semblent ne parler que de l'exploit d'ajournement, cependant il n'est pas permis de douter que les seules formalités exigées par l'art. 559 ne sont pas suffisantes ; il n'en faudra pas moins dater l'acte, indiquer le jour de la comparution, etc. , et par cette raison nous estimons qu'aux formalités exigées par l'art. 559, il faut ajouter celles prescrites par le Code pour les exploits en général.

La COUR DE ROUEN demandait qu'on substituât à ces mots : *l'énonciation* du titre, ceux-ci, *l'extrait* du titre.

La loi ayant conservé le mot *énonciation*, l'observation de la cour de Rennes a par-là été écartée, de sorte qu'il n'est pas même nécessaire de donner un extrait.

« Le mot *lieu*, inséré dans cet article, disait la COUR DE RENNES, pourrait faire naître des contestations. Les communes rurales se composent de hameaux et d'habitations isolées, le tiers saisi, demeurant dans un hameau, pourrait prétendre que le saisissant serait tenu de faire élection de domicile dans ce hameau. Telle n'a pas dû être l'intention des rédacteurs de cet article. Le saisissant doit au moins avoir la faculté de faire choix et élection de domicile chez tel individu de la commune habitée par le tiers saisi dans lequel il peut avoir confiance. »

« La cour propose de remplacer le mot *lieu* par celui de *commune*, et de dire que tout exploit de saisie-arrêt ou opposition contiendra élection de domicile dans la commune où demeure le tiers saisi. »

Enfin la COUR D'AGEN observait que, « si ce

tiers habite la campagne , et s'il n'y a dans ce lieu que sa maison , où pourra être faite l'élection de domicile ? L'art. 584 est plus exact ; il porte : *dans la commune ;* et c'est le mot qui devrait remplacer ici les mots dans le lieu. A quoi bon d'ailleurs cette élection de domicile , puisqu'il résulte de tout le titre qu'on ne peut y faire aucune signification ? »

Les mots *saisi* et *tiers saisi*, distinguent assez les idées pour qu'il n'y ait pas de confusion entre l'un et l'autre.

Nous pensons bien que la loi en employant le mot *lieu* , n'a point entendu parler seulement du hameau , ou de la maison isolée qu'habite le saisi , mais bien de la commune ; nous penserions même que l'élection faite dans l'arrondissement du tribunal , serait valable , car par cette disposition nous croyons que le principal but de la loi est de fixer les parties au tribunal du tiers saisi , et qu'on remplit suffisamment son objet , en indiquant un domicile dans le ressort du tribunal.

Enfin sur cet article la COUR DE GRENOBLE demandait qu'on qualifiât de *débiteur saisi* celui contre qui procédait la saisie ou l'opposition, et de *débiteur séquestre* , celui entre les mains de qui la saisie ou l'opposition a été faite.

Autrefois Jousse avait prétendu que les saisies-arrêts ès mains d'étrangers, pouvaient se faire au domicile du procureur général, comme les assignations et autres exploits.

L'annotateur de Bornier (1) prétendait au contraire que cet acte ayant pour objet de donner connaissance de la saisie au tiers, devait lui être signifié à personne ou domicile hors le royaume. Qui apprendrait, disait-il, à l'étranger sans cette signification, qu'il y a une saisie-arrêt en ses mains, et qu'il ne doit pas payer au débiteur du saisissant ?

Ce dernier système était trop équitable pour ne pas être adopté par le Code, 56o.

« Mais comment se peut-il faire, demandait la cour de Trèves, qu'une saisie-arrêt et une opposition soient signifiées à personne ou à domicile, quand celle-ci ne demeure pas sur le continent ? »

Quoique cette signification soit difficile, elle n'est pas impossible, et comme on vient de le

____

(1) Sur l'art. 7, tit. 2 de l'ordonnance.

voir, la nécessité et la justice qu'il y avait de l'admettre l'ont emporté sur la difficulté.

Dans quel délai, demandait la cour d'Agen ?

L'art. 659 ci-après l'indique.

Lorsque l'on forme une saisie - opposition entre les mains des receveurs, dépositaires ou administrateurs de caisses ou deniers publics, ils ne sont point liés, si elle n'est faite à leur personne, et s'ils n'ont mis leur *visa* sur l'original ; ou si à leur refus, le procureur impérial n'a rempli cette formalité, 561.

« Il n'y a nulle raison, cependant, disait la cour de Dijon, que les saisies-arrêts faites entre les mains des fonctionnaires publics, et sur-tout de tous les fonctionnaires publics en général, soient soumises à leur *visa* ou à celui du procureur impérial ; c'est surcharger la procédure d'une formalité inutile. »

Cette mesure tend à garantir ces receveurs des pièges qu'on pourrait leur tendre, en leur attribuant des exploits de saisies dont ils n'auraient eu, et n'auroient même pu acquérir aucune connaissance.

Il s'était glissé dans l'usage un abus affreux ; le débiteur de mauvaise foi faisait mettre entre ses mains une opposition par un créancier imaginaire, complaisant et même inconnu ; quelquefois il mendiait par méchanceté une opposition de la part d'un créancier véritable, mais dont le droit n'était pas encore ouvert ou acquis ; cet abus est réformé par une disposition expresse qui porte que « l'huissier qui aura signé « la saisie-arrêt ou opposition sera tenu, s'il en « est requis, de justifier de l'existence du sai- « sissant à l'époque où le pouvoir de saisir a « été donné, à peine d'interdiction et des dom- « mages et intérêts des parties, 562. »

La plupart des cours se sont élevées contre la disposition de l'article qui exigeait, à peine d'interdiction et de dommages et intérêts que l'huissier justifiât de l'existence du saisissant.

La cour d'Angers observait « que cette justification serait impossible, si le saisissant se trouvait résider à une grande distance du saisi. »

« Il paraît suffisant d'exiger que l'huissier justifie, lorsqu'il en sera requis, d'un pouvoir spécial et authentique, soit de la partie, soit de son mandataire, et d'une date assez rapprochée de celle de la saisie-arrêt ou opposition, pour faire présumer l'existence actuelle du saisissant. »

La cour de Poitiers observait « que la disposition de cet article rend impossible toute saisie. Il ne suffira donc pas à l'huissier d'être muni d'une procuration authentique, d'avoir même un certificat de vie de celui au nom duquel il fait la saisie; il s'exposera à l'interdiction, à des dommages-intérêts, s'il ne peut justifier de l'existence du saisissant à l'époque de son acte! et si le saisissant, domicilié loin du lieu où la saisie se fait, est mort dans l'intervalle de l'envoi des pièces à la signification, l'huissier sera coupable! Il y a sans doute une faute d'impression dans cet article. »

Cet article paraissait à la COUR DE RENNES « d'une rigueur si excessive, que dans beaucoup de circonstances un huissier, pour ne pas compromettre son état et sa fortune, ne voudrait pas se charger de faire un exploit de saisie-arrêt ou opposition. En effet, un huissier aura reçu, de l'extrémité de la France, les actes et les pouvoirs du saisissant; ce dernier décède avant que les pièces soient parvenues à l'huissier, qui, dans la ferme croyance de l'existence du saisissant, fait son exploit; il ne pourra pas justifier, à l'époque de la significacation, de la vie du saisissant, qu'une mort subite ou tout autre événement imprévu aura terminée, et l'huissier sera frappé d'interdiction et condamné à des dommages et intérêts!

Les inconvéniens que présente cet article, portent la cour à en demander la suppression. »

« L'huissier est rendu responsable, disait la cour d'Agen, d'une chose qu'il lui est impossible de faire. En effet, on lui donne la commission pour aller faire une saisie-arrêt; qui peut l'assurer que, lorsqu'il fait sa signification, le saisissant n'a pas été frappé par la mort, quelque court encore que sera le délai qui se sera écoulé entre la commission et la signification? Que sera-ce donc si la commission est envoyée dans un département éloigné pour faire une saisie-arrêt? Comment l'huissier pourra-t-il encore justifier de l'existence du saisissant lors de la signification, si la commission lui est parvenue de France pour être exécutée à personne ou domicile dans les colonies, conformément à l'art. 560? Cette disposition ne peut donc pas être exécutée; et si l'on veut la laisser subsister, quoiqu'il n'apparaisse guère de son utilité, il faudrait dire, de justifier de l'existence du saisissant à l'époque où la commission a été donnée ou envoyée; mais il vaudrait mieux supprimer l'article. »

« Bien souvent, disait la cour de Turin, il pourra arriver que l'huissier ne soit pas à même de donner la preuve dont il est chargé par cet article, sans que l'on indique la personne qui a le droit de la requérir. »

« Si l'on croit nécessaire que l'huissier justifie de l'existence du saisissant à l'époque de la signification de la saisie-arrêt, on devrait prescrire que l'huissier ait à donner cette preuve dans un délai convenable, à dater de la réquisition, qui même devra être faite dans un court délai, après la signification susdite. »

Par cela qu'on n'a pas fixé de délai, il paraît qu'on n'en a voulu accorder aucun. L'huissier devait prévoir cette réquisition, et se mettre en mesure d'y répondre ; s'il ne l'a pas fait, ou tant qu'il n'aura pas obtempéré à la réquisition, il ne pourra passer outre à la saisie.

L'expérience avait encore signalé un abus non moins funeste ; autrefois un créancier se contentait de faire une saisie-arrêt, et sans s'inquiéter si le tiers saisi, devait ou non, se tranquillisait pendant des années à l'abri de son opposition ; et lorsque le débiteur de l'opposant se présentait pour toucher les deniers à lui dus par le saisi, il était repoussé par une foule d'oppositions ; cet abus appelait aussi une réforme ; en conséquence le Code a exigé que toute saisie-arrêt fut dénoncée au débiteur dans la huitaine, en y ajoutant un jour par trois myriamètres de distance, et que le débiteur fût en même tems assigné en validité, sinon la saisie-arrêt est déclarée nulle.

Et dans un autre délai de huitaine, la demande en validité doit être dénoncée par le saisissant au tiers saisi, sinon les paiemens faits par ce dernier jusqu'à la dénonciation sont valables, 563, 564 et 565.

Sur ces articles, la COUR D'APPEL DE METZ observait que, « hors les cas prévus par l'article, les délais énoncés dans les trois articles ne sont pas assez longs, attendu que la demande en validité doit être précédée de la conciliation. »

« La dénonciation à la partie saisie est le seul acte nécessaire, sans astreindre le saisissant à former la demande en validité. Les saisies tierces sont des actes purement conservatoires; on ne voit pas la nécessité d'obliger le saisissant d'agir, tandis que la partie saisie peut former opposition, si la saisie lui cause quelque préjudice. C'est une mesure trop rigoureuse, d'autoriser le tiers saisi à payer, faute de dénonciation de la demande en validité de saisie. »

Sur les mêmes articles, la COUR DE TURIN

disait : « comme la dénonciation de la demande en validité au tiers saisi doit se faire
plusieurs jours après la saisie-arrêt, celle-ci se
rendrait facilement sans effet, si les paiemens
faits par le tiers saisi jusqu'à la dénonciation
susdite étaient valables. »

« Il paraît donc qu'on devrait rectifier l'article, en prescrivant que tout paiement fait
après le laps du délai dans lequel cette dénonciation doit être faite, et avant qu'elle ait eu
lieu, soit valable. »

« Mais il faut encore observer que le tiers
saisi peut ignorer le délai précis dans lequel
le saisissant doit dénoncer la saisie et assigner
le saisi en validité. »

« Le tiers saisi peut ignorer le domicile du
débiteur saisi, qui règle aussi, d'après l'art. 563,
le délai de l'assignation en validité; il peut
ignorer le jour de la demande en validité qui
sera faite par le saisissant contre le saisi; et
comme le délai fixé pour la dénonciation de
cette demande à faire au tiers saisi date du
jour susdit, il est évident que celui-ci ne
pourra comprendre si le saisissant a laissé écouler le délai dans lequel il devait lui faire cette
dénonciation. »

« Il serait donc plus convenable de fixer un

délai certain , pendant lequel la saisie - arrêt eût son effet; et après que ce terme sera écoulé, sans que le signifiant eût fait signifier au tiers saisi l'assignation en validité donnée au saisi, que la saisie ait à demeurer sans effet. »

« Si la dénonciation et la demande en nul-lité ne sont faites dans le délai prescrit par l'art. 563 la saisie sera-t-elle nulle de plein droit ? demandait la cour d'Agen; ou cette formalité pourra-t-elle encore être remplie, si les choses n'ont pas changé d'état? Il faudrait plus de précision dans cette disposition. »

« Il semble , par la disposition de l'art. 565, que le tiers saisi peut disposer des sommes jus-qu'à la dénonciation prescrite par l'article pré-cédent ; ce qui ne doit pas être. Il doit être lié par la saisie pendant le délai accordé pour lui faire la dénonciation ; et ce n'est qu'après l'expiration de ce délai qu'il peut se considérer comme dégagé. Il faudrait donc dire : *faute de dénonciation de cette demande au tiers saisi, dans le délai prescrit par l'article pré-cédent, les paiemens par lui faits après l'é-chéance de ce délai, jusqu'à la dénonciation, seront valables.* »

« On croit pouvoir conclure des art. 563 et 564 , disait la cour d'Angers, que le tiers saisi ne pourra pas payer avant l'expiration des délais dont il est parlé dans ces articles , pourquoi on propose de rédiger ainsi l'article. »

« Faute de demande en validité , la saisie-arrêt ou opposition sera nulle. »

« Faute de dénonciation de cette demande au tiers saisi, les paiemens par lui faits après l'expiration des deux délais ci-dessus , jusqu'à la dénonciation , seront valables. »

La cour de Colmar croyait « qu'il semblerait nécessaire de fixer un délai fatal , après lequel seulement la saisie ou opposition pourrait être envisagée comme non avenue. Dans l'ancienne jurisprudence , la saisie tierce tombait en surannation faute d'y avoir donné suite ; un an pourrait paraître trop long ; il y a de la précipitation à n'accorder aucun délai : pour concilier ces inconvéniens , trois mois paraîtraient suffisans. »

La cour de Grenoble proposait la suppression ou la modification de cet article : « il serait trop rigoureux d'annuller une saisie ou opposition à défaut d'assignation en validité dans le délai de huitaine ; l'ordonnance de 1667 ne prononçait la décharge des séquestres qu'après trois années de la saisie. »

« Il serait trop rigoureux aussi qu'à défaut de

dénonciation au tiers saisi, ou débiteur séquestre, de la demande en validité dans le délai
de huitaine, le débiteur séquestre pût, nonobstant la saisie, faire des paiemens, se libérer
en d'autres mains qu'en celles du créancier
saisissant. »

La cour de Dijon croyait qu'au contraire il
conviendrait de dire « que la saisie ou opposition sera nulle de plein droit et sans qu'il soit
besoin de la faire déclarer telle. »

De toutes ces observations il résulte que quoiqu'on n'ait pas fixé un délai certain, celui de
huitaine qui est déterminé, sauf à y ajouter
l'augmentation à raison de la distance, produit
le même effet, et qu'après son expiration sans
dénonciation, et sans assignation en validité,
on ne pourra passer outre à la saisie, on ne
pourra même tirer aucun avantage de ce qui a
été fait; la saisie sera nulle, non pas de plein
droit comme le demandait la cour de Dijon,
puisque ces sortes de nullité n'existent pas en
France, mais on aura recours au juge qui sera
obligé de l'annuller.

« Ces articles, disait la cour de Rennes, tendent à établir une forme de procéder inconnue
qui n'a été prescrite par aucune loi. Cette forme
occasionnerait une multiplicité de frais que la

cour

cour a jugés inutiles. En effet, à quoi bon introduire une instance en validité de la saisie ? Si le tiers saisi a des moyens pour faire rejetter la saisie, il les établira lorsqu'il sera cité pour fournir sa déclaration ; il ne s'introduira qu'une seule instance, sur laquelle il sera statué par un seul et même jugement. Le projet, au contraire, veut que la validité de la saisie soit jugée ou reconnue par le tiers saisi, avant qu'il soit tenu de faire aucune déclaration. »

On ne voit rien dans la loi qui dise que la validité doit être jugée avant que le tiers saisi fasse sa déclaration. Ces deux choses peuvent très-bien marcher ensemble ; mais il est des cas où il est utile de les détacher, et le Code laisse cette faculté.

Les paiemens faits par le tiers saisi pendant la huitaine accordée par l'art. 564 pour la dénonciation, ne sont pas valables ; et cela *nous paraît indubitable*, alors même que la dénonciation serait faite après l'expiration de cette huitaine ; il faut que les paiemens soient ultérieurs au délai légal de la dénonciation, pour être réguliers. Dans aucun cas le tiers saisi ne peut se libérer pendant ce délai ; de sorte qu'il ne faut entendre la disposition de l'art. 565 qui dit que les paiemens seront valables jusqu'à la dénonciation, que du cas seulement où les délais pour la faire, ainsi que pour demander la validité, seront expirés.

Un article du projet portait : « la demande en validité ne sera pas précédée de citation en conciliation, si la saisie est faite en vertu d'un jugement, ou pour une créance à raison de laquelle la partie saisie ait déjà été citée. »

C'est ce qui a fait dire à la cour d'Aix : « que cet article supposait que quand la saisie est faite pour une créance à raison de laquelle la partie saisie n'a pas été précédemment citée en conciliation, la demande en validité doit être précédée de la conciliation ; mais dans ce cas le délai est trop bref ; car la demande en validité doit être formée dans la huitaine de la saisie-arrêt (art. 563). Le délai de la citation en conciliation est de huitaine pour les domiciliés hors de la justice de paix, encore avons-nous observé que ce délai ne sera pas toujours suffisant. »

« Ce dernier délai emporterait donc la totalité du premier, et le saisissant perdrait ainsi tout le bénéfice de sa saisie. »

« On ne peut pas exiger que la conciliation précède la saisie. D'un côté, ce serait donner l'éveil au débiteur ; de l'autre, la saisie-arrêt étant un acte provisoire, est dispensée du préliminaire de la conciliation. »

« Il faut donc, pour parer à tous les inconvéniens, ajouter à l'article une seconde partie, portant : »

« Dans tous les autres cas, elle sera précédée de la citation en conciliation, et alors cette citation entretiendra la saisie-arrêt, tant vis-à-vis du saisi que vis-à-vis du tiers, pourvu qu'elle soit donnée dans le délai de l'art. 563, et que la citation en justice soit faite dans le même délai, à compter de la date du verbal de non-conciliation. »

Pour trancher sur l'observation, on a dispensé de la conciliation dans tous les cas, 566.

On sent facilement combien, dans cette occurrence, la tentative de conciliation serait superflue.

Par la raison que l'instance est nouvelle, elle doit invariablement être portée devant le tribunal du lieu où la saisie a été faite, alors même qu'elle l'aurait été en vertu d'un jugement dont l'exécution, d'après l'art. 472, appartiendrait à un autre tribunal ; d'une part, cette exécution est ici dirigée contre un individu qui ne figurait point au procès, et qu'il ne convient point de distraire de ses juges naturels ; d'autre part, cette demande en validité étant absolument détachée du jugement rendu, chaque tribunal est également éclairé et capable de connaître de cette demande, 567.

La cour de Rouen observait cependant « que cet article, comme le 570 ci après, était contraire au droit commun, suivant lequel tout défendeur doit être assigné devant le juge de son domicile, principe auquel on ne peut déroger sans de graves inconvéniens, sur-tout dans des actions aussi fréquentes que celles dont il s'agit. Si la disposition de l'article du projet était adoptée, un tiers saisi à Marseille pourrait être cité à Bruxelles pour une affaire qui ne le concernerait pas personnellement, et dans laquelle il serait purement passif et indifférent, ce qui le constituerait dans des faux frais considérables. »

Les motifs que nous avons donnés pour l'article répondent à l'observation.

De nombreuses contestations s'étaient autrefois élevées entre le saisissant et le tiers saisi pour la déclaration à faire par ce dernier sur la quotité des deniers dont il était débiteur ou dépositaire ; souvent il refusait de faire cette déclaration, attendu que le saisissant était sans titre, ou que son titre était suspect, vicieux ou irrégulier ; souvent, après la déclaration du saisi, les prétentions du créancier étaient dé-

finitivement rejettées , et cette déclaration devenait par-là même oiseuse ; pour éviter ces
inconvéniens , « le tiers saisi ne pourra être
» assigné en déclaration, s'il n'y a titre authen-
» tique ou jugement qui ait déclaré la saisie-
» arrêt ou l'opposition valable, 568. »

Cependant la loi admet une exception à cette
règle en faveur des fonctionnaires publics (1),
parce qu'à raison de leur ministère ils sont
déjà assermentés , et qu'il est dangereux de
les distraire continuellement de leurs fonctions ; ils délivrent, seulement un « certificat
» constatant s'il est dû à la partie saisie , et
» énonçant la somme, si elle est liquide, 569. »

Sur l'art. 568, la cour d'Agen demandait
« s'il ne serait pas plus simple d'appeler le
tiers saisi dans l'instance en validité pour faire
sa déclaration, sauf, si elle est contestée, à
être renvoyé devant son juge, s'il y a lieu ?

---

(1) La cour de Riom demandait que l'on dît : « Les fonctionnaires
publics entre les mains desquels il aura été fait des saisies-arrêts *en
cette qualité*, ne seront , etc. »

Pour éviter l'équivoque que présentait le projet, afin de savoir ensuite
si c'était à la qualité seule de fonctionnaire public qu'était attachée l'exception , à raison de a onction, et pour ne pas déplacer le fonctionnaire , l'article a dit : « Les fonctionnaires dont il est parlé à l'art. 561 ; »
ainsi il faut se reporter à cet article.

Autrement c'est multiplier les procès sans objet. D'ailleurs, cette forme de procéder serait plus conforme aux art. 571, 574, 577, 578 et 582. »

« Il importe que la demande contre le débiteur-séquestre, qualifiée en cet article de demande en déclaration, soit formée en même tems que celle en validité ou ouverture de saisie, disait la cour de Grenoble. Le même jugement prononcerait sur les deux demandes ; d'abord sur la validité et l'ouverture de la saisie, ensuite sur les sommes à payer par le débiteur-séquestre : il y aurait par conséquent moins de longueurs et de dépenses. D'ailleurs, le débiteur saisi doit être instruit de ce qui se passe entre le créancier saisissant et le débiteur-séquestre ; et il faut tellement qu'il soit en qualité dans l'instance concernant le séquestre, que le débiteur saisi doit être condamné aux dépens de cette instance ; condamnation qui ne pourrait être prononcée, si le débiteur saisi n'était pas partie dans cette même instance. »

Même observation de la cour de Nancy.

« La déclaration du tiers saisi, disait la cour de Metz, doit précéder les poursuites en validité et en délivrance ; la raison en est sensible. Un créancier interpose une saisie entre les mains d'un tiers ; si ce tiers n'est pas débiteur, s'il a payé antérieurement à la saisie, si son débet est si minutieux que les frais l'absorberaient et au-delà, le saisissant, au lieu d'engager ces frais, se détermine à abandonner la saisie. »

« Il arrive trop communément qu'une saisie est déclarée mal fondée ; et dans tous ces cas il était inutile de faire intervenir le tiers saisi pour faire sa déclaration, avant que sa validité fût reconnue : si quelquefois il y a quelques frais de plus, souvent aussi, comme on le voit, il y en aura d'épargnés, et le Code s'est déterminé pour le cas où il y avait le moins d'inconvéniens. »

« Pourquoi, disait la cour de Dijon, les fonctionnaires publics ne seraient-ils donc point assignés en déclaration ? Pourquoi la justice devrait-elle se contenter d'un simple certificat de leur part ? »

« Une déclaration doit être affirmée par la religion du serment ; c'est cette formalité qui assure l'exactitude de la déclaration. »

« Que l'on dise que les receveurs, payeurs, en un mot les comptables publics, ne seront point tenus de faire des déclarations, et qu'ils pourront seulement délivrer des certificats, cela pourrait être suffisant à leur égard, parce qu'au

moyen des livres qu'ils doivent tenir, on peut
à chaque instant vérifier l'exactitude et la sincérité de leur certificat. »

« Mais qu'un notaire, qu'un huissier, qui
sont des fonctionnaires publics, ne puissent
être assignés en déclaration des sommes qu'ils
ont reçues ou touchées en leur qualité de notaire ou d'huissier, c'est une exception qui ne
paraît pas fondée. »

Conformément à cette observation, l'exception a été limitée aux receveurs, dépositaires ou
administrateurs de caisses ou deniers publics ;
de sorte que les avoués, les notaires, huissiers,
n'y sont point compris.

Devant quel tribunal le tiers saisi doit-il être
assigné ?

Il doit faire sa déclaration et l'affirmer devant le tribunal où il est assigné, c'est-à-dire,
devant celui qui connaît de la saisie. Il ne peut
demander son renvoi devant les juges naturels, parce qu'il n'est pas ici défendeur, et que
la règle *actor sequitur forum rei* ne lui est point
applicable ; qu'il est sans intérêt à ce que la
saisie-arrêt soit déclarée bonne ou nulle ; qu'il
ne doit être considéré que comme un témoin
qui vient déposer d'un fait qui lui est person-

nel , devant le tribunal qui doit connaître de
la demande.

Cependant cette déposition du tiers saisi peut
dégénérer en procès ; elle peut être contestée,
soit par le saisissant , soit par son débiteur ;
alors il devient partie principale : en ce point,
il devient défendeur en sincérité et en validité
de sa déclaration , et , sous ce rapport, il peut
demander son renvoi devant son juge naturel,
sans qu'on puisse lui opposer sa comparution
comme une soumission au juge saisi de la cause,
570.

Les cours d'Amiens, de Dijon, de Rennes
et de Trèves, demandaient la suppression de
la dernière partie de cet article, « parce qu'il ré-
pugne que le saisissant soit dans le cas d'avoir
deux procès pour le même fait, et en deux
tribunaux différens. »

« Il est tout naturel que le tribunal qui doit
connaître de la saisie connaisse aussi de la déclaration du tiers saisi. Que la déclaration soit
ou ne soit pas contestée, quelqu'inconvénient
qui puisse en résulter, il faut se soumettre à
la loi, qui a vu qu'en ce cas on ne devait point
enlever à la partie son juge naturel. »

« Mais dans le cas de renvoi, faudra-t-il,

demandait la cour d'Agen, avant de porter
l'instance devant le juge, citer en conciliation?
L'article devrait s'expliquer sur ce point. »

Le § 7 de l'art. 49 répond à l'objection : il
excepte de la conciliation les demandes en
renvoi.

Où doit être faite la déclaration affirmative?

L'intérêt public, l'intérêt du tiers saisi et
celui des parties veulent que ce tiers ne se dé-
place point pour aller devant un tribunal éloigné
faire sa déclaration ; elle doit avoir lieu sans
qu'il quitte son domicile.

Ou le procès est pendant devant le juge des
lieux, et le tiers saisi se transporte simplement
au greffe du tribunal pour faire sa déclaration
et l'affirmer véritable (1) ;

Ou le procès est pendant devant un autre
tribunal, et le tiers saisi fait simplement sa
déclaration devant le juge de paix de son domicile, sans qu'il soit besoin de la réitérer au
greffe, 571.

Sur cet article, la cour de Grenoble obser-

----

(1) La cour de Treves demandait que l'affirmation se fît devant un
juge commis.

vait que « la déclaration à laquelle est tenu le débiteur-séquestre doit être faite au moment même de la saisie-arrêt ; il doit au même moment représenter les quittances privées qui peuvent lui avoir été passées par son créancier, pour être paraphées par l'huissier saisissant ; et en cas d'absence, il doit être tenu d'en faire la représentation au juge de paix dans les vingt-quatre heures ; le tout à peine de rejection des quittances privées dont la date ne serait pas assurée. Sans cette mesure, il serait à craindre que le débiteur-séquestre ne colludât avec le débiteur saisi, pour nuire au créancier saisissant, et cela en fabriquant des quittances qui seraient anti-datées. Il faut donc soumettre le débiteur-séquestre aux déclaration et représentation de quittances qui viennent d'être indiquées, et réserver en même tems au saisissant les contredits de droit, et la preuve de plus amples créances. »

Même observation de la cour d'Aix.

La réponse se trouve ci-après dans l'art. 574.

Si le tiers saisi ne peut, à raison de ses affaires ou d'une maladie, se transporter au greffe de son tribunal ou devant le juge de paix, il peut charger un tiers de faire la déclaration et l'affirmation demandées ; mais il faut que la procuration soit spéciale ou donnée *ad hoc*, 572.

La cour de Rennes demandait la suppression de ces deux articles. « Pourquoi obliger le tiers saisi à faire sa déclaration, et à l'affirmer au greffe? Lorsqu'il sera cité, il fera notifier au saisissant sa déclaration. Et ne serait-ce pas se jouer du serment, que d'obliger le tiers saisi à affirmer une déclaration que le saisissant a le droit d'infirmer? Si elle est infidelle, ne vaut-il pas mieux que cette affirmation ne puisse avoir lieu que lorsque le saisissant l'aura requise? »

« Sans doute que la déclaration peut être faite par procuration, disait la cour de Dijon, sur-tout lorsque le tiers saisi ne peut la venir faire lui-même; mais il ne peut y avoir d'empêchement tel que le tiers saisi ne puisse de même affirmer la déclaration contenue en sa procuration; car tout de même qu'il pourra dicter sa procuration à un notaire, il pourra l'affirmer devant son juge de paix ou devant celui du lieu où il se trouverait. »

La cour de Metz demandait qu'on ajoutât « qu'en cas de procuration il sera permis aux parties intéressées d'exiger l'affirmation devant le juge de paix du domicile du tiers saisi; qu'il se transportera chez lui, s'il est malade, infirme ou valétudinaire. »

« On ne peut se purger par serment, ajou-tait la cour de Trèves, qu'en personne, sur la sincérité d'une déclaration. »

Celui qui accepte le pouvoir de déclarer accepte aussi celui d'affirmer ; et quoiqu'autre-fois l'affirmation emportât toujours le serment, nous ne savons si aujourd'hui il faut absolu-ment y attacher le même sens, c'est-à-dire, si celui qui affirme est tenu de jurer. La loi n'ayant pas dit que l'affirmation sera faite avec serment, nous ne croyons pas que cette der-nière formalité, à laquelle d'ailleurs on attache peu d'importance aujourd'hui, soit de l'essence même de l'affirmation. Dans tous les cas, il devrait être prêté par le fondé de pouvoir.

Que doit contenir la déclaration affirmative ?

Le tiers saisi doit énoncer dans sa déclara-tion s'il est débiteur envers la personne que le créancier saisissant a poursuivie ; à quel titre ou pour quelles causes il est débiteur ; de quelle somme, et s'il a déjà payé tout ou partie de sa dette ; le montant des paiemens à compte ; si c'est à terme ou d'avance ; enfin, pourquoi, comment et à quel titre il s'est libéré.

Les pièces produites à l'appui de la déclara-tion y doivent être annexées, pour voir si elles sont sincères, et si elles justifient suffisamment la déposition du tiers saisi.

Toutes ces précautions sont prises pour prévenir tout concert frauduleux entre lui et le débiteur du saisissant; souvent il arrive que par complaisance le tiers saisi déclare ou qu'il ne doit rien, ou qu'il a payé, uniquement pour faire tomber l'opposition, pour favoriser la résistance odieuse et repréhensible du débiteur et paralyser la poursuite du créancier.

« L'art. 1242 du Code civil porte, disait la COUR D'APPEL D'AIX, que le paiement fait par le débiteur à son créancier au préjudice d'une saisie ou opposition, n'est pas valable à l'égard des créanciers saisissans ou opposans. Pour assurer l'exécution de cet article, il faut nécessairement n'admettre pour pièces de libération vis-à-vis du saisissant, que celles qui auront une date certaine antérieure à la saisie-arrêt, ou qui auront été exhibées à l'huissier et visées par lui au moment de la saisie, et dont mention sera faite dans l'exploit de saisie-arrêt. C'est ainsi qu'on l'a pratiqué jusqu'aujourd'hui, et c'est le seul moyen d'éviter une fraude qui rendrait illusoires les dispositions du Code, et exposerait le saisissant à être la victime d'un entendu frauduleux entre les deux débiteurs. »

Le Code n'a pas admis cette distinction qui serait très-rigoureuse, en ce qu'elle forcerait le débiteur à ne prendre que des quittances notariées, ou à faire enregistrer toutes celles qui seraient sous seing-privé; en n'exigeant que les pièces justificatives de la déclaration, on n'en exclut aucune; seulement le juge a droit d'apprécier le mérite de celles qui sont produites. Ainsi la fraude se présumerait facilement à l'égard des loyers, fermages et arrérages de rente acquittés d'avance; le locataire, fermier ou débiteur de rente pourrait quelquefois, et nonobstant sa déclaration et les quittances dont il l'appuierait, être condamné à payer, sauf son recours contre celui à qui il prétend avoir fait son paiement; la présomption ne serait plus la même s'il avait fait sa déclaration au moment de la saisie, car comme il est possible que le fermier ait payé d'avance, il n'y a plus les mêmes motifs de suspecter sa déclaration.

L'acte de dépôt des pièces justificatives est signifié au saisissant par un seul acte contenant constitution d'avoué.

Le tiers saisi doit déclarer les autres saisies-arrêts ou oppositions formées entre ses mains.

Et s'il en survient de nouvelles, il les dénonce à l'avoué du premier saisissant, par extrait contenant les noms et élection de domicile des saisissans et les causes de leurs oppositions, 575.

La cour de Douai observait cependant « qu'il serait plus simple de se contenter d'une déclaration faite à l'huissier porteur d'une seconde ou troisième saisie, lequel en tiendrait acte dans son exploit ou au bas d'icelui : cette précaution moins gênante pour le tiers saisi aurait l'avantage de faire conster de la déclaration par lui faite, sur laquelle on ne peut pas compter, si elle n'est revêtue d'aucune forme légale ; or, si on l'entoure de quelques formalités, il est plus juste d'en faire supporter les frais par le saisissant, que d'en exiger l'avance par un tiers. »

Si la déclaration du tiers saisi n'est point constatée, il n'y a pas de procès à l'égard de ce tiers, il demeure étranger à la demande en validité de l'opposition, il n'est toujours que simple témoin ; alors il n'est fait aucune procédure ni de sa part, ni contre lui, 576.

Mais il fallait imaginer un moyen de contraindre le tiers saisi à faire sa déclaration, et à la faire sincère et véritable ; le législateur en a trouvé un très-efficace, en soumettant ce

tiers

tiers aux justifications exigées ci - dessus , à peine d'être déclaré débiteur pur et simple des causes de la saisie, 577.

Il faut bien observer que la loi n'exige pas cumulativement la déclaration *et* les pièces justificatives , elle n'inflige la peine que dans les cas où l'on n'a pas fait l'une *ou* l'autre. Ainsi comme il est possible que le débiteur n'ait pas ses quittances , soit parce qu'il n'en a point retiré , soit parce qu'il n'a pas conservé les titres de libération comme cela arrive ordinairement pour les lettres-de-change ou autres effets de commerce , le juge n'en aurait pas moins la faculté d'apprécier la déclaration et de lui donner le même effet que si les pièces étaient produites.

Nous avons vu sur l'art. 575 que le tiers saisi est obligé de mettre au plus grand jour son état de situation d'affaires avec le débiteur du créancier opposant ; qu'il est tenu de préciser la quotité de la somme due , etc. ; s'il s'agit d'effets mobiliers, la loi veut qu'il en donne un état détaillé de manière à mettre l'opposant à portée d'en faire l'estimation et de voir s'il peut se borner à ce gage , 578.

Le projet exigeait en ce cas que la déclaration fût détaillée ; et qu'il en fût encore dressé un état; ce qui a fait dire à la COUR DE DIJON : « que c'était prescrire un double emploi que d'exiger que celui entre les mains de qui on a saisi des effets mobiliers, les détaillât en sa déclaration et y joignît un état desdits effets. »

« Le détail des effets saisis dans la déclaration suffit, et l'état desdits effets devient inutile, ajoutait la COUR DE POITIERS, c'est un double emploi; ces procédures entraînent déjà trop de frais, sans les augmenter par des écritures inutiles. »

Pour éviter ce double emploi, la COUR DE RENNES proposait d'ajouter : « si l'huissier n'en a pas fait le détail dans son procès-verbal de saisie. »

D'après ces observations l'article a été changé; au lieu d'exiger que le détail fût fait dans la déclaration, et qu'il en fût dressé un état, on a simplement ordonné un état détaillé.

Si le saisissant a satisfait aux conditions exigées par l'art. 568, et si la saisie-arrêt est déclarée valable, il fait vendre les effets mobiliers; et s'il se trouve en concurrence avec plusieurs autres saisissans, le plus diligent forme contre tous une demande en préférence et contribution, dont nous retracerons la forme et les élémens dans le chapitre XI ci-après, 579.

« Le tiers saisi devra-t-il retenir, demandait la cour d'Agen, sur les sommes dont mainlevée sera accordée, les frais par lui exposés en exécution des articles précédens? Cela doit être. On pourrait bien l'induire de l'art. 662; mais une disposition expresse serait plus claire; elle devrait se trouver ici. »

Cet art. 662 ne laisse aucun doute sur la question, comme on le verra ci-après.

Quelles choses sont insaisissables?

Il en est qui ne peuvent être saisies qu'en partie, et dans la proportion déterminée par les arrêtés du gouvernement; tels que le traitement d'un officier réformé, d'un ecclésiastique desservant, etc. , 580.

Il en est qui ne peuvent nullement être saisies; savoir :

1°. « Les choses déclarées insaisissables par la loi ; telles que la solde d'un soldat, d'un matelot, etc. ; »

2°. « Les provisions alimentaires adjugées par justice (1). »

____

(1) Voy. art. 205 et suiv. du Code civil.

Le motif de cette disposition est puisé dans la loi de la nature. Les alimens sont accordés pour vivre : la justice, qui les a adjugés à un malheureux, lui retrancherait la vie, si elle permettait de les saisir.

3°. « Les sommes et objets disponibles déclarés insaisissables par le testateur ou donateur. »

Celui qui donne par acte entre-vifs, ou à cause de mort, est libre d'imposer à sa libéralité telle condition qu'il trouve convenir. S'il pouvait ne pas donner, à plus forte raison peut-il déclarer insaisissable la chose qu'il donne. Le créancier de l'héritier ou du légataire ne peut se plaindre, puisque, s'il est antérieur à la donation, il ne devait pas y compter pour être payé; et s'il est postérieur, on peut dire qu'il devait savoir que ce qui en fait l'objet ne pouvait être affecté à son paiement. *Voy.* cependant l'exception ci-après.

« La disposition de cet article, disait la cour de Liége, est tellement générale, qu'il paraît qu'on ne pourrait saisir des objets laissés par succession pour une dette contractée par le défunt, et que l'héritier doit acquitter, dès que ces objets ont été déclarés insaisissables ; et ce sens présente une injustice. On eût pu saisir ces objets dans les mains du défunt ; il faut donc qu'on puisse toujours, et dans tous les cas, les saisir dans les mains de l'héritier. Il nous paraît convenable d'effacer entièrement le § 3 de cet article, ou du moins d'en restreindre la généralité des expressions, de les borner aux dettes personnelles de l'héritier, légataire ou donataire. »

Quoique la loi ne se soit point expliquée, nous estimons que la chose n'est insaisissable que pour celui en faveur de qui elle a été déclarée telle ; et que, lorsqu'elle passe à ses héritiers, elle rentre dans les choses ordinaires, à moins qu'il n'apparaisse de la volonté du donateur ou du testateur, pour étendre le bienfait et la condition qui y était attachée, jusqu'aux héritiers de celui qui a originairement recueilli.

4°. « Les sommes et pensions pour alimens, encore que le testament ou l'acte de donation ne les déclare pas insaisissables. »

Rien n'est plus sacré que des alimens. Quel est l'homme assez inhumain pour enlever à un infortuné ce dernier secours ? Refuser des alimens, c'est être homicide (1); ravir ceux qui sont accordés, c'est assassiner, 581.

Il n'est d'exceptions à la règle que dans le cas où

1°. Les provisions alimentaires sont saisies pour cause d'alimens. Ainsi, lorsqu'un individu a été nourri par un autre, il faut ramener alors la dette d'alimens à la destination de la loi, et contraindre par tous les moyens celui qui a reçu des alimens à les payer avec les sommes qui lui étaient accordées pour cet objet. Ainsi le maître de pension, le boulanger, le boucher, etc., auront droit de faire saisir la pension alimentaire. Nous croyons même, avec plusieurs auteurs et avec la COUR D'APPEL DE METZ, que les alimens n'embrassent pas seulement les comestibles; que le logement, les habillemens étant nécessaires pour subsister, il y aurait lieu de saisir pour cette cause.

2°. Lorsque les créances sont postérieures à la donation ou à l'ouverture du legs.

Le motif de cette exception se tire de la renonciation du débiteur au privilége que lui présentait la loi, et de ce que les nouveaux créanciers pouvaient bien ignorer la condition

---

(1) *Necari videtur qui alimenta negat.*

attachée à la donation, et que, s'ils la connais-
saient, ils ont raisonnablement pu calculer sur
l'excédant des alimens précédemment accordés
à leur débiteur.

Mais pour mettre un frein à la cupidité des
uns, et à la trop grande facilité de l'autre, la
saisie ne s'opère ici que *sur les choses* déclarées
insaisissables par le testateur, ou sur celles qui
ont été données pour alimens ; encore faut-il
la permission du juge, qui arbitre lui-même
la portion sur laquelle portera la saisie, 582.

« C'est dans ce cas sur-tout, disait la cour
d'AGEN, que le tiers saisi devrait être assigné
dans l'instance en validité pour faire sa déclaration, afin que le même jugement fît main-
levée des sommes saisies au profit du saisissant. »

La disposition de l'art. 568 ne laisse apper-
cevoir aucune exception ; et nous croyons qu'ici,
comme en tout autre cas, le tiers saisi ne
peut être assigné en déclaration qu'après que
l'opposition a été déclarée valable.

« Les conditions imposées par les donateurs
ou testateurs doivent être scrupuleusement observées, disait la cour DE DIJON, par les do-
nataires et légataires, et scrupuleusement
maintenues par la justice, lorsqu'elles sont autorisées par les lois. Tels sont aussi l'esprit et

la lettre de notre législation actuelle ; il serait du plus grand danger d'y déroger. »

« Il ne doit donc point être permis de saisir des sommes ou des objets que les testateurs ou donateurs ont déclarés insaisissables. Peu importe que le créancier du donataire ou légataire soit postérieur ou antérieur à l'acte de donation ou à l'ouverture du legs : le testateur, le donateur a fait la loi, il faut la respecter. »

Cette objection a justement été écartée ; car ce n'est pas remplir l'intention du testateur que de ne pas affecter ce qui fut accordé pour alimens, au paiement de ce qui a alimenté le donataire ou le légataire.

Pour répondre à cette observation, il suffit de lire celle de la cour de Turin :

« Afin d'obvier aux fraudes, et de rendre ces articles conformes à la saine morale, nous croyons, 1°. que la disposition du § 2 de l'article 581 doit être restreinte à la portion disponible, lorsqu'il s'agit de donation ou legs entre ascendans et descendans ; 2°. qu'à l'égard de la portion réservée par la loi au donataire ou au légataire, et en général relativement aux donations et aux legs faits par des tiers, le testateur ou donateur ne peut déclarer insaisissable que la quantité de biens nécessaire pour l'honnête entretien du légataire ou du donataire ; quantité dont la fixation sera laissée à l'arbitrage du juge ; 3°. que dans tous les cas il peut y avoir lieu à saisie en faveur des créanciers pour des fournitures faites à titre d'alimens ; 4°. enfin, qu'à l'égard des dettes contractées postérieurement au legs et à la donation, la saisie doit être admise indéfiniment et sans limitation. »

Enfin la cour d'Agen faisait sur tout ce titre l'observation suivante :

« La procédure prescrite par ces articles est compliquée, lente et dispendieuse. »

La pratique de cette cour est plus simple, plus courte et plus économique ; en voici une idée :

« La simple opposition ou saisie-arrêt différait de la saisie proprement dite en ce que, comme pour celle-ci, il n'était pas nécessaire d'avoir un titre exécutoire dans le moment. Cet usage était fondé sur ce que, dans plusieurs circonstances, cet acte, considéré d'abord comme purement conservatoire, devenait à l'instant même indispensable à tel point que, sans lui, il y avait tout à perdre. »

« Le saisir-faisant voulait-il toucher les sommes

arrêtées à concurrence de ce qui lui était dû?
Il citait le débiteur saisi (ou banni) et le tiers
saisi (ou bannitaire, celui dans les mains duquel les sommes étaient arrêtées) devant le juge
du domicile de ce dernier, pour qu'ils eussent
l'un à déclarer en jugement les sommes qu'il
avait en main, et se voir condamner à les lui
payer à concurrence de celle de...., et l'autre
pour le voir ainsi ordonner. C'est alors et devant le juge que le saisir-faisant devait établir
sa créance, s'il voulait éviter les dépens et des
dommages-intérêts. Y avait-il plusieurs saisir-
faisant? Ils étaient tous appelés devant le même
juge, et chacun faisait valoir ses droits à la
même audience. »

« Le bannitaire était-il poursuivi par son
créancier direct? Il lui dénonçait, s'il ne l'a-
vait déjà fait, les oppositions faites entre ses
mains, offrait de payer à qui par justice serait
ordonné ; et s'il avait à craindre quelque acte
de rigueur, il passait à la consignation, aux
périls et risques de qui il appartiendrait. »

« S'agissait-il de quelque meuble ? La vente en
était ordonnée aux formes ordinaires et de l'autorité du même juge. »

« Cette procédure ne présenta jamais ni embarras ni obstacles. Au surplus, on ne voit

pas pourquoi la conciliation ne serait pas essayée ; tout pourrait y être terminé : mais, en ce cas, elle devrait être tentée devant le juge du domicile du tiers saisi , parce qu'il ne donne pas lieu au litige. »

On a par-là une idée de ce qui se pratiquait anciennement; on verra , dans la pratique , que le mode adopté était préférable.

FORMULES.

N°. 274.

Requête tendant à obtenir permission de faire une saisie-arrêt.

A M. le président du tribunal etc.

Expose M^e. Vincent , avoué près le tribunal de première instance de Paris, demeurant etc., qu'ayant occupé pour le sieur François Lémar, homme de lettres , dans une instance en divorce , portée devant ce tribunal, à la requête de la dame Lémar son épouse , il y a eu réconciliation entre les parties.

Sur le refus du sieur Lémar, d'acquitter le montant des frais et déboursés faits pour établir sa défense en divorce , l'exposant requiert qu'il vous plaise, pour avoir paiement de la somme de 250 fr. à laquelle montent ces frais , d'après le tarif, lui permettre de faire saisir et arrêter tout ce qu'il saura être dû au sieur Lémar; et vous ferez justice.

             Signé VINCENT, *avoué.*

Permis de saisir aux fins de la requête.

               B   , *président.*

A Paris, ce 1er. mai 1808.

N°. 275.

Saisie-arrêt ou opposition.

L'an   , le   du mois d   , à la requête de M°. Vincent, avoué près le tribunal de première instance de Paris, pour lequel domicile est élu en la résidence du sieur Bonnet, notaire à Versailles.

Je soussigné Benjamin Alix, huissier près le tribunal de première instance de Versailles, y demeurant rue du Parc, n°. 1, en vertu de l'ordonnance de M. le président du tribunal civil de Paris, en date du   , rendue sur requête, ai, au sieur P. L. Pion, garde du parc et du château impérial à Versailles, en son domicile et parlant à

Signifié et déclaré que je saisis et arrête toutes les sommes dont il est débiteur envers le sieur Lémar, homme de lettres, rue de Thionville, n°. 3, à Paris; pour sûreté et pour obtenir paiement de la somme de 250 fr. énoncée à ladite ordonnance, je fais défense audit Pion de se dessaisir d'aucune somme qu'il doit ou pourra devoir audit Lémar, jusqu'à ce qu'il ait été statué par justice sur la présente opposition, à peine d'être contraint à un second paiement et à tous dommages et intérêts et dépens.

En foi de quoi j'ai donné audit Pion, en parlant comme dessus, copie tant desdites requête et ordonnance que du présent exploit d'opposition.

Signé B. ALIX, *huissier.*

Nota. Si l'on saisit en vertu d'un acte authentique ou d'un jugement, on suit la formule tracée sous le dernier n°.; mais on ne donne pas copie des requête et ordonnance sous le n°. 274.

N°. 276.

Saisie entre les mains de personnes publiques.

Elle se fait dans la forme du n°. précédent; mais au lieu du sieur Pion, etc., il faut lire : « au sieur L. Jouffroy, receveur de l'arrondissement de Versailles, y demeurant rue du Château, n°. 3, parlant *à sa personne.* »

Et au bas de l'original :

« Vu par moi receveur de l'arrondissement de Versailles. »

« Le   *Signé* JOUFFROY. »

N°. 277.

Dénonciation au débiteur saisi avec assignation.

L'an   , le

A la requête de M°. Vincent, avoué, etc.

J'ai, Louis Nicolle, huissier etc., au sieur François Lémar, homme de lettres, demeurant rue de Thionville, n°. 5, à Paris. parlant à   , signifié, dénoncé et donné copie de l'opposition formée entre les mains du sieur Pion, garde du parc à Versailles, le   , contre ledit Lémar.

Et à la même requête, j'ai audit Lémar, en parlant comme dessus, donné assignation à comparaître le à l'audience du   , pour voir déclarer bonne et valable ladite opposition ; en conséquence, voir ordonner que ledit sieur Pion fera sa déclaration affirmative, sera tenu de payer au requérant, et de se dessaisir de la somme de 250 fr., avec les intérêts et frais qui seront liquidés d'après la taxe.

A quoi faire ledit Pion sera contraint, et quoi faisant il sera déchargé.

J'ai déclaré que M°. Vincent, avoué, occupera en son nom ; et ai laissé copie du présent audit Lémar, en parlant comme dessus.

Le coût etc.

Signé L. NICOLLE, *huissier.*

N°. 278.

Demande en validité dénoncée au tiers saisi.

L'an   , le

A la requête de M°. Vincent, etc.

J'ai, Benjamin Alix, huissier près le tribunal civil de Versailles, y demeurant rue du Parc, n°. 1, signifié et dénoncé au sieur Pion, garde du parc impérial audit Versailles, la demande en validité de la saisie-arrêt faite entre ses mains par exploit du   ; laquelle demande a été formée par le requérant contre le sieur Lémar, débiteur saisi, par exploit du

Et j'ai audit Pion, en parlant à   , le   , laissé copie de ladite demande en validité, ainsi que de la présente dénonciation, afin qu'il n'en ignore.

Signé ALIX, *huissier.*

N°. 279.

Jugement qui déclare la saisie valable.

Attendu qu'il est justifié que les frais et déboursés faits par M°. Vincent dans l'instance en divorce introduite par la dame Lémar contre son mari, s'élèvent à 250 fr. ; que Lémar est réellement débiteur de cette somme,

Déclare bonne et valable ladite saisie, etc.

N°. 280.

Assignation à fin de déclaration.

(Mettre la copie du jugement ci-dessus.)

L'an etc.

A la requête de M°. Vincent etc.

J'ai (l'huissier) signifié et donné copie du jugement du tribunal civil de Paris , du   , et ai donné assigna-tion au sieur Pion , garde du parc impérial de Versailles, pour comparaître à l'audience du (jour) dudit tribunal, première section, pour y faire sa déclaration de ce qu'il peut devoir, pour quelle cause et à quel titre que ce soit, au sieur Lémar , homme de lettres , demeurant rue de Thionville, n°. 3, à Paris; sur lequel ledit Pion a été saisi; lui déclarant que faute par lui de faire ladite dé-claration dans les délais de la loi , il sera condamné comme débiteur pur et simple à payer la somme récla-mée par le requérant, avec les intérêts, frais et dépens.

N°. 281.

Procuration affirmative.

Je soussigné P. L. Pion, garde du parc impérial, de-meurant près le château à Versailles, donne au sieur François Normand , rentier, demeurant rue de Lodi, n°. 1, aussi à Versailles, pouvoir spécial de com-paraître pour moi devant le juge de paix du premier arrondissement de Versailles; d'y déclarer et affirmer que je dois au sieur Lémar, homme de lettres à Paris,

la

la somme de 300 francs , qu'il m'a prêtée par acte sous seing privé du 1er. janvier 1807, et que je me suis obligé de lui rembourser le 15 août 1808 ; que ce prêt a été consenti dans l'acte sans intérêts ; que même sur cette somme je lui ai payé à compte celle de 50 fr. , comme le prouve le billet dont il est porteur ; et que je ne dois rien en outre audit Lémar, ni comme dépositaire, ni à quelque titre et pour quelque cause que ce soit.

De laquelle somme de 250 fr. je déclare être prêt de me dessaisir aussitôt que le terme convenu sera expiré, et de vider mes mains en celles de telle personne qu'il plaira à la justice ordonner.

Je déclare en outre qu'aucune autre opposition n'a été formée dans mes mains de la part d'autres créanciers du sieur Lémar.

Promettant etc.

A Versailles, le   *Signé* PION.

N°. 282.

Affirmation.

Aujourd'hui est comparu devant nous A. L. Marceau, juge de paix du premier arrondissement de Versailles, le sieur François Normand, rentier, demeurant en cette ville , lequel , en vertu de la procuration spéciale a lui donnée par le sieur Pierre-Louis Pion , dûment enregistrée par   , le   , a juré et affirmé, sur la saisie-arrêt faite entre les mains dudit Pion, que ce dernier doit etc. (*comme dans le n°. précédent.*)

Nota. La fin du n°. précédent peut aussi servir de modèle pour une affirmation au greffe.

N°. 283.

Dépôt au greffe des pièces justificatives.

Aujourd'hui est comparu au greffe du tribunal de première instance de la Seine, le sieur Pierre-Louis Pion, garde du parc impérial de Versailles, y demeurant; lequel a déposé, pour justifier de la sincérité de sa déclaration affirmative, 1°., 2°., 3°., etc. (les pièces).

Ce 1er. juin 1807.

Signé MARGUERÉ, *greffier.*

N°. 284.

Signification de ce dépôt avec constitution d'avoué.

L'an etc.

A la requête de M°. Bethnon, avoué près le tribunal de première instance de la Seine, lequel est constitué et occupera pour le sieur Pion, tiers saisi, demeurant à Versailles.

Soit signifié à M°. Vincent, avoué près le même tribunal, occupant en son nom personnel, et demandeur aux fins de l'exploit de saisie-arrêt entre les mains dudit sieur Pion sur le sieur Lémar., le   , et donné copie de l'acte de dépôt fait au greffe du tribunal de la Seine, le 1er. juin dernier.

Je soussigné L. Moreau (huisseir etc.) ai signifié etc.

No. 285.

Signification de nouvelles saisies.

L'an etc.

A la requête de M°. Bethnon etc.

Soient signifiées et dénoncées à M°. Vincent etc.

1°. Une saisie-arrêt faite par le

2°. Une autre saisie-arrêt *id.*

3°. etc.

Lesquelles trois saisies-arrêts ont été faites entre les mains du sieur Pion, depuis le dépôt des pièces justificatives de la première saisie.

Je soussigné (huissier) etc., ai signifié et dénoncé etc.

No. 286.

Jugement sur la saisie-arrêt.

Attendu qu'il résulte d'un extrait des registres de l'enregistrement, que le billet consenti par Pion au profit de Lémar est exigible depuis le 1er. août dernier;

Que Pion ne peut justifier, par une quittance valable, avoir donné un à-compte de 5o fr. sur sa dette ;

Le condamne à vider dans les mains de M°. Vincent, créancier saisissant, la somme de 25o fr. pour ses avances et déboursés, et celle de 15o fr. pour les dépens de la présente instance.

A quoi faire Pion contraint ; quoi faisant, déchargé, etc.

CHAPITRE VIII.

Des saisies-exécutions.

Qu'est-ce que la saisie-exécution ?

C'est un acte extrajudiciaire par lequel les meubles, effets, marchandises, bestiaux, grains, en un mot toutes choses mobiliaires (1) appartenant à un débiteur, sont mis sous la main de la justice, à la requête du créancier, afin d'être vendues, et le prix remis à ce dernier.

Quelles sont les formalités de la saisie-exécution ?

Les unes *précèdent*, les autres *accompagnent*, d'autres *suivent* la saisie. — D'autres sont relatives à la *vente*. De là nous diviserons ce chapitre en quatre sections.

Dans la *première*, nous retracerons les formalités préliminaires de la saisie-exécution.

Dans la *seconde*, nous examinerons les formalités mêmes de la saisie.

______

(1) Voy. art. 531 et suiv. du Code civil.

Dans la *troisième*, nous traiterons des oppositions à la vente.

Et dans la *quatrième*, des formalités de la vente.

Iʳᵉ. SECTION.

Des formalités préliminaires de la saisie-exécution.

Chacun sait que cette mesure rigoureuse procure au saisi deux inconvéniens graves : 1°. elle porte atteinte à son crédit, par la présomption naturelle que tout débiteur qui laisse exécuter ses meubles n'a aucune autre ressource ; 2°. elle le constitue dans des frais énormes qui achèvent presque toujours sa ruine.

C'est pour prévenir le débiteur du danger qu'il va courir, que le Code a prescrit de donner un avertissement formel à la personne que l'on veut saisir, au moins un jour avant l'exécution, pour qu'elle ait à se libérer sur-le-champ (1).

______

(1) Cette formalité était déjà prescrite par l'art. 74 de l'ordonnance de 153). ---- Voy. Papon et ses arrêts, liv. 18, tit. 5, n°. 25. ---- Mais elle ne fut point consacrée par l'ordonnance de 1667.

Cet avis préliminaire s'appelle *commande-ment*. Il doit être donné au débiteur à personne ou domicile (1), et contenir « la notification du titre, s'il n'a déjà été notifié, 583. »

Voici des observations assurément très-fortes qui ont été présentées contre la formalité de ce commandement.

« La formalité d'un commandement préalable, disait la COUR DE DIJON, est inutile, abusive, et présente des inconvéniens graves. »

« Le débiteur est suffisamment averti par l'échéance fixée dans son obligation ; ou par la notification du jugement qui l'a condamné. »

« Si le débiteur est de bonne foi, et qu'il ne paie ni à l'échéance de sa dette, ni à la signification du jugement, c'est qu'il n'a pu payer, et le commandement est inutile. »

« Si le débiteur est de mauvaise foi, le commandement ne servira qu'à l'avertir de soustraire ses meubles à la saisie. »

« Aussi le commandement n'avait-il lieu que dans le ressort de quelques parlemens, et la

____

(1) Si le débiteur n'a pas de domicile, il faut signifier le commandement dans la forme voulue par le n°. 8, art. 69 du Code.

copie en était presque toujours soufflée au débiteur. »

« Cet article serait dangereux pour le créancier, disait la COUR DE NANCY ; il verrait par-là
évanouir continuellement le gage de sa créance ;
car si le débiteur est averti vingt-quatre heures
d'avance, il ne manquera pas de soustraire ses
meubles à l'exécution dont il est menacé, et le
créancier en sera pour son capital et ses frais.
Il vaut donc mieux permettre la saisie et exécution en même tems que le commandement. »

« Le débiteur peut abuser, disait la COUR DE
ROUEN, et abusera de ce délai de vingt-quatre
heures pour enlever ses meubles ; il est indispensable que la saisie soit faite immédiatement
après le commandement. »

« Si on oblige le créancier, ajoutait la COUR
DE RENNES, à faire un commandement un jour
franc avant la saisie (délai qui emporte trois
jours), n'est-ce pas donner au débiteur infidèle tout le tems nécessaire pour soustraire,
de quelque manière que ce soit, le gage de son
créancier ? Pour éviter cet inconvénient, il suffit
que l'huissier commence son procès-verbal de
saisie par le commandement prescrit par cet
article. »

Même observation de la COUR DE TRÈVES.

Quelque forts qu'en soient les motifs, l'article n'en a pas moins été maintenu.

Enfin la COUR D'APPEL DE TURIN disait « qu'il paraissait que ce délai d'un jour entre le commandement et la saisie - exécution était trop court. Il est à desirer que le commandement indique un délai convenable dans lequel le débiteur puisse faire tous ses efforts pour se mettre à même de payer son créancier. Ce délai pourrait être fixé. »

« La nécessité d'établir un plus long délai entre le commandement et la saisie est évidente, lorsque le créancier poursuit la saisie en vertu d'un titre exécutoire, autre qu'un jugement rendu en dernier ressort; car s'il s'agit d'un jugement sujet à appel ou à opposition, ou bien d'un contrat qui puisse être attaqué en nullité, ou que le défendeur puisse invoquer contre son exécution quelque exception péremptoire, il faut bien que le débiteur ait un délai convenable pour donner assignation au poursuivant pardevant le tribunal compétent, sur ses exceptions; »

« Dans la fixation de ce délai, il faut prendre en considération les habitans des petits lieux où il n'y a pas de personnes, que les gens de campagne sur-tout, puissent consulter. »

« On devrait, avant que de passer outre à la forme de cette procédure, décider si cette saisie peut être poursuivie seulement sur les fruits des biens-fonds possédés par le débiteur à titre de propriété ou d'usufruit. »

« Ou bien, si elle peut même avoir lieu lorsque le débiteur a droit de propriété sur tous les fruits ou sur une partie seulement, lorsqu'il possède matériellement le fonds à titre de colon partiaire ou de fermage. »

« Et il faudrait donner, relativement à chaque hypothèse, les dispositions convenables. »

« Si le créancier du colon partiaire ou du fermier veut poursuivre cette saisie, il est de toute nécessité qu'il la signifie au propriétaire, parce que, s'il s'agit de colonie, il faut préalablement constater la quote-part des fruits appartenant au colon, suivant les conventions ou les usages de chaque pays. »

« Et s'il s'agit de baux à ferme, il est aussi indispensable de constater avant tout si la convention a laissé au propriétaire quelque droit de propriété sur une partie des fruits (art. 1763 du Code civil).

« A la vérité, le droit de former opposition peut suffire lorsqu'il s'agit de droits inconnus au poursuivant ; mais il est extrêmement utile de prévenir des discussions litigieuses, quand les droits du tiers ne peuvent être méconnus du poursuivant, ainsi qu'il arrive dans les cas de bail ou de colonie. »

On n'a eu aucun égard à l'observation.

Afin que le débiteur saisi puisse plus commodément signifier, si bon lui semble, ses actes d'offres réelles ou ses moyens d'opposition et d'appel, le commandement doit contenir élection de domicile jusqu'à la fin de la poursuite, dans la commune où doit se faire l'exécution, si le créancier n'y demeure, 584.

« L'élection de domicile, disait la cour d'Agen, pendant le jour franc et pendant celui de la saisie, devrait suffire ; s'il en est autrement, la condition du créancier pourra devenir chanceuse, quand il ne résidera point dans la commune où se fera l'exécution ; car il restera exposé à ne connaître que tard, et peut-être point du tout, les notifications qui seront faites au domicile élu, ou à faire de grands frais pour écarter ces inconvéniens. Il est déjà assez malheureux d'être créancier, d'être dans la nécessité de poursuivre : pourquoi aggraver son sort; on pense donc qu'après le jour de commandement et celui de la saisie, le débiteur devrait faire ses actes au domicile ordinaire du créancier. »

« Il semble que l'élection de domicile, disait la cour de Nancy, peut se faire dans le chef-lieu du tribunal qui doit connaître de l'exécution ; cela s'est toujours pratiqué ainsi, et il y aurait du danger pour le créancier, de le forcer à élire domicile dans la commune où doit se faire l'exécution. »

« L'élection de domicile, disait la cour de Metz, dans le lieu où la saisie est faite, était prescrite par l'ordonnance. Cette disposition était tombée en désuétude par les difficultés qu'éprouvaient les saisissans, de trouver dans les villages sur-tout, des personnes auxquelles ils pussent confier leurs intérêts ; on y avait substitué l'élection de domicile chez le procureur du saisissant. Les mêmes inconvéniens ne seront-ils pas assez puissans pour déterminer le législateur à adopter cet usage, en obligeant le saisissant à élire domicile chez un avoué du tribunal d'arrondissement du lieu où le débiteur est domicilié. »

Le lieu d'élection adopté par le Code nous paraît préférable ; de l'endroit où se fait la saisie, on n'est point obligé de se transporter au chef-lieu de l'arrondissement, et il y a alors économie de tems et de frais puisqu'il n'y aura pas de déplacement.

En vain prétendrait-on que la proximité du domicile du saisissant rende souvent cette *élection* inutile ; il ne faut pas que le saisi sorte de sa commune pour signifier ses actes et se libérer, s'il le juge à propos. Cette formalité serait avantageuse alors même que le domicile élu dans la commune du saisi, serait plus éloigné que le domicile réel du saisissant.

IIe. SECTION.

Des formalités de la saisie.

Ces formalités se réduisent au nombre de sept.

1°. Dresser un procès-verbal ;

2° Ouvrir les portes en cas de refus ;

3°. Détailler les objets saisis ;

4°. Indiquer le jour de la vente ;

5°. Etablir un gardien ;

6°. Lui laisser copie du procès-verbal ;

7°: En laisser une au saisi.

Tel est le tableau des formalités dont se compose la saisie ; nous allons successivement les développer.

1ère. *formalité.* Il faut observer dans les procès-verbaux les règles tracées pour les exploits.

« LA COUR D'AGEN demandait si c'étaient les formalités prescrites pour les exploits en général ou seulement celles de l'art. 559. »

Nous estimons que la loi n'ayant pas renvoyé seulement aux formalités de l'art. 559, a exigé les formalités des exploits en général, et que par conséquent il faut recourir à l'art. 61 combiné avec l'art. 559.

Il n'est plus nécessaire que l'huissier relate dans son procès-verbal qu'il a saisi *avant* ou *après* midi; parce que le premier n'a pas plus de privilége que le second saisissant.

Réitérer le commandement si la saisie est faite en la demeure du saisi, parce que le danger étant urgent il peut se rendre à ce dernier avertissement (1), 586.

---

(1) Si le débiteur a de fortes raisons pour s'opposer à la saisie, il peut laisser mettre garnison chez lui, et se pourvoir sur-le-champ en référé, en procédant d'après l'art. 806 et suiv. du Code.

Il en est de même si la femme du débiteur ou un tiers s'oppose à la saisie.

Le juge chargé de statuer sur cet incident ordonne qu'il sera *passé*

2me. *formalité.* Ouverture de portes.

Pour exercer une contrainte légitime et né-cessaire, un inconvénient grave était à craindre; la violation de l'asile du citoyen. Il a fallu trouver moyen de concilier le respect dû à cet asile, avec le droit du créancier et l'ordre souverain du juge.

Dans cette vue lorsque l'huissier trouve les portes fermées, il établit un gardien aux portes s'il craint le divertissement des meubles du débiteur, etc., se retire sur-le-champ devant le juge de paix, ou à son défaut devant le commissaire de police, et dans les campagnes devant le maire ou l'adjoint de la commune, en présence desquels l'ouverture des portes et des meubles fermans est faite.

L'officier qui assiste l'huissier ne dresse pas de procès-verbal, seulement il signe celui de ce dernier, 587.

Comme la saisie est une opération très-déli-cate, que l'huissier court souvent le danger

---

outre ou *sursis,* suivant que les motifs de l'opposition lui paraissent fondés.

La chambre des huissiers de Paris est d'avis que, quoique la loi n'exige pas textuellement que la partie sera requise de donner un gardien, cette réquisition peut lui être faite.

d'éprouver une résistance ouverte, la loi exige qu'il se fasse assister de deux témoins (1) capables de le secourir au besoin et d'attester la sincérité et la fidélité de son opération.

Ces témoins doivent en conséquence être « français, majeurs, non parens ni alliés des parties ou de l'huissier......, ni leurs domestiques. — Leurs noms, professions et demeures sont énoncés dans le procès-verbal. — Ils signent l'original et les copies. »

Pour éviter des débats fréquens et dangereux et peut-être des scènes sanglantes, la loi défend au créancier poursuivant de se présenter à la saisie (2), 585.

Le projet n'excluait que les parens des parties ; c'est sur les observations des cours d'Agen, d'Amiens, de Rennes et de Turin, qu'on a étendu l'exclusion aux parens des huissiers ; celle de Turin demandait même qu'on prononçât la peine de l'interdiction contre l'huissier qui voudrait se permettre d'entrer

---

(1) Ces témoins s'appelaient plus particulièrement *recors*. Voy. Jousse sur l'art. 2, tit. 2 de l'ordonn.; Rodier sur l'art. 2, tit. 32 ; Salle sur l'art. 4 *ibid.*

(2) Voy. art. 4, tit. 35 de l'ordonnance.

dans la maison de quelqu'un pour y faire une saisie-exécution sans l'assistance de deux témoins ayant les qualités requises.

« La teneur de cet article, jointe à celle des articles 583, 584 et 586, donne lieu à douter si l'huissier doit être assisté de deux témoins lors du commandement dont il est parlé à l'article 583, de même que lorsqu'il procède à la saisie-exécution. »

Le commandement n'est qu'un simple acte préliminaire, et nous ne pensons pas qu'il soit nécessaire à l'huissier de se faire escorter de deux témoins lors de la signification de cet acte.

« L'art. 587 présente, disait la cour d'Agen, de grandes difficultés dans l'exécution; l'opération peut être faite à certaine distance du domicile des personnes y dénommées; le tems et les chemins peuvent être mauvais; elles peuvent être absentes ou malades; et puis, convient-il donc bien à la dignité de ces fonctionnaires d'assister un huissier en semblable rencontre. »

« Jusqu'à présent, quand ces officiers ministériels trouvaient les portes fermées, ils se retiraient devers le ministère public, qui sur-le-champ permettait de les briser; ne pourrait-on

rait-on pas autoriser les fonctionnaires dénom-
més dans cet article à donner ces permissions
en l'absence les uns des autres; ce dernier parti
paraît mériter la préférence. »

« *Quid*, si le maire ou l'adjoint ne veulent pas venir, demandait la cour de Riom,
ce qui peut arriver fréquemment, vu le désagrément de la fonction ? »

« Il arrivera souvent, disait la cour de
Rouen, que le juge de paix, le maire ou l'adjoint seront occupés ou absens. Dans les communes rurales, les maires et adjoints fein-
dront des occupations pour se dispenser d'une
corvée aussi douloureuse ; la nécessité de leur
présence entraînera des délais. Il vaut mieux
s'en tenir au mode fixé par l'ordonnance de
1667, ou par la loi du 24 août 1790. »

Si le juge de paix refusait de marcher, il
serait difficile, d'après l'art. 505, de dire qu'il
y a déni de justice ; cependant nous les croyons
plus rigoureusement obligés de se rendre avec
les huissiers, que les maires ou adjoints qui
exercent des fonctions purement gratuites ; ils
rentrent d'ailleurs ici plus directement dans
leurs fonctions ; ils doivent ramener à la paix
et à l'obéissance celui qui refuse opiniâtrement
de se soumettre. Cependant, la loi n'ayant

infligé aucune peine, nous ne voyons pas qu'on pourrait légalement en infliger aucune ; croyons que puisque la loi a placé cette formalité, toute de précaution, dans les attributions ou dans les devoirs des officiers publics, ils se porteront avec zèle à les remplir, et à faire exécuter par-là les ordres de la justice.

3ᵐᵉ. *formalité*. Détailler dans le procès-verbal les objets saisis (1).

« S'il y a des marchandises, elles seront pesées, mesurées ou jaugées. Quel embarras, disait la COUR DE CAEN, si ce sont des grains on n'en finira pas ; un marchand sera ruiné par la longueur des opérations de la mesure ; ses marchandises seront dépliées et repliées ; elles pourront perdre leur lustre et être gâtées. Ne vaudrait-il pas mieux enjoindre aux huissiers qui seraient toujours commis, de faire tous les détails possibles, et leur imposer des peines graves, ainsi qu'aux gardiens, en cas de fraude et de dol ? »

____

(1) Si l'huissier ne trouve aucuns meubles, ou seulement des choses insaisissables au domicile du *débiteur*, ou des objets d'une modique valeur, il se contente de rédiger un procès-verbal de *carence*, qui signifie *absence* d'objets ou *déficit* de meubles ; (*carere*, manquer).

Voici la réponse à cette observation, dans ce que disait la COUR DE DIJON :

« Ce n'est point assez que des marchandises soient pesées, mesurées ou jaugées suivant leur nature, il faut que leur qualité soit exactement spécifiée ; il n'y a pas d'autre moyen d'obvier aux fraudes qui se commettent journellement en cette partie. »

« Par exemple, si la saisie a lieu chez un marchand chapelier, et que l'huissier se contente d'énoncer qu'il a saisi vingt douzaines de chapeaux de différentes espèces et qualités , on substituera des chapeaux de l'espèce la plus grossière à ceux de la première qualité. Il en sera ainsi de toutes les espèces de marchandises qui seront de qualité et de valeur différentes. »

On a laissé subsister l'article qui veut que les marchandises, s'il y en a, soient nécessairement pesées, mesurées et jaugées.

Sans cette précaution longue mais importante, le saisi pourrait impunément enlever les meubles séquestrés, et ne conserver que ceux de moindre valeur.

Cette mesure est commandée pour la sûreté de toutes les parties intéressées ; du gardien, afin qu'on ne lui demande rien au-delà de ce qui lui a été confié; du saisi, pour qu'on ne le dépouille pas ; du saisissant, pour qu'il retrouve tous les effets lors de la vente.

Les meubles meublans doivent seulement être inventoriés.

S'il y a de l'argenterie, elle doit non-seulement être pesée, mais encore spécifiée par pièces et poinçons, afin que l'identité de ces pièces soit parfaitement constatée et qu'on ne puisse les supprimer, ni les changer.

Que fait-on s'il y a des deniers comptans ou du numéraire?

Le projet portait qu'il serait fait mention du nombre et de la qualité des espèces, et que l'huissier les déposerait au lieu établi pour les consignations.

Sur cet article, la cour de Metz observa: « que les frais de consignation sont considérables; qu'il serait à propos de laisser les deniers entre les mains de l'huissier, lorsqu'il est notoirement solvable; dans le cas de doute sur sa solvabilité, de les déposer chez un notaire, à la réquisition des parties intéressées. »

« Il est infiniment rare, disait la cour de Rennes, qu'on trouve des deniers comptans aux possessions du saisi, qui, s'il en avait, éviterait le désagrément et le scandale d'une saisie ; mais en événement que l'huissier trouve du numéraire, ce numéraire doit incontinent tourner à l'acquit de tout ou partie de la créance du saisissant, pourquoi donc obliger l'huissier à le consigner? le numéraire n'a pas plus de valeur intrinsèque que les bijoux, l'argenterie et tous autres effets précieux; il est d'une moins difficile garde. La cour est d'avis de retrancher de l'art. 590 ces mots : *l'huissier les déposera au lieu établi pour les consignations.* »

On a laissé subsister l'article, mais à la consignation on a ajouté la faculté de déposer, si les parties intéressées conviennent d'un autre dépositaire, 588, 589, 590.

Lorsque le saisi est absent, pour ne pas égarer des papiers qui peuvent être pour lui de la plus grande importance; pour ne pas dévoiler des secrets qui peut-être lui sont chers, la loi, par surcroît de précaution, a voulu que l'officier requis d'assister l'huissier pour ouvrir les portes et meubles, apposât les scellés sur ces papiers, 591.

Il convient même qu'il n'en soit pas pris lecture.

« S'il y a des billets, des mémoires arrêtés, demandait la cour de Caen, si les registres des marchands établissent des créances au profit du saisi, pourront-ils être saisis ? Il semble qu'il devrait y avoir une exception à cet égard. »

« La cour de Metz observait « que la défense de saisir les titres et papiers est préjudiciable aux droits dés créanciers. Dans les papiers du débiteur, seront des titres de créances; pourquoi les laisser au débiteur; pourquoi également abandonner au débiteur les titres de propriété qui font connaître à ses créanciers les immeubles qui lui appartiennent, leur consistance et leur situation ; renseignemens qui leur sont nécessaires s'ils sont obligés d'en venir à l'expropriation pour récupérer leur dû. »

« Si l'on craint que les titres et papiers que l'huissier trouvera chez le débiteur, ne soient soustraits ou brûlés, il paraît, disait la cour de Turin, que le juge du lieu sur la réquisition du créancier, devrait ordonner leur transport dans un autre local, sans lever les scellés qui auront été apposés. »

Le Code n'a établi aucune distinction par la raison sans doute que pour distraire certains papiers, il faudrait fouiller dans tous, et rendre par-là la disposition générale presque sans effet.

En adoptant le mode proposé par la cour DE ROUEN, qui était d'autoriser l'huissier à recueillir les papiers, les placer sous un scellé et porter le tout chez le juge de paix, on n'eût même obvié que faiblement à l'inconvénient, et l'article a été maintenu.

Il faut avoir le même respect pour les choses que la loi déclare insaisissables.

Quelles sont ces choses?

La règle générale est que tous les effets mobiliers peuvent être saisis; il n'y a d'exceptions que celles ci-après énumérées.

Ces exceptions sont commandées par l'intérêt public, le progrès des sciences et des arts, celui de l'agriculture, enfin par la pitié.

C'est par ces différens motifs qu'on ne peut saisir :

« 1°. Les objets que la loi déclare immeubles par destination (1) ; »

Ces objets sont saisis avec les immeubles auxquels ils sont attachés, d'après les règles tracées au chap. 12 ci-après (2).

____

(1) Voy. art. 524 du Code civil.

(2) Voyez art. 689 du Code de procédure.

« 2°. Le coucher nécessaire des saisis, ceux de leurs enfans vivant avec eux ; les habits dont les saisis sont vêtus et couverts (1). »

Il faut observer que bien que la loi ne parle que des enfans vivant avec les saisis, c'est-à-dire, habitant et mangeant avec eux, nous ne pourrions croire qu'il fût permis d'enlever le lit des enfans qui seraient en pension, et qui reviendraient à quelques époques de l'année. Il en est de même des enfans simplement éloignés du domicile paternel pour quelque tems.

Quoique l'article n'ait parlé que des habits dont les saisis sont couverts ; il ne faut pas moins y ajouter ceux qui vêtissent les enfans eux-mêmes ; il y aurait peut-être plus d'inhumanité encore de dévêtir des enfans, et il n'est pas permis de penser que la loi l'ait voulu.

L'art. 14 de l'ordonnance contenait déjà la même exception ; « de plus, dit-il, il sera laissé un *lit*. »

Il s'était élevé sur l'étendue de cette expression, de nombreuses difficultés ; faut-il laisser

---

(1) Voy. M. Pussort, *Procès-verbaux de l'ordonnance.* On ne peut saisir le manteau dont le saisi est couvert.

le lit avec ses accessoires ? faut-il saisir seulement les rideaux et objets qui ne sont point nécessaires ? telle est la question qui se présentait à toute saisie mobiliaire.

Le Code, pour éviter cette distinction, a employé le mot *coucher*, qui signifie par lui-même les choses indispensables pour se livrer au repos, tels que le bois de lit, les couvertures, les draps, le traversin, un matelat ou un lit de plume.

Les objets de luxe ou même de commodité, tels que les rideaux, housses, courte-pointe, etc., peuvent être saisis.

Faut-il excepter le coucher des domestiques? Celui qui se laisse saisir dans ses meubles est censé réduit à la nécessité de se servir soi-même. Ainsi nous estimons que les lits des domestiques, et même ceux des commensaux et des parens sont saisissables.

On a souvent demandé si l'on peut saisir les habits de luxe dont le débiteur est vêtu, les bijoux et joyaux, comme la montre, les bagues dont le saisi est porteur, enfin l'argent ou les billets qui sont sur sa personne, et qui quelquefois constituent toute sa fortune.

Il nous semble que la décence et l'honnêteté

publique ne permettent pas qu'un officier ministériel porte une main avide sur un malheureux
débiteur pour le dépouiller. Cependant s'il n'est
pas permis d'enlever à quelqu'un ses vêtemens,
quelque prix qu'ils aient, nous ne pensons pas
qu'il en soit de même de ce qui tient purement
au luxe, ou des sommes ou des effets dont le
débiteur se trouve porteur. Ainsi, à défaut d'autres meubles suffisans, on pourra prendre la
montre, les bagues et diamans, l'argent numéraire et les effets, lors même que le débiteur les aurait sur lui.

Si cette mesure est sévère, elle est dictée
par la nécessité de satisfaire le créancier, et
l'injustice qu'il y aurait de laisser au débiteur
du superflu ou des choses de luxe dont il joui-
rait au préjudice de celui qui lui a peut-être
fourni les moyens de se les procurer.

Nous regardons cependant comme insaisissables les objets qui n'ont de valeur que pour
le saisi, tels que son portrait, celui de ses
parens, ses prix ou récompenses nationales,
ses diplômes, ses brevets d'invention, ses registres domestiques, etc.

L'usage introduit sous l'ordonnance de saisir le lit tout entier, quand il s'agit de paiement de loyers, ne nous paraît pas conservé
par le Code.

« 3º. Les livres relatifs à la profession du saisi (1), jusqu'à la somme de 300 fr. à son choix. »

Cette disposition a été ajoutée à l'ancienne ordonnance qui est fondue dans ce chapitre.

L'intérêt public exige de laisser au saisi ce qui lui est nécessaire pour assurer son existence. Les livres d'un avocat, d'un homme de lettres, d'un médecin, lui sont souvent indispensables pour exercer son état ou sa profession : la loi lui laisse en conséquence la faculté de choisir ceux qui lui sont le plus utiles.

En est-il de même d'un avoué, d'un notaire ?

Nous croyons que bien qu'il paraisse que les avoués et les notaires puissent, à la rigueur,

____

(1) Peut-on saisir le cautionnement d'un huissier, d'un avoué, d'un greffier, d'un avocat en cassation, le traitement d'un juge et d'un procureur impérial?

Quant au cautionnement, nous croyons qu'il peut être saisi, son objet étant de répondre des malversations des officiers ministériels ; de même nous estimons qu'il peut aussi servir à acquitter leurs dettes. *Voy*. art. 2102, nº. 7 *du Code civil*.

Quant au traitement, il ne peut être saisi que pour une partie déterminée par les lois. Voy. Loiseau, *Tr. des Offices*, liv. 4, ch. 8, nº. 58, et l'art. 180 ci-dessus.

exercer leur profession sans le secours des livres, on devrait cependant comprendre dans l'article : le Code civil, le Code de procédure, le tarif, les lois commerciales, les discours ou les motifs qui ont déterminé chaque loi, les recueils d'arrêts qui renferment les monumens de la jurisprudence, et montrent à tout homme qui pratique, le véritable sens de la loi, et la direction que les tribunaux y donnent dans les points obscurs ou oubliés. Quelques-uns des auteurs les plus sûrs et les plus accrédités sur chaque Code nous paraissent nécessaires et indispensables à l'avoué, et même au notaire.

Mais nous ne croyons pas que les huissiers méritent la même faveur; on devrait tout au plus leur laisser ce qui est purement le texte de la loi.

Il en est de même de celui qui exerce une fonction ou une place quelconque dans l'administration. Les préfets, sous - préfets, les conseillers de préfecture, les employés, etc., n'auraient aucun droit de réclamer en cette qualité des livres à eux propres pour l'usage de leurs fonctions.

Il en est encore de même des employés à l'enregistrement ou dans les douanes, des ministres du culte, des comédiens, etc. ; tous peuvent exercer leur profession ou leur état sans le secours des livres.

4°. « Les machines et instrumens servant à l'enseignement, pratique ou exercice des sciences et arts, jusqu'à concurrence de la même somme, et au choix du saisi. »

C'est ici un hommage rendu aux sciences et aux arts. Dans un siècle et chez un peuple sur-tout où ils sont tant honorés, pourrait-on ne pas respecter les instrumens de l'homme qui les cultive !

5°. « Les équipemens des militaires, suivant l'ordonnance (1) et le grade. »

« Il faut que la loi laisse dans les mains du guerrier, comme un objet de reconnaissance et de culte, comme un objet sacré, ces armes qui ont assuré et qui seules encore peuvent maintenir notre indépendance. » (M. Réal.)

Par ce motif, et à plus forte raison, le traitement accordé aux membres et officiers de la légion d'honneur est insaisissable.

----

(1) C'est l'ordonnance de 1629. Voy. sur ce point Bornier dans son commentaire, et la loi 4, *cod. de excusat. rei judicat.*

6º. « Les outils des artisans nécessaires à leurs occupations personnelles (1). »

Priver un artisan de ses instrumens, c'est le forcer d'être fainéant et vagabond; c'est presque l'inviter à se livrer au vice et au crime.

7º. « Les farines et menues denrées nécessaires à la consommation du saisi et de sa famille pendant un mois (2). »

Cette exception, qui n'était pas dans le projet, a été proposée par la COUR DE METZ.

Il faut bien lui laisser le tems de s'en procurer de nouvelles par son travail ou son industrie. Cette exception est principalement portée en faveur des habitans des campagnes.

8º. « Enfin une vache, ou trois brebis, ou deux chèvres, au choix du saisi. Et sur l'observation de la COUR D'AGEN, on a ajouté « les pailles, fourrages et grains nécessaires pour la litière et la nourriture de ces animaux pendant un mois (3). »

---

(1) Auzanet sur l'art. 161 de la Coutume de Paris. Voy. Despeisses, tom. 1, part. 3 des exécutions, tit. 1, n°. 33.

(2) Voy. lettres patentes du 12 juillet 1634.

(3) Art. 14 du tit. 38 de l'ordonnance. —— Suivant cet article, le saisi pouvait *cumuler* ces bestiaux. —— Ici, il n'a plus que *l'option.*

Rodier, sur cet article, énumère grand nombre de choses insaisissables.

Mêmes motifs et observations que sur le nº. précédent.

On voit, par cette dernière disposition, que le Code a considérablement restreint l'exception accordée par l'art. 16 du tit. 33 de l'ordonnance, qui ne permettait pas de saisir « les chevaux, bœufs et autres bêtes de labourage. » Aujourd'hui ces animaux, n'étant plus exceptés, peuvent être saisis ; le cultivateur ne peut réclamer que les outils nécessaires, tels que ses charrue, charrette ou voiture, etc.

Dans cet article, la cour DE DOUAI demandait qu'on ajoutât, après le nº. 1 : « les chevaux, voitures et ustensiles servant à un relai de poste, et quantité suffisante d'avoine et de fourrage pour soutenir le relai pendant un mois, afin que le gouvernement ait le tems de faire assurer le service. »

Celle de METZ disait « que l'équité exigeait qu'on laissât à la femme du saisi la totalité de ses vêtemens, linges, nippes, lorsqu'elle n'est pas personnellement débitrice ; et dans tous les cas ceux des enfans, qui ne doivent pas souffrir du malheur ou de l'inconduite de leur père. »

« Attendu la cherté des livres, la somme de 500 fr. est bien modique ; les sciences et les arts , dont il est essentiel de favoriser les progrès , méritent une exception générale de tous les livres qui sont en la possession du saisi. »

Ces exceptions n'ayant point été ajoutées dans la loi, il en résulte qu'aujourd'hui on ne peut regarder ces choses comme insaisissables.

Quant à ce qui concerne la femme et les enfans , il y a plus de difficulté. Nous ne pensons pas qu'on puisse saisir ce qui appartient à la femme , lorsqu'elle n'est pas personnellement obligée à la dette , et qu'elle n'est pas commune en biens; mais quand il y a communauté , soit qu'elle se soit engagée elle-même , ou qu'elle ne l'ait pas fait, le mari ayant pouvoir, aux termes de l'art. 1421 du Code civil , de vendre, aliéner ou hypothéquer tous les biens de la femme sans son concours, il n'y aura aucun prélèvement à faire pour ce qui lui appartient en propre ; elle ne pourra qu'invoquer le bénéfice du § 2 de l'art. 592.

Les enfans qui n'ont rien en propre ne pourront réclamer non plus au-delà de ce qui leur est accordé par le même § 2. Il en serait autrement s'ils avaient la propriété de certains meubles, et que le père n'en eût que l'usufruit; alors ces meubles ne pourraient être saisis.

Enfin

Enfin la COUR D'APPEL DE RENNES observait « que si la partie saisie a le choix des livres ou des instrumens qu'elle veut conserver, elle ne doit point avoir la faculté d'en apprécier la valeur. Cette faculté ne doit pas aussi être laissée à l'huissier. La cour a pensé que dans l'un et l'autre de ces cas, l'huissier devait être autorisé à appeler un expert. Elle propose donc d'ajouter aux nos. 5 et 6 ces mots : *d'après l'appréciation qui en sera faite par un expert que l'huissier appellera à cet effet.* »

Le Code ne s'est point expliqué sur la personne qui fera l'évaluation ; les mots *au choix du saisi* ne se rapportent qu'à la faculté de choisir les livres, machines ou instrumens, jusqu'à concurrence de 300 fr. Ainsi nous croyons que la partie et l'huissier devront s'entendre pour cette évaluation ; et s'ils ne s'accordent, il faudra adopter le moyen proposé par la COUR DE RENNES, recourir à un expert qui fera l'estimation.

La saisie qui embrasse des objets déclarés insaisissables par la loi, est-elle nulle ? Doit-on seulement distraire ces objets de la vente ?

Le débiteur saisi peut-il consentir que ces objets soient aliénés ?

Nous pensons, sur le premier cas, que la

Tome IV. 12

saisie n'est pas nulle, ou du moins qu'elle ne
l'est que par rapport aux objets insaisissables,
telle que le serait une disposition testamentaire
qui entamerait la réserve.

Sur le deuxième cas, quoiqu'au premier as-
pect, il paraisse qu'en déclarant ces objets insaisissables, ce n'est point ici une simple faveur de
droit privé, mais une mesure fondée sur l'intérêt
public, et à laquelle on ne peut renoncer, la loi
elle-même a établi exception de l'exception.
Ainsi ces objets insaisissables, en thèse générale,
peuvent être saisis par des créanciers privilégiés.

1°. « Pour alimens (1) fournis à la partie
saisie. »

Le débiteur ne peut soustraire ses meubles les
plus nécessaires à celui qui lui donne des alimens
et la vie.

2°. « Pour sommes dues aux fabricans, ou
vendeurs (2) desdits objets, (c'est-à-dire, desdits
meubles, outils ou instrumens), ou à celui qui

---

(1) Par alimens, il faut entendre ce qui est nécessaire à la vie, tels
que la nourriture, le logement et l'habillement, comme nous l'avons
vu sur l'art 581.

(2) Ce mot a été ajouté sur l'observation des COURS DE DIJON et
de TURIN.

aura prêté pour les acheter, fabriquer ou réparer. »

Le privilége d'un pareil créancier est facile à
sentir. — Ce créancier ne fait qu'exercer un simple
droit de revendication de la chose ou de sa valeur; il reprend ce qui lui appartient.

5°. « Pour fermages et moissons des terres à la
culture desquelles ils sont employés pour loyers
des manufactures, moulins, pressoirs, usines
dont ils dépendent, et loyers des lieux servant à
l'habitation personnelle du débiteur. »

Ces sortes de dettes sont tellement rigoureuses
et sacrees, qu'aucune considération ne peut soustraire la plus petite portion de la fortune du débiteur à leur acquittement.

Sur la demande que faisait, au nom de l'hu-
manité, la cour de Rennes, on a ajouté : que le
coucher et les vêtemens ne sont saisissables pour
aucune créance.

Ainsi, nous estimons que le saisi peut faire,
dans tous les cas, ce que la loi fait dans certains,
et que par conséquent il peut tout laisser saisir.
Cependant nous croyons que tant que la vente
des meubles saisis n'est point effectuée, il peut
en demander la distraction, lors même qu'il
aurait consenti à ce qu'ils fussent saisis dans
l'origine.

Pour que les animaux saisis ne dépérissent pas, que l'agriculture ne soit point abandonnée par l'effet de la saisie, le Code a imaginé un moyen nouveau, c'est de permettre au juge de paix d'établir un gérent à l'exploitation sur la demande du saisissant, le propriétaire de la ferme, et le fermier saisis entendus ou appelés, 594.

On demandera sans doute si le saisi peut être nommé *gérent* à l'exploitation.

Il nous paraît qu'il ne peut l'être que du consentement du saisissant, parce que lui seul est intéressé à conserver les effets de son débiteur, et apprécier la confiance qu'il mérite. Voy. l'art. 598 ci-après.

4e. *formalité*. Indiquer dans le procès-verbal le jour de la vente, 595.

« Il n'y a pas une utilité réelle à indiquer le jour de la vente par la saisie, disait la cour D'ORLÉANS ; ce serait une forme que la commisération et mille circonstances en faveur du saisi, rendraient vaine. La vente pourrait se faire à tout autre jour que celui indiqué, et cela nécessiterait des significations géminées.

« C'est, au contraire, pour éviter la signification d'un nouvel acte, que l'on a exigé que le procès-verbal contînt indication du jour de la vente, et si, à cette époque, des considérations faisaient retarder cette vente, il en serait comme des opérations des experts, on ne ferait qu'indiquer un autre jour, sans qu'il fût besoin d'un autre acte. »

Si la partie saisie offre un gardien solvable et qui se charge volontairement et sur-le-champ, il est établi par l'huissier, 596.

5°. *Formalité*. Autrement cet officier constitue un autre gardien ayant les qualités requises, 597.

Le motif de cette formalité est la conservation des meubles saisis, jusqu'à la vente.

Le gardien doit être majeur et Français. Le Code n'exclut pas les femmes, et s'il y en avait une qui s'en fût chargée volontairement et du consentement de son mari, si elle en avait un, elle pourrait être contrainte, comme un mâle, par les voies ordinaires.

Quant aux *excuses* à proposer pour se dispenser d'être gardien, voy. Jousse, n°. 4, sur l'art. 15 et 19 de l'ordonnance.

« On ne voit pas, disait la cour de Turin, que le projet ait pourvu au cas où l'huissier ne puisse trouver personne qui veuille se rendre gardien. L'on pourrait alors autoriser le juge de paix du lieu à y pourvoir selon les circonstances. »

Le juge de paix n'a point de caractère propre

pour cet objet; c'est aux parties à s'arranger entre elles, ou à se rendre devant les juges ordinaires pour y pourvoir.

L'huissier peut-il constituer pour gardien un homme qui refuse d'accepter?

La fonction de gardien a bien quelque chose qui la rattache à une charge publique; cependant nous ne croyons pas qu'un individu puisse être contraint à l'accepter.

L'huissier est-il responsable de la malversation du gardien?

Lorsqu'il est établi du consentement des parties, il n'est nullement responsable.

Il n'en est pas de même lorsqu'il est du choix de l'huissier; cependant nous croyons qu'il ne peut être recherché que lorsque tout recours contre ce préposé est inutile : autrement il serait difficile à l'huissier d'exécuter et de trouver des gardiens convenables.

« Ne faut-il pas signifier aussi, avec le procès-verbal, le nom et le domicile du gardien établi par l'huissier, demandait la cour d'Agen? L'article devrait porter cette disposition, et si le saisi offre un gardien, le procès-verbal devrait aussi faire mention et de l'acceptation de l'huissier, et du nom et du domicile du gardien. »

La loi n'ayant point ordonné une signification au saisi du nom du gardien, nous ne pensons pas qu'elle soit nécessaire; il suffit, dans l'un et l'autre cas, que l'énonciation en soit faite dans le procès-verbal. Il sera bien aussi d'y faire mention de l'acceptation de l'huissier, si le gardien n'a point été choisi par lui, il est d'ailleurs trop intéressé à remplir cette formalité pour qu'il la néglige.

« Si le saisi ne trouve pas de gardien solvable, disait la COUR DE RENNES, ou si sa moralité l'empêche d'en trouver un, l'huissier, suivant cet article, doit en établir un. Il faut donc que la loi dise comment ce gardien sera établi; elle doit aussi donner au gardien les moyens de remplir l'obligation qu'elle lui impose : car il ne doit pas être exposé aux risques de voir son honneur et sa fortune compromis. La cour a pensé qu'il devait avoir la faculté de se faire ressaisir des objets saisis; autrement il ne serait pas juste de le soumettre à la responsabilité. »

Les moyens de remplir l'obligation que la loi impose à l'huissier sont simples; et la défense de déplacement n'y fait aucun obstacle; sans doute, si le gardien est de son choix, et qu'il ait des craintes, comme il en est responsable, il pourra se ressaisir des objets, et placer un autre gardien dont il n'ait rien à redouter.

Le saisissant ni ses parens et domestiques ne peuvent être gardiens, parce qu'ils sont *suspects* au saisi (1). — Le saisi et les siens sont, au contraire, capables de remplir cette fonction, s'ils sont acceptés par le saisissant, 598.

La cour de Trèves demandait que ce consentement fût donné par écrit. Nous ne pensons pas qu'il faille un acte par écrit : ce consentement énoncé dans le procès-verbal est suffisant.

6e. *formalité.* « Le procès-verbal est fait *sans déplacer* (2) ; il est signé par le gardien sur l'ori-

---

(1) Voy. art. 13, tit. 19 de l'ordonnance, et Jousse *ibid.*
L'huissier peut-il établir gardiens ses propres parens ?
Autrefois il ne pouvait le faire : le Code ne le défendant point, ils sont par-là même capables.

(2) Les termes *sans déplacer* présentent un double sens : 1°. que l'huissier ne peut rédiger son procès-verbal que sur les lieux, au domicile du saisi et sans se déplacer; 2°. qu'il ne peut, lors de son procès-verbal, *déplacer* les effets saisis.
Laquelle des deux versions est la plus juste ? Il nous paraît que c'est la dernière, et que sous l'empire du Code on ne peut déplacer les effets saisis, quoiqu'un usage contraire se fût introduit sous l'ordonnance.
« Cependant, si le gardien refusait de s'en charger autrement, ne pourrait-il les déplacer ? demandait la cour de Trèves. »
La prohibition de la loi paraît générale; et nous ne pensons pas que même en ce cas il pourrait y avoir lieu à un déplacement qui occasionnerait nécessairement des frais, à moins que cependant toutes les parties y consentent.

ginal et la copie : s'il ne sait signer, il en est fait mention, et il lui est laissé copie du procès-verbal, 599. »

Cette précaution est prise pour avoir la preuve qu'il consent à se charger de la conservation des effets saisis, et pouvoir le poursuivre en cas de divertissement.

« On pense qu'il faut ajouter, disait la cour de Caen, que s'il refuse de signer il sera fait mention de l'interpellation qui lui en a été faite, et de son refus. »

Les cours de Nismes et de Nancy demandaient « qu'on ajoutât aux mots, *s'il ne sait*, ceux-ci, *ou s'il ne veut pas signer;* parce que le refus et l'ignorance sont deux choses absolument différentes. »

A la vérité, la loi n'a pas parlé du refus; mais nous ne doutons pas qu'en ce cas on ne doive procéder comme dans l'autre, et faire mention du refus comme de l'ignorance.

« Si le saisi ou même des tiers se portaient à des voies de fait pour empêcher d'établir un gardien, ou s'ils enlevaient ou détournaient des effets saisis, ils seraient poursuivis conformément au Code criminel, » 600.

Enlever ou détourner des effets séquestrés par la justice, c'est commettre un vol à proprement parler ; empêcher l'établissement d'un gardien à force ouverte, c'est manquer essentiellement aux officiers de la justice : ces officiers doivent obtenir une réparation d'autant plus solennelle, que l'insulte a été plus grave, et le tort porté au créancier saisissant plus considérable.

7ᵉ. formalité. Laisser la copie du procès-verbal au saisi.

Cette formalité est exigée afin qu'il puisse examiner si la saisie est régulière, si toutes les conditions de la loi ont été remplies, pour qu'il ait un titre contre le gardien en cas de malversation, et enfin pour qu'il soit officiellement averti du jour de la vente.

S'il y a plusieurs saisis, il faut donner copie de l'exploit à chacun d'eux, à moins qu'ils ne forment la même société ou le même corps.

Comment cette copie lui doit-elle être remise ?

Si la saisie est faite au domicile du débiteur, la copie lui est remise sur-le-champ, signée de l'huissier et des témoins qui ont signé l'original.

Si le débiteur est *absent* (1), la copie est laissée au magistrat requis pour l'ouverture de porte, qui vise l'original.

La COUR DE RIOM demandait qu'on ajoutât à la fin de l'article : *et qui en donnera avis au saisi.*

Comme on ne s'est pas plus expliqué en ce cas que sur les art. 4, 68 et 1039, nous croyons bien que la copie doit être remise ou renvoyée au saisi ; mais pour l'exécution, voyez ce que nous avons dit *pag.* 124, 1er. *vol.*

Si la saisie est faite hors du domicile et en l'absence du saisi, la copie du procès-verbal lui est notifiée dans le jour, en y ajoutant toutefois un jour par 3 myriamètres de distance ; sinon les frais de garde et le délai pour la vente ne courront que du jour de la notification, 601, 602.

Le gardien doit-il être salarié ?

Cette fonction n'est gratuite que dans les cas où il veut bien l'exercer comme telle ; mais lorsqu'il exige un salaire, il ne peut jamais lui

---

(1) Par absent, on entend ici celui qui n'est pas présent, ou qui est simplement éloigné de son domicile.

être refusé. Il le demande à l'huissier ou à la partie directement, suivant qu'il a été placé directement par l'un ou par l'autre ; mais en résultat les frais sont toujours à la charge du saisi. Les obligations et les droits de ce gardien sont retracés par *l'art.* 1962 *du Code civil*, par Rodier sur *l'art.* 10 , *tit.* 33 *de l'ordonnance*, et par Jousse , *art.* 9, *ib.*

Le gardien peut-il jouir des objets saisis ?

Le gardien est encore environné d'une confiance moindre que celle que le déposant accorde au dépositaire ; et si, d'après l'art. 1930 du Code civil, ce dernier ne peut se servir de la chose déposée, à plus forte raison le gardien ne peut-il employer, louer ou prêter les choses saisies, « à peine de privation de frais de garde, et de dommages-intérêts, au paiement desquels il sera contraignable par corps (1), 603. »

Le gardien n'est pas même possesseur, en conséquence les fruits naturels ou industriels (2) ne lui appartiennent point ; il est tenu d'en rendre

---

(1) Car il commet dans ce cas une espèce de vol, suivant la loi 3, *cod. depositi.* —— Art. 9, tit. 23 de l'ordonnance.

(2) Voy. art. 547 du Code civil. —— Art. 10, tit. 33 de l'ordonnance.

compte , et ici comme dans le premier cas ci-dessus, il peut encore y être contraint par corps , 604.

Quand le gardien peut-il demander sa décharge ?

Celui qui a consenti à accepter la fonction de gardien n'est pas libre de s'en démettre à volonté; il faut que sa mission soit entièrement remplie, c'est-à-dire, que les objets saisis soient vendus, ou qu'il y ait accord entre les parties (1).

Cependant , lorsque la vente n'a point lieu au jour indiqué dans le procès-verbal , le gardien ne doit point en souffrir , à moins qu'il y ait eu un obstacle légitime à cette vente ; et encore dans ce cas, le gardien peut-il demander sa décharge après deux mois depuis la saisie.

Cette faculté accordée au gardien de se faire décharger , a pour objet de stimuler le saisissant et l'opposant afin de procurer une vente plus prompte , et d'empêcher que les frais dus au gardien n'absorbent toute la valeur des meubles (2).

(1 Voy. l'art. 1960 du Code civil.

(2) Voy. art. 172 de la Coutume de Páris. —– Art. 20 . tit 19 de l'ordonnance.

Contre qui et devant quel juge doit-il demander cette décharge ?

Contre les parties intéressées à contester sa demande et lui faire rendre compte.

En conséquence il doit agir « contre le saisissant et le saisi. »

Comme l'affaire est urgente, elle doit être portée « en référé devant le juge du lieu de la saisie. »

Si la décharge est accordée, le gardien déchargé doit rendre compte de sa mission ; il faut vérifier si les objets saisis sont dans le même état (1), en présence des parties, c'est-à-dire, du saisissant et du saisi, ou après les avoir dûment appelés, 606.

Et si le saisi réclame contre le récolement, contre la surveillance du gardien, la vérification se continue, et il est encore statué sur sa réclamation en référé devant le même juge, 607.

« Les mots *en référé*, disait la cour de Rennes,

______

(1) C'est ce qu'on appelle *récolement*.

La cour de Nismes demandait qu'on le fît dans le procès-verbal.

Nous pensons bien, quoique la loi ne l'ait pas dit, que c'est là sa place.

sont insignifians. L'article doit en outre prévoir les saisies qui se font aux fins de jugement, et celles qui ont lieu en vertu d'actes portant exécution parée. Il a paru à la cour que l'art. 606 remplirait mieux le but qu'il se propose, s'il était rédigé ainsi. »

« La décharge sera demandée contre le saisissant et le saisi, par une citation devant le tribunal qui a rendu le jugement, si l'exécution se fait en vertu de jugement, ou devant le tribunal du domicile du saisi, si la saisie est faite en vertu d'acte portant exécution parée. »

Par cela que le Code n'a point fait de distinction, il a voulu que dans tous les cas on se pourvût devant les juges du lieu de la saisie.

La cour de Nismes desirait qu'on prévît les cas où il y aurait des oppositions à saisie.

Comme on ne l'a pas fait, on rentre dans les règles ordinaires de procéder.

IIIe. SECTION.

Qui peut s'opposer à la vente des effets saisis?

1°. Le saisi.
2°. Le propriétaire.
3°. Les créanciers.

§ Ier.

Opposition du saisi.

Le saisi peut empêcher la vente, lorsqu'il a à opposer contre la saisie des vices de fond et des vices de forme.

Ces vices sont ceux qui résultent de ce que le jugement en vertu duquel a été faite la saisie est nul, que l'expédition n'est pas exécutoire, que la saisie n'a pas été précédée de commandement, que l'huissier a exploité hors de sa juridiction, ou que le créancier a été payé depuis ce jugement, si le débiteur a terme et délai, si le jugement est conditionnel ou que la condition ne soit pas arrivée, s'il y a contrariété de jugement, s'il y a défense d'exécuter le jugement, accordée par la cour d'appel, s'il y a opposition au jugement par défaut, etc.

Ces moyens sont appréciés par le juge qui ordonne de passer outre ou déclare la saisie nulle.

Une question importante consiste à savoir si les créanciers peuvent invoquer le bénéfice d'une saisie qui a été déclarée nulle vis-à-vis du saisissant?

Il nous semble qu'il faut distinguer :

Si la saisie a été annullée pour vice de formes, elle ne peut plus être invoquée par les créanciers ; ce qui est nul ne produit aucun effet : *quod nullum est*, etc.

Si la saisie est seulement déclarée inefficace, c'est-à-dire, si étant régulière quant à la forme, elle a été anéantie parce que les prétentions du saisissant, étaient mal fondées, la saisie subsiste vis-à-vis des créanciers, qui apportent un titre légitime : ceux-ci continuent les poursuites comme l'eût fait le saisissant.

§ II.

Des tiers opposans à la vente.

C'est un principe invariable qu'un propriétaire a le droit de revendiquer sa chose par-tout où il la trouve (1). Celui qui a prêté ou déposé des meubles saisis, qui les a perdus ou à qui on les a enlevés, peut se les faire restituer jusqu'à la vente.

Après la vente publique ou au moins de

______

(1) Art. 2279 du Code civil.

bonne foi de la part de l'acquéreur, il a encore le droit de les reprendre, mais c'est en remboursant l'acquéreur (1).

Pour éviter ce remboursement, il doit « s'opposer à la vente par exploit signifié au gardien et dénoncé (2) au saisissant et au saisi, avec l'énonciation des preuves de sa propriété (3) pour que, connaissant la réclamation et les motifs du réclamant, ils examinent s'ils doivent les combattre ou les accueillir.

La contestation est jugée sommairement par le tribunal du lieu.

Et si le réclamant succombe, il est passible

---

(1) Art. 2280 du même Code.

(2) La cour de Rennes observait que le mot *dénoncé* ne manquerait pas d'autoriser à faire deux exploits, quand un seul sufit ; elle demandait la suppression du mot.

En effet, nous croyons avec cette cour que faire deux exploits serait un abus ; et quoique le mot n'ait point été retranché, nous estimons que la dénonciation au saisi et au saisissant doit se faire par une copie à chacun du même exploit.

(3) La cour de Rouen demandait qu'au lieu de *l'énonciation des titres*, on donnât *la copie par extrait des titres, s'il y en a.*

Cette copie ne servirait qu'à alonger inutilement les actes : comme dans tous les cas il faudra apprécier le mérite des actes, la loi a décidé avec raison qu'il suffit ici d'une simple énonciation.

des dommages-intérêts qui peuvent être dus au saisissant.

Cette contestation s'engage ordinairement de la part d'une femme qui est en instance de divorce, ou séparée de biens avec son mari; d'un tiers chez qui le débiteur saisi demeure et dont on a saisi les effets comme appartenant à ce débiteur (1), de celui qui a vendu les meubles saisis sans forme ni délai, espérant être payé comptant et sans suivre la foi de l'acheteur, etc. Mais il faut bien se rappeler qu'il ne s'agit ici que du droit d'un propriétaire ou d'un co-propriétaire, et non des créanciers.

Quant à ceux-ci, *voy. le § suivant.*

§ I I I.

Des créanciers du saisi.

Ces créanciers n'ayant aucun droit sur la

---

(1) Il existe à Paris un abus bien dangereux. L'homme qui veut s'enrichir au préjudice d'autrui réalise tout son avoir loue un appartement sous le nom de sa domestique, ou d'une femme de confiance, ou d'un ami: il y transporte tout son mobilier; et lorsque les créanciers viennent saisir ce mobilier, le locataire ou le prête-nom montre son bail, et soutient que tous les meubles lui appartiennent.

De là s'engagent des incidens sans nombre dont, il est vrai, l'estimable président du tribunal civil sait faire une prompte et sévère justice.

chose saisie, n'ont qu'un débiteur commun; *non habentes jus in re, sed tantùm jus ad rem,* ils ne peuvent s'opposer à la vente, ni revendiquer les effets saisis *pour quelle cause que ce soit.*

« Dans le nombre des créanciers, il en est qui sont privilégiés, observait la cour de Metz, sur tout ou partie des choses saisies, tels que les propriétaires de fermes et maisons, sur les meubles, bestiaux et denrées gisant dans les fermes et maisons louées. »

« Seront-ils donc forcés de laisser absorber les objets de leurs priviléges ! Il paraît qu'à leur égard on doit faire une exception, en obligeant les autres créanciers à respecter leurs priviléges, à n'y toucher, en tous cas, qu'à la condition expresse de les désintéresser ou de donner bonne et suffisante caution, qu'en cas de vente, tous frais de discussion prélevés, il y aura en suffisance pour acquitter ce qui leur est dû, et pour l'exécution pleine et entière des clauses et conditions des baux. »

Nonobstant cette observation, il est indubitable que le propriétaire ou le principal locataire de la maison occupée par le débiteur saisi; le vendeur d'une chose déclarée insaisissable et qui a sur elle un privilége particulier, en vertu de l'art. 593 ci-dessus ne peut réclamer que sa part contributoire ou intégrale dans le prix (1).

En vain opposerait-on que le saisi aurait pu s'opposer à la vente des objets déclarés insaisissables par l'art. 592 , et que le créancier qui a un privilége spécial sur ces objets , peut réclamer la même faveur qui appartenait à son débiteur.

Il est de principe que le créancier ne peut exercer le droit personnel de son débiteur, et demander officieusement la distraction d'objets déclarés insaisissables ; d'ailleurs l'art. 609 est trop impérieux pour permettre d'argumenter et de distinguer.

Tous les créanciers ne peuvent que former opposition sur le prix de la vente ; loin d'empêcher qu'elle soit faite , ils doivent au contraire la desirer et la provoquer, parce qu'ils sont payés sur-le-champ si le prix est suffisant.

Mais pour arriver à cette contribution ou à ce paiement, il faut que les créanciers soient fondés, et pour apprécier leurs droits , ils doivent les faire connaître dans leur opposition, et la signifier au saisissant et à l'huissier ou autre officier

____

(1) Voy. Rodier sur l'art. 12 , tit. 33 de l'ordonnance.

chargé de la vente (1), avec élection de domicile dans le lieu (2) où la saisie est faite, si l'opposant n'y demeure pas (3).

Cette condition est de rigueur ; elle est prescrite « à peine de nullité de l'opposition et des dommages-intérêts, s'il y a lieu, contre l'huissier qui l'a signifiée, afin d'éviter une foule de réclamations vexatoires et insignifiantes, et faites dans l'unique intention de servir les passions du débiteur saisi.

Dans la vue d'empêcher que des contestations inextricables s'engagent entre les opposans et le saisissant sur le mérite de leurs titres respectifs, et dans la crainte que ces incidens ne fussent autant d'entraves propres à différer la vente, « le créancier opposant ne peut faire aucune poursuite, si ce n'est contre la partie saisie et pour obtenir condamnation. »

Celle-ci, de son côté, ne peut diriger aucune

____

(1) Le projet n'exigeait que la signification au saisissant seul, et on y a ajouté l'huissier ou autre officier chargé de la vente, sur l'observation de la COUR DE POITIERS, qui disait avec raison que si le saisissant avait seul connaissance des oppositions, il pourrait les cacher et se faire délivrer le prix de la vente.

(2) Même observation que sur l'art 584. Voy. *pag* 154 *de ce vol.*

(3) Cette disposition est tirée de l'art. 7 du règlement de 1685 ; elle a pour objet de faciliter les significations à faire à l'opposant.

poursuite contre l'opposant; ses droits sont discutés et appréciés lors de la distribution des deniers, 610.

C'est alors que les créanciers opposans pourront être respectivement demandeurs et défendeurs et se poursuivre mutuellement, parce que chacun d'eux a intérêt à écarter les autres, afin d'éviter la contribution ou d'avoir une portion contingente plus considérable.

Un créancier peut-il faire une seconde saisie en son nom lorsqu'il en trouve déjà une faite sur son débiteur ?

La loi veille sans cesse à ce que les biens d'un malheureux ne soient point anéantis par des poursuites inutiles ; une seconde saisie serait aussi dispendieuse que la première, et ne procurerait aucun avantage à celui qui en serait l'auteur. Seulement, ce nouveau créancier a le droit de vérifier si la première embrasse tous les objets saisissables, son intérêt même l'exige.

Ainsi, l'huissier qui trouve une saisie déjà faite et un gardien établi, ne peut que procéder au récolement des effets saisis, et sommer le premier saisissant de vendre le tout dans la huitaine (1), et saisir en outre ceux qui auraient été

____

(1) La cour d'Orléans proposait de porter ce délai à quinzaine

omis : ce procès-verbal de récolement vaut opposition sur les deniers de la vente, 611.

Dans ce cas, et sur-tout s'il y a saisie de meubles omis, il faudrait, disait la COUR D'AGEN, « que l'huissier commît le même gardien et donnât du tout copie au saisi. »

Nous croyons bien qu'il serait mieux de ne pas établir un nouveau gardien, et de donner copie au saisi ; mais la loi ne l'ayant pas exigé, on peut placer un autre gardien, comme se dispenser de donner copie au saisi ; cette dernière formalité serait d'ailleurs inutile, puisque la deuxième opération vient se lier à la première, et que le saisi sera par conséquent informé de tout.

Comme les créanciers ne doivent point être victimes de la négligence du premier saisissant et peut-être de sa collusion avec le saisi, tous ont le droit, tous sont même intéressés et doivent provoquer la vente des meubles saisis ; les frais du gardien augmentent à proportion du retard de cette vente.

Cette provocation a lieu en sommant le saisis-

---

pour laisser au saisissant un intervalle suffisant pour faire notifier et annoncer la vente, et pour lever les obstacles qui auraient pu ou pourraient ralentir sa poursuite.

sant d'y procéder lui-même, et sur son refus (1)
chaque créancier peut « faire procéder au récolement des effets saisis, sur la copie du procès-
verbal de saisie que le gardien est tenu de représenter, et de suite à la vente, » 612.

IVe. SECTION.

De la vente des objets saisis.

§ Ier.

Des formalités de la vente.

Quand la vente doit-elle être faite ?

Le Code a adopté ici la disposition contenue
dans l'art. 12, titre 33 de l'ordonn., qui exigeait un intervalle de huitaine au moins entre
la signification de la saisie au débiteur et la
vente, 613.

Ce délai est accordé pour plusieurs motifs,
1°. afin que le saisi puisse payer ou s'opposer
à la saisie, 2°. que les créanciers puissent être

-----

(1) Autrefois le créancier qui voulait provoquer la vente était obligé de
se faire subroger aux droits du saisissant par un jugement. Voy. Jousse,
note 2 sur l'art. 20, tit. 33 de l'ordonnance. — Aujourd'hui, cette formalité est inutile.

instruits de la vente et former leur opposition ; 3°. que l'on ait le tems d'annoncer la vente au public et la rendre plus avantageuse.

Sur cet article, la COUR DE TURIN observait « que d'après les dispositions des articles 607 et 608, le saisissant ne peut faire procéder à la vente des effets saisis avant que les contestations élevées de la part du saisi et des opposans en propriété soient décidées ; il peut se faire que la vente soit retardée au-delà de la huitaine fixée par l'art. 1613, parce que lesdites contestations ne seraient pas encore décidées, de manière que le premier saisissant ne soit pas en demeure de procéder à la vente. »

« En outre, l'art. 613 n'est pas conçu en des termes de rigueur ; au contraire, il paraît supposer que la vente puisse se faire dans un plus long délai que celui qu'on y voit fixé pour la défendre dans un délai plus court. »

» De tout ce que dessus il s'ensuit qu'il faudrait réformer l'art. 613, en statuant que les huit jours aient à courir depuis la signification de la saisie au débiteur, lorsqu'il n'y a de contestations telles que celles indiquées aux art. 607 et 608. »

« Et dans le cas de ces contestations, les huit jours dateront de celui de leur décision. »

« Mais ce délai doit être fixé, de manière que si

le créancier le laisse écouler sans poursuivre la vente, la saisie-exécution soit périmée, et que le saisissant soit chargé de tous les dépens et frais, sauf le cas où il eût pris des arrangemens avec le saisi. Tel est sans doute l'esprit du projet ; mais il sera utile de l'exprimer. »

Le délai effectivement n'est pas de rigueur, en ce que devant être de huit jours *au moins*, il peut aller au-delà, si le juge l'accorde plus long ; nous croyons même qu'après une première fixation, le juge peut l'étendre lorsqu'il le croit nécessaire, ou que le saisi fournit caution de payer dans un nouveau délai.

La loi ne dit pas que si pendant ce délai le créancier ne fait aucune poursuite, sa saisie sera périmée, mais nous croyons, avec la cour de Turin, que cela résulte de l'intention du législateur.

Qui doit être appelé à la vente ?

Il est nécessaire d'y appeler le saisi pour qu'il veille à la conservation de ses effets et qu'il soient portés à leur juste valeur.

Cet avertissement lui est donné, comme nous l'avons vu art. 595, par le procès-verbal de saisie.

Mais si la vente est remise à un autre jour,

le saisi est appelé par une nouvelle assignation, délivrée à un jour franc de distance de son domicile, du lieu où les effets seront vendus, 614.

La présence des opposans n'est point nécessaire, parce que leur intérêt est le même que celui du saisissant, que, comme eux, celui-ci doit chercher à procurer une vente avantageuse.

Ainsi les opposans peuvent y assister, mais il n'y sont point appelés, 615.

Pour éviter un double emploi et de nouveaux frais, le récolement qui précède la vente, et qui est fait de concert avec le gardien au domicile du saisi, ne désigne que les effets omis, s'il y en a, 616.

En quel lieu doit être faite la vente?

L'ordonn. de 1667 (tit. 33, art. 11) avait indiqué en ce cas le marché public le plus prochain, aux jour et heure ordinaires des marchés, afin de trouver un plus grand nombre d'enchérisseurs, et de porter les objets à un plus haut prix.

Cette disposition a été adoptée par le Code.

Cette règle générale peut quelquefois devenir préjudiciable aux parties ; il y a souvent des objets fragiles qu'il serait très-dangereux de transporter , tels que de la porcelaine, des pendules , glaces , etc. Il y a par hasard des foires plus voisines que le marché ; il est des marchandises qui ne peuvent être vendues que dans des villes, tels que des livres, manuscrits ou tableaux récieux. Il est des cas et des pays où il serait plus avantageux de vendre le dimanche (1) : la loi autorise alors les tribunaux à désigner le lieu et le jour pour la vente (2).

Lorsqu'un huissier indique un autre lieu de sa propre autorité, la saisie entière, ou la signification seule est-elle nulle ?

La cour d'appel de Bruxelles a décidé par son arrêt du 12 floréal an 12, « que la seule signification de la vente dans un autre lieu, et les actes ultérieurs étaient nuls et non la saisie (3). »

On ne peut prendre trop de soins pour pro-

---

(1) Le Code permet aujourd'hui de vendre le dimanche les objets saisis ; mais il n'en faut pas induire qu'on puisse saisir ce jour-là.

(2) Cette exception était déjà admise par les art. 4 et 5 de l'ordonnance de 1556. Voy. ci-après art. 620.

(3) Cet arrêt est rapporté pag. 151 , tom. 2 de la *Jurisprudence du Code civil.* Comme la même difficulté peut se présenter sous le Code de procédure, nous croyons qu'il faudrait donner la même solution.

curer à la vente un grand concours d'enchérisseurs ; pour parvenir à ce but il n'est qu'un
moyen, c'est la publicité préalable de la vente
par tous les moyens usités pour communiquer
avec les citoyens.

En conséquence, il faut annoncer cette vente
au moins un jour auparavant par placards (1)
apposés au lieu où sont les effets, à la maison
commune, au marché du lieu, ou, s'il n'y en a
point, au plus voisin, à la porte de l'auditoire
du tribunal de paix ; et si la vente se fait dans un
autre lieu que celui où sont les effets, il faut
ajouter une affiche à l'endroit où doit se faire la
vente.

Elle doit également être annoncée par la voie
des journaux dans les villes où il en existe, 617.

Telles sont les mesures rigoureusement requises pour annoncer la vente et obtenir un
meilleur prix des effets saisis ; le saisissant ou
le saisi peuvent en outre pratiquer d'autres voies,
mettre des placards, et donner à la vente toute
la publicité qu'ils trouvent convenable, pour
procurer plus d'enchérisseurs.

Pour donner une idée des différentes circons-

----

(1) Il n'est pas nécessaire que ces affiches soient imprimées,

tances qui peuvent déterminer le juge et expliquer ce titre, nous transmettons les observations de différentes cours d'appel, pour le mode,
le lieu de la vente, et les inconvéniens qui peuvent exister et qu'il faut éviter.

« Le délai d'un jour franc est trop court,
disait la COUR DE CAEN, il vaudrait peut-être
mieux que la vente fût toujours indiquée et
faite à la porte du domicile du saisi, sauf au
juge, suivant les circonstances et la nature des
objets saisis, à ordonner, sur la demande du
saisi ou du saisissant, ou des autres créanciers,
que la vente serait faite en un autre lieu. »

« Il convient de supprimer la faculté de vendre
un jour de dimanche, observaient les COURS DE
DIJON et DE NANCY. »

« Indépendamment de ce que ce jour est consacré à l'exercice du culte catholique, que pro-
fesse la très-grande majorité des Français, ce
serait écarter une foule d'enchérisseurs des pays
voisins, qui n'abandonneraient pas les exercices
de leur religion pour courir à une vente. »

« Il convient encore, ajoutait la première,
que les affiches indicatives de la vente soient
posées au moins deux jours francs auparavant,
pour que le public puisse être instruit. »

« La vente dans les marchés publics,

disait la cour d'Orléans, est rarement avantageuse, et elle donne lieu à des déplacemens qui occasionnent le bris et le dépérissement des meubles : il serait plus utile de vendre un jour de dimanche dans les lieux, et de ne transporter au-dehors que dans les cas de rébellion, et où il s'agirait des objets indiqués dans l'article 621 ; à l'égard des bestiaux saisis, ils devront être conduits et vendus sur les places et aux jours ordinaires des marchés.

A-peu-près même observation de la cour de Rouen.

« Si l'on excepte les objets *qui servando servari non possunt*, le délai entre l'annonce et la vente doit être plus long, disait la cour de Turin, afin que les habitans des lieux voisins puissent en avoir connaissance, et prendre des mesures pour se rendre enchérisseurs. »

« Il ne paraît pas convenable que la vente se fasse un jour de dimanche : les opinions religieuses peuvent empêcher des citoyens de s'y rendre. »

« Mais il est fort à propos que les placards soient affichés en pareil jour. »

« Et la vente pourrait se faire au jour de marché de la commune où la saisie a été faite. »

« Pour ne pas induire en erreur le public, et ne

ne pas le constituer dans des frais et des dé-
marches vaines, il faut indiquer dans les placards « les lieu, jour et heure de la vente et la
nature des objets sans détail particulier », 618.

« Les placards devraient être supprimés pour
les ventes ordinaires, disait la cour de Nancy ;
il suffit qu'elles soient annoncées à son de caisse ;
mais on peut les employer dans les ventes considérables. »

La loi n'ayant pas consacré d'exceptions, nous
pensons qu'il serait difficile de se soustraire à la
disposition générale, et de se dispenser d'afficher.

Un abus dangereux s'était introduit ; l'huissier
déclarait avoir apposé ou fait apposer les placards ; il touchait effrontément le salaire de
son transport et ne se dérangeait point ; dans la
vue de réprimer cet abus, le Code veut que
« l'apposition soit constatée par exploit, auquel
est annexé un exemplaire du placard », 619.

§ I I.

Des meubles qui exigent des formalités particulières.

Il est des meubles dont le prix ou la valeur
exige une plus grande publicité « ce sont les bâtimens de mer ou de rivière et l'argenterie. »

1°. Tous les bâtimens de mer du port de dix

tonneaux et au-dessous, tous les bâtimens de
rivière mobiles ou fixes sont vendus dans le lieu
où ils se trouvent; mais, en outre des placards
ordinaires, il faut faire, à divers jours consé-
cutifs, trois publications au lieu où sont ces
bâtimens (1), ou trois insertions consécutives,
s'il existe des journaux dans ce lieu.

La première publication ne sera faite que
huit jours au moins après la signification que
l'on est obligé de faire de la saisie, d'après les
art. 601 et 602; et si cette publication se fait
par la voie des journaux, les trois annonces devront avoir lieu dans le courant du mois qui
précède la vente.

2°. Déjà l'ordonnance, art. 15, titre 33, avait
défendu de vendre la vaisselle d'argent, les bagues et joyaux (2) compris dans une saisie, autrement qu'après trois expositions à trois jours de
marchés différens (3).

____

(1) L'ordonnance de la marine de 1681 avait déjà établi cette formalité.

(2) La cour de Riom demandait qu'on y ajoutât *les dorures.*
Comme on ne l'a point fait, nous ne croyons pas qu'elles y soient
comprises.

La cour de Treves desirait aussi qu'on ajoutât: « sans que ces objets puissent être vendus qu'après estimation préalable. »

Cette formalité n'ayant point été exigée, elle est inutile dans tous les
cas où l'on peut, sans ce moyen, s'assurer de la *valeur réelle* des objets.

(3) Les cours de Poitiers et de Rennes croyaient qu'une seule

Le Code a pensé qu'on ne pouvait donner à la vente trop de publicité ; il a exigé en outre l'apposition de trois placards aux lieux accoutumés.

Et comme ces objets ont une valeur réelle, que souvent ils sont très-précieux, la loi, par un surcroît de précaution et pour éviter toute méprise, veut qu'on ne puisse les adjuger, si c'est de l'argenterie, au-dessous de sa valeur réelle, et s'il s'agit de joyaux, qu'après leur estimation par des orfèvres ou gens de l'art, 621..

La cour de Turin observait : « à ce qui est dit en cet article, à l'égard de la valeur réelle des objets y mentionnés, nous joignons la disposition des numéros 3 et 4 de l'art. 615, en observant qu'il paraît impossible de présumer que des huissiers puissent avoir les connaissances nécessaires pour bien juger de la valeur des livres relatifs à une profession quelconque, des machines et instrumens servant à l'enseignement, pratique et exercice des sciences et arts, des bagues et joyaux. »

« Il paraît donc que les huissiers, lorsqu'il s'agit

---

affiche suffisait, et que l'exposition ne pouvait offrir quelqu'utilité que dans les grandes villes.

de saisie-exécution d'objets dont la valeur ne doit être à leur connaissance, devraient y procéder après l'avis préalable d'experts. »

« Lorsqu'il s'agira d'une saisie-exécution des objets mentionnés en l'art. 621 , et d'autres meubles ordinaires , devra-t-on procéder d'abord à la vente de ces derniers, dans le délai fixé par l'art. 613 , et différer à un autre jour la vente des premiers, jusqu'à ce que les trois expositions des placards aient eu lieu? » .

« Ou bien, dans cette hypothèse, la vente des effets saisis de l'une et de l'autre classe devra-t-elle avoir lieu dans le même tems , mais après les trois expositions sus-énoncées ? »

« Le projet ne décide point cette question. »

« Si on adopte la première proposition, le débiteur vient à être surchargé de frais. »

« Si on veut suivre la dernière, il faudra accompagner la disposition de cet article de la limitation , au cas que le prix total des objets dont parle l'art. 621 puisse monter à une somme d'une certaine considération, pour prévenir l'inconvénient qui en résulterait , si , pour une bague ou quelques joyaux d'une petite valeur, on devait astreindre le créancier à retarder la vente de tous les effets saisis , jusqu'à ce qu'il eût empli les formalités prescrites en cet article. »

« Une telle limitation serait même nécessaire, dans le cas où on voudrait opiner pour la vente séparée, attendu que, s'il s'agit de cette sorte d'objets d'une valeur peu considérable; on pourrait dispenser le débiteur de supporter les frais des trois expositions sus-indiquées.»

A la vérité, une distinction pour les ventes d'objets peu considérables eût été à desirer; mais comme la loi ne l'a point faite, nous pensons que dans tous les cas il faut les trois publications.

Quand il y a lieu de présumer que le prix à provenir des effets saisis excédera de beaucoup le montant de la créance du saisissant et des frais de justice, il faut distraire une partie des effets au choix du débiteur; il serait, en effet, inhumain de le dépouiller de tout son mobilier pour une dette légère qu'il ne peut acquitter. Le seul droit du créancier est de toucher ce qui lui est dû; au-delà de ce terme, toute poursuite, vente, saisie, n'est qu'une vexation dont les tribunaux doivent le punir, en le condamnant, sur la demande du saisi, à des dommages-intérêts, 622.

« Au cas de l'art 622, disait la cour d'ORLÉANS, et si le saisissant n'a vendu que pour sa créance et celles des opposans connus alors, les deniers provenus de cette vente partielle ne doivent pas pouvoir être frappés de nouvelles oppositions; arrêtés dans leur exécution par une disposition de la loi, qui a voulu qu'il ne fût vendu que pour la créance qui donnait lieu à l'exécution, il serait injuste que de nouveaux créanciers, qui ne se présenteraient qu'après la discussion, vinssent partager le produit de cette exécution, et priver les exécutans du prix de leurs diligences; ces derniers créanciers doivent s'adresser au seul débiteur, et se venger sur ce que les premiers n'auront pas vendu. Ce que nous observons n'est que l'application des principes qui accordent au premier saisissant le privilége d'être le premier payé sur la chose saisie, lorsqu'il n'y a pas déconfiture; et il n'y a pas déconfiture quand le saisissant n'a vendu qu'une portion du mobilier de son débiteur. »

« Nous proposons, pour éviter controverse sur l'application du principe, d'ajouter à l'article: « le prix sera distribué entre les créanciers qui » auront fait vendre, suivant la date de leurs » saisie et oppositions, et sans pouvoir être ul- » térieurement à la vente frappé de nouvelles » oppositions. »

« L'art. autorise à vendre jusqu'à concurrence des créances et frais; mais s'il y a des opposans, une distribution est nécessaire: les frais doivent s'en prélever sur le produit de la vente ; il faut donc dire : « après paiement de créances et » frais de saisie-exécution, vente et distribu-» tion, si elle doit avoir lieu. »

Nous croyons que, quoique cette disposition n'ait point été ajoutée, il faut entendre l'article en ce sens.

§ III.

De l'adjudication.

Comme il importe beaucoup, pour apprécier le mérite des réclamations du saisi, de savoir s'il a été présent à la vente; le procès-verbal doit constater ce fait, 625.

Le Code a adopté le mode d'adjudication consacré auparavant par l'art. 17, tit. 33 de l'ordonnance, qui consiste à délivrer l'objet au plus offrant et dernier enchérisseur.

S'il ne paie pas comptant, l'effet est revendu sur-le-champ à sa folle enchère, c'est-à-dire, que tout ce que l'on trouve de moins à cette revente forcée est supporté par le premier adjudicataire.

La loi 15, § 3, *ff de re judicatâ*, permettait de délivrer les meubles aux créanciers en déduction de leurs créances, lorsqu'il ne se présentait pas d'enchérisseurs ; quoique le Code n'accorde pas positivement la même faculté, nous pensons qu'ils sont fondés à réclamer le même avantage ; car, à l'égard du saisi, cette imputation est de l'argent comptant.

La cour de Dijon demandait qu'on ajoutât à cet article « que les huissiers seront person-
» nellement garans et responsables du prix des
» effets qu'ils auraient délivrés à crédit. »

Quoique la loi ne se soit point expliquée, nous croyons que cela résulte de la disposition de l'article.

L'huissier ne doit pas s'adjuger à lui-même ; sa mission est de chercher au contraire à parvenir au plus haut prix, ce qui ne s'allie point avec la qualité d'acquéreur. C'est pour empêcher cet abus que l'art. 18, titre 33 de l'ordonnance, ordonnait aux huissiers de faire mention dans leurs procès-verbaux des noms et domicile des adjudicataires ; c'est pour faciliter les recherches et découvrir plus facilement les manœuvres des huissiers (1) qui se font adjuger sous le nom de personnes interposées.

____

(1) L'huissier Delaunoy, convaincu de pareilles manœuvres, fut condamné à neuf années de galères.

Cet article défendait aussi aux huissiers de recevoir aucune somme ni directement ni indirectement.

Le Code a fondu ces deux dispositions dans l'art. 625.

S'il y a beaucoup de choses à vendre, ou s'il se présente peu d'acheteurs, l'huissier peut, du consentement du saisi, continuer la vente au marché le plus prochain, en prononçant cette continuation publiquement et l'énonçant expressément dans son procès-verbal.

Après la vente, tout créancier du saisi a encore le droit de se rendre opposant et de venir à contribution dans la distribution du prix qui est versé dans les mains de l'huissier, et qui en demeure responsable.

La contribution entre les opposans est réglée ci-après par le chap. 11.

L'enchérisseur est-il tenu de prendre et de payer les meubles qui lui ont été adjugés ? Sur son refus, quelle action doit-on exercer contre lui ?

L'huissier procède ici comme commissaire de justice, il est pour les meubles ce que le juge est pour les immeubles; ainsi l'enchérisseur se lie envers la justice dans l'un comme dans l'autre cas; il nous paraît donc que le meuble doit être revendu à la folle enchère, et le premier acquéreur condamné, même *par corps,* à payer le déficit de son prix, sans pouvoir profiter de l'excédant, comme le prescrit l'art. 744 en *saisie immobiliaire.*

Qui doit supporter les frais de la saisie?

Lorsque la saisie est régulière, les frais doivent être supportés par le saisi, parce que son refus et le défaut de paiement ont occasionné ces poursuites.

Lorsque la saisie est déclarée nulle par défaut de titres ou de droit de la part du saisissant, il est juste qu'il en supporte les frais et quelquefois une indemnité convenable.

Lorsque la saisie est déclarée nulle par vice de forme et par la faute de l'huissier, le tribunal peut le condamner à en supporter les frais.

Les frais de la saisie ont été taxés par le tarif qui se trouve à la fin du troisième volume.

MODÈLES DE LA SAISIE-EXÉCUTION.

N°. 287.

Commandement.

L'an etc., en vertu d'un jugement rendu au tribunal civil d'Arbois, département du Jura, le 6 juin présent mois, dûment signifié ; à la requête du sieur Antoine-Joseph Sebile, propriétaire à Salins, pour lequel domicile est élu en la demeure du sieur Victor Loiseau, notaire impérial à Frasne ;

Je soussigné Antoine Savonet, huissier etc., etc., ai fait commandement, de par l'Empereur et justice, au sieur Etienne Pioton, fermier à Frasne, canton etc., y demeurant, parlant à sa femme, de présentement payer au sieur Sebile requérant, ou à moi huissier, porteur de titres, la somme de deux mille fr., pour les condamnations prononcées par le jugement ci-dessus énoncé, sans préjudice d'autres dus et intérêts, frais et mise d'exécution.

N'ayant point trouvé le sieur Pioton en son domicile, je l'ai regardé comme refusant de satisfaire au présent commandement ; en conséquence je lui ai déclaré, en parlant comme dessus, que le requérant se pourvoira, pour l'y contraindre, par toutes voies de droit ; et j'ai à ladite dame Pioton laissé copie du présent.

Signé SAVONET, *huissier.*

N°. 288.

Procès-verbal de saisie de meubles.

L'an etc., à la requête du sieur Antoine-Joseph Sebile, propriétaire à Salins, pour lequel domicile est élu en la demeure (*vid. sup.*), et qui a constitué par le présent M⁰. Demesmay, avoué près le tribunal civil de Pontarlier.

Je soussigné Antoine Savonet, huissier etc., ai fait itératif commandement, de par l'Empereur et justice, au sieur Etienne Pioton, fermier demeurant à Frasne, canton etc., parlant à sa femme, de présentement payer (*vid. sup, n°. 287.*)

Le sieur Pioton ayant refusé de payer ladite somme, je lui ai déclaré que j'allais à l'instant procéder à la saisie de ses meubles et effets ; en conséquence, assisté des sieurs N   et A·   (témoins), j'ai saisi et mis sous la main de justice les objets qui suivent :

1°. Dans une chambre au rez-de-chaussée, servant etc., ayant entrée etc. ; plus etc.

2°. Dans une pièce au premier étage etc.

(*Faire l'énumération détaillée des meubles trouvés saisissables dans chaque pièce occupée par le saisi.*)

Tous les meubles et effets ci-dessus décrits étant les seuls trouvés dans lesdits lieux, j'ai interpellé ledit sieur Pioton de me donner un gardien solvable et non suspect ; il m'a aussitôt présenté la personne du sieur Xavier Pelletier, propriétaire, lequel a déclaré se constituer volontairement gardien des objets saisis et ci-dessus détaillés.

Je lui ai en outre signifié que la vente de ces effets aurait lieu le   , suivant les formes voulues par la loi.

J'ai en outre laissé audit sieur Pioton saisi, et au sieur Pelletier gardien, parlant à leur personne, copie à chacun d'eux du procès-verbal de saisie, le tout fait et rédigé en présence des témoins ci-dessus nommés, et qui ont signé avec moi, tant l'original que les copies de mon procès-verbal.

Signé etc.

N°. 289.

Refus de porte.

L'an etc. (comme au n°. précédent), assisté (de deux témoins).

Après avoir frappé à diverses reprises sans que personne ait répondu, j'ai établi pour gardien aux portes, pour prévenir tout divertissement de meubles, le sieur Louis Sebord, propriétaire, que j'ai appelé à cet effet; je me suis ensuite retiré devant le juge de paix du canton, et l'ai requis de se rendre au domicile dudit Pioton, pour être présent à l'ouverture des portes et même à celle des meubles fermans, afin de procéder à la saisie. Ledit juge de paix s'étant rencontré sur-le-champ au domicile indiqué, j'ai fait ouvrir lesdits portes et meubles par des gens de l'art, et j'ai procédé à la description des meubles ainsi qu'il suit (Voyez le n°. précédent), toujours en la présence dudit juge de paix, et des témoins qui ont signé avec moi le présent procès-verbal.

N°. 290.

Opposition à la vente.

L'an etc., à la requête du sieur Jean-François Ali[x] notaire à Dompierre, je soussigné (huissier) ai décla[ré] au sieur Xavier Pelletier, établi à la garde des meuble[s] et effets saisis sur le sieur Etienne Pioton, à la requê[te] du sieur Sebile, par procès-verbal du   , parlant à [sa] personne, chez ledit Pioton à Frasne, que ledit sieur Ali[x] se rend opposant à la vente des meubles et effets saisis, v[u] qu'il est propriétaire de la maison occupée par le débite[ur] saisi, que plusieurs de ces meubles lui appartiennent, que ledit Pioton lui doit plusieurs années de loyers.

En conséquence, j'ai donné assignation au sieur Pelletier, gardien, en parlant comme dessus, de se rencontrer à l'audience du tribunal de Pontarlier, pour voir di[re] que les effets (ci-après détaillés) seront remis au requé[rant ; à quoi faire ledit gardien contraint, quoi faisa[nt] il sera déchargé etc.

Déclarant que Me. Lepin, avoué, occupera pour le[dit] Alix etc.

N°. 291.

Dénonciation au saisissant.

Voyez N°. 277.

N°. 292.

Opposition au prix de la vente.

L'an   , le etc., à la requête du sieur Alix, notaire impérial à Dompierre, pour lequel domicile est élu chez le sieur Courtois, géomètre à Frasne, je soussigné (huis- sier) ai déclaré au sieur Sebile, propriétaire à Salins, en son domicile élu chez le sieur Loiseau, notaire audit lieu de Frasne, en parlant au clerc dudit Loiseau, que le requérant est créancier du sieur Pioton d'une somme de 400 fr., pour loyers échus de la maison occupée par Pioton, et appartenant au requérant ; qu'en conséquence ce dernier s'oppose à toute distribution de deniers pro- venant de la vente des effets saisis sur ledit Pioton, et qu'il demande à être payé en premier ordre et par privilége du montant de ladite somme, avec inté- rêts et frais, protestant de nullité de tout ce qui sera fait au préjudice de la présente opposition, dont copie a été laissée en parlant comme dessus etc.

N°. 293.

Seconde ou plus ample saisie.

Voyez le N°. 288.

L'an   , le etc., à la requête du sieur L. Besan- cenet etc.

A l'instant s'est présenté le sieur Pelletier etc., lequel m'a dit que le   il a été procédé dans le domicile dudit sieur Pioton à une première saisie de ses meubles, effets, à la requête du sieur Sebile, propriétaire à Salins, par procès-verbal du   , dressé par Savonet, huissier qui l'a établi gardien, ainsi qu'il résulte de la copie de ce procès-verbal, qu'il nous a représentée.

En conséquence je n'ai pas procédé à la saisie, mais seulement au récolement des effets compris à la première saisie; et ayant reconnu que différens effets avaient été omis dans cette première saisie, je les ai mis sous main de la justice (*l'énumération de ces effets*). J'ai pour leur conservation, établi le sieur Pelletier, gardien de la première saisie, qui a déclaré s'en charger, et lui ai remis une copie du présent procès-verbal. Le tout présence des sieurs (témoins), lesquels ont signé avec moi tant l'original que la copie.

Nº. 294.

Dénonciation de cette seconde saisie.

Voyez les Nᵒˢ. 277 et 291.

Nº. 295.

Sommation de vendre.

L'an   , le

. A la requête du sieur L. Besancenet etc.

J'ai (l'huissier) sommé le sieur Sebile, propriétaire à Salins, en son domicile élu chez le sieur Loiseau notaire à Frasne, en parlant à   , de procéder dans le délai

délai de huitaine à la vente des effets saisis à sa requête
sur le sieur Pioton, par procès-verbal du

Je lui ai déclaré que faute de le faire, et ledit délai
passé, le requérant, créancier dudit sieur Pioton, et
opposant au prix de la vente, sera subrogé de plein
droit au lieu et place du saisissant, et fera en conséquence procéder aux récolement, enlèvement et vente
de ces effets.

Copie de la présente a été remise par moi au clerc
de Me.   , en parlant comme dessus.

Nota. Cette sommation doit ordinairement
être donnée dans le même acte que la plus
ample saisie.

N°. 296.

Placards.

VENTE PAR AUTORITÉ DE JUSTICE.

Le 1er. août 1807, à midi, sur la place de Sainte-
Benigne, à Pontarlier, il sera procédé à la vente, au
plus offrant et dernier enchérisseur, de meubles et effets
consistant en voiture etc., saisis à la requête etc.

Le tout sera payé comptant.

Nota. Même annonce dans les journaux.

N°. 297.

Procès-verbal d'apposition de placards.

L'an   , le (jour et heure), à la requête du sieur

Sebile, propriétaire, demeurant à Salins, pour lequel domicile est élu à Pontarlier en la demeure de M. Demesmay, je soussigné (huissier), pour parvenir à la vente ci-dessus annoncée, ai placardé et affiché aux lieux désignés un placard semblable à l'exemplaire ci-annexé; savoir: un sur la maison commune, etc.

En foi de quoi j'ai dressé le présent procès-verbal, dont copie a été remise par moi et signifiée au sieur Pioton, en parlant à etc.

No. 298.

Procès-verbal de récolement.

L'an　　, le　　, à la requête du sieur Sebile etc., pour lequel domicile est élu en la résidence etc.

Je soussigné (huissier) déclare m'être présenté en une maison sise à Frasne, canton etc.; j'y ai trouvé le sieur Xavier Pelletier établi gardien des effets saisis sur le sieur Pioton, fermier, locataire de la maison, par mon procès-verbal du　　. J'ai déclaré audit Pelletier que j'allais procéder au récolement desdits effets, même en l'absence du saisi non comparant, quoique dûment appelé; j'ai vérifié successivement tous les articles décrits dans mon procès-verbal de saisie, et le gardien me les a tous représentés, à l'exception d'un cheval qui a péri dans l'intervalle.

En conséquence, pour parvenir à la vente desdits effets, publiée et annoncée conformément à la loi, pour avoir lieu aujourd'hui à midi à Pontarlier, j'ai fait enlever et transporter lesdits effets dans le marché de Pontarlier, en déclarant audit sieur Pelletier qu'il demeure déchargé dès ce moment de la garde des objets, et lui ai laissé copie du présent acte de récolement, en parlant à sa personne.

Signé SAVONET, *huissier.*

Nº. 299.

Procès-verbal de la vente.

L'an, etc., à la requête du sieur Sebile etc., pour lequel domicile est élu, etc.

Je soussigné Antoine Savonet, huissier etc., après avoir fait récolement, par mon procès-verbal du   , des effets saisis sur le sieur Pioton, fermier à Frasne, avoir enlevé et fait transporter ces effets à Pontarlier, lieu où se tient le marché le plus voisin; procédé à la vente à l'heure indiquée par les affiches, après avoir sommé ledit Pioton d'être présent aux lieu et heure indiqués. Ce dernier n'ayant point comparu, ni personne pour lui, j'ai en son absence procédé à l'adjudication des effets, au plus offrant et dernier enchérisseur, ainsi qu'il suit :

1º. Une jument etc., adjugée à Jean Vuillaume, cultivateur à Frasne, pour 20 fr. qu'il a payés comptant, ci

2º. Une vache etc.

Et tous les meubles et effets compris aux procè   rbaux de saisie et de récolement ci-dessus ayant été   és par moi et payés par les acheteurs, j'ai clos mon présent procès-verbal, auquel j'ai vaqué depuis midi jusqu'à trois heures et demie.

Nota. Il est un nombre d'actes qui peuvent

avoir lieu dans la saisie - exécution , et don
nous ne pouvons donner ici des modèles ; mai
on en trouve des exemples dans quelques une
de nos précédentes formules.

CHAPITRE IX.

De la saisie-brandon.

§ Ier.

Préliminaires de la saisie-brandon.

Qu'est-ce que la saisie - brandon ?

C'est un acte extrajudiciaire par lequel u
créancier fait mettre sous la main de la justic
des fruits pendans par racines , appartenant
son débiteur , pour être gardés et vendus e
le saisissant être payé sur le prix.

On l'appelle saisie-*brandon* par la raison qu
pour faire connaître que les fruits sont séque
trés, on plantait sur l'héritage des pieux auxquel
on attachait de la paille ou un chiffon , comm
on plantait autrefois des plateaux à Rome su
les champs hypothéqués.

« Quand les héritages ou maisons étaient saisis à Rome, dit Loiseau, (act. hypot.; liv. 3, nº. 29) il fut permis *vela suspendere et titulos imponere, non quidem privatos, sed vela regia et titulos imperatoris. — L. 2. cod. ut nemo privatus titulos pr. imp.* »

« Aussi en France, poursuit-il, imitant le droit romain, nous n'avons jamais usé de brandons en hypothèques *conventionnelles*, mais aux gages de justice et *choses saisies ;* quand nous les voulons faire vendre par décret, on y met des *pannonceaux* aux armes du roi, qui sont des *petits pans, morceaux,* ou *lambeaux* de drap ou de linge. ».

« Les seigneurs censiers saisissant de leur propre autorité les héritages mouvant de leur directe, mirent avec leurs armes des marques qu'ils appelaient *brandons.* »

« Ces brandons sont différens, suivant les usages de chaque province : communément aux héritages des champs ce sont des pieux fichés dans terre au haut desquels on attache un morceau de linge ou de drap, un tortis d'herbe ou de paille, etc. »

Quels fruits peuvent être saisis ?

Tous les fruits naturels ou industriels pendans

par racines , comme les blés , les herbages, les légumes , les raisins , les fruits , etc.

Il s'était élevé une difficulté grave sous l'empire du Code civil ; l'art. 520 porte : « les » récoltes pendantes par racines et les fruits » des arbres non encore recueillis sont pareil- » lement immeubles. »

« Dès que les grains sont coupés et les fruits » détachés , quoique non enlevés , ils sont » meubles. »

De cette distinction on concluait avec quelque raison que les fruits pendans par racines étant *immeubles* , ne pouvaient plus être saisis.

Ainsi l'avait décidé la cour d'appel de Colmar par un arrêt sur requête ainsi conçue :

Pétition présentée à la cour d'appel de Colmar, le 4 messidor an 12 , de la part des héritiers de feu Philippe Opprederis de Strasbourg , dans laquelle ils exposent :

Qu'ils sont propriétaires d'un corps de biens, que les nommés Lamps et Kohler de Wolxheim tiennent à ferme , etc.

Que la cause contradictoirement liée en la cour , ne pouvant être décidée avant les récoltes prochaines , les seules ressources qui leur restent pour récupérer sur ces fermiers une partie seulement desdits biens, ils se trouvent forcés de recourir à l'autorité de la cour pour obtenir l'autorisation de faire saisir par *provision*, à leurs risques et périls, les récoltes et fruits des biens dont s'agit, après qu'ils seront devenus *meubles* par leur séparation du fond.

ARRÊT.

Considérant que les fruits en question ne sont pas encore séparés du fond ; qu'ils sont encore immeubles d'après l'art. 520 du Code civil ; qu'ainsi c'est *prématurément* que les exposans demandent à être autorisés à les faire saisir *mobiliairement ;* par ces motifs, la cour a ordonné qu'il sera mis néant, *quant à présent,* sur la pétition.

Fait à Colmar, en la cour d'appel ce 4 messidor an 12.

Nota. Le 20 thermidor suivant, cette même pétition a été représentée à la cour, avec l'amendement suivant : « que les fruits sont séparés du fonds. » Et la cour a fait droit sur la pétition et permis la saisie provisionnelle des fruits dont s'agit, attendu qu'ils sont séparés du fonds.

Le tribunal civil de Dijon avait décidé le contraire par jugement rapporté pag. 287, *tom. 2 de la Jurisprudence du Code civil.*

Le Code de procédure a levé la difficulté en décidant que les fruits pouvaient être saisis.

Ainsi il faut faire la même application de l'art. 520 du Code civil, qu'autrefois l'on faisait de l'art. 92 de la coutume de Paris, qui réputait déjà immeubles les fruits pendans par racines; ces articles n'ayant pour objet que de déterminer la nature des biens par rapport au *propriétaire,* ils ne sont applicables que lorsqu'il s'agit de décider à qui appartiennent ces fruits; par exemple, dans les débats qui s'élèvent entre le propriétaire et le fermier, les époux communs en biens et leurs héritiers, etc., et pour savoir qui doit rembourser les frais de semence, de labour et autres.

Hors ces différens cas, il faut regarder les fruits même pendans par les racines, comme des meubles, en conséquence convenir que la saisie-brandon est mobiliaire.

Il y a mieux d'après l'art. 688 du Code de procédure, qui laisse au débiteur jusqu'à la vente, la possession des *immeubles* saisis, on permet aux créanciers d'en distraire les fruits pendans par racines et de les faire couper et vendre dans l'intervalle.

En quel tems peut être faite la saisie mobiliaire ?

« Dans les six semaines (1), répond l'ar-
» ticle 626, qui précéderont l'époque ordinaire
» de la maturité des fruits. »

L'exécution de cet article a présenté beaucoup
de difficultés et donné lieu à plusieurs observations.

« Cet article, disait la cour d'Amiens, peut
donner lieu à bien des contestations, pour fixer
l'époque à laquelle la saisie-brandon peut être
faite. Notre règle qui autorisait la saisie des
fruits aussitôt qu'ils sont apparens, paraîtrait
devoir être préférée, et n'a présenté jusqu'ici
aucun inconvénient. Il faudrait d'ailleurs, dans
le sens du projet, faire autant de saisies particulières à raison de chaque nature de fruits
qui approchent successivement de leur maturité ; et ce sera un surcroît de frais qui peut
devenir accablant pour le débiteur. »

« L'huissier connaît-il, disait la cour de
Colmar, quelle est l'époque de la maturité de
chaque espèce de fruits ? Le cultivateur lui-
même peut-il avoir une certitude à cet égard ,

____

(1) La cour d'Orléans demandait : « dans les deux mois. »

lorsque la bonté ou l'intempérie de la saison peut hâter ou retarder cette maturité ? Il n'y a donc pas de point fixe depuis lequel on puisse partir pour calculer les six semaines qui doivent précéder la maturité, et conséquemment il n'y a point d'époque certaine à laquelle la saisie est permise ; et ce n'est véritablement que lorsque la maturité ou la récolte est présente, que l'on pourra s'assurer si la saisie a été faite *avant* ou *dans* les six semaines précédentes. »

« Un moyen de parer peut-être à cet inconvénient, serait d'astreindre l'huissier chargé de faire une pareille saisie, à prendre préalablement la déclaration de la mairie du lieu dans le finage duquel il doit saisir, contenant le détail des époques où chaque espèce de fruits se trouve en maturité dans le ban, *année commune ;* ou peut-être vaudrait-il mieux faire une disposition portant que chaque cour d'appel fixera, *une fois pour toutes,* incessamment après la publication du Code, les époques de l'année auxquelles chaque espèce de fruits en vert pourra être saisie dans son ressort, en réglant ces époques de manière qu'elles ne précèdent que de six semaines l'époque où communément chaque espèce de fruits se trouve en maturité dans le ressort : de cette manière l'huissier counaîtra le tems où il peut avoir la faculté de saisir. »

Les cours de Douai, de Metz, de Nancy et de Trèves demandaient qu'on fixât une époque.

Celle de Dijon pensait qu'on pouvait dire « qu'il ne sera procédé à la saisie-brandon d'aucun pré avant et après la dernière quinzaine de floréal ; des grains tels que le froment, le seigle, l'orge et l'avoine, avant et après la dernière quinzaine de prairial ; des vignes, avant et après la dernière quinzaine de thermidor ; et de tous autres fruits pendans par racines avant la dernière quinzaine de messidor ; et des fruits d'arbres et arbrisseaux, qu'avant que lesdits fruits ne soient noués. »

Celle de Riom disait avant le 1er. germinal pour les foins, le 1er. floréal pour les grains, le 1er. thermidor pour les vins.

Celle de Rouen demandait « que si le gouvernement ne fixait pas l'époque, chaque cour d'appel fût autorisée elle-même à le faire. »

De la variation qui existait entre les différentes cours à raison de la différence des climats et par suite de l'époque de maturité, on voit combien il était difficile de déterminer une époque précise ; aussi le Code a-t-il bien fait de dire : *dans les six semaines qui précéderont l'époque ordinaire de la maturité :* par-là on est rentré dans la demande des cours qui voulaient que chacune d'elles fixât l'époque de maturité, on ne peut pas dire suivant les communes, mais au moins suivant les départemens, car déjà la différence peut être notable.

On défend de saisir avant ces six semaines pour deux raisons, 1°. parce qu'il n'y a pas de danger alors que le débiteur enlève les fruits qui ne sont encore d'aucune valeur; 2°. qu'on consommerait en frais inutiles de garde les biens de ce débiteur.

La loi accorde un délai de six semaines, parce que ce tems est nécessaire pour remplir toutes les formalités qu'elle retrace pour la validité de la saisie.

Si la saisie était faite en contravention à cet article et avant les six semaines, serait-elle nulle ?

Nous pensons qu'elle ne serait pas nulle, que seulement le saisissant ne pourrait répéter les frais de garde antérieurs contre le saisi.

En vain objecterait-on que l'article emploie les termes prohibitifs *ne pourra*, que de tous les tems ils ont entraîné la nullité ; que si l'on ne prononce la peine de nullité , cette défense est absolument inutile.

Nous répondrons qu'aux termes de l'art. 1030 du Code , « aucun *exploit* ou acte ne peut être déclaré nul , si la nullité n'en est pas formellement prononcée par la loi (1). »

Dans ce cas l'huissier contrevenant pourrait seulement être condamné aux frais de garde antérieurs aux six semaines fixées par la loi.

§ II.

Des formalités de la saisie-brandon.

1re. *formalité.* « Faire un commandement avec un jour d'intervalle avant la saisie , » 626.

La loi exige un jour de plus que pour la saisie-exécution , parce que la saisie-brandon est encore plus rigoureuse.

2e. *formalité.* Dresser procès-verbal.

Ce procès - verbal étant destiné à constater

______

(1) La même question peut être faite sur la majeure partie des dispositions du Code. Nous donnerons toujours la même solution, sauf cependant à examiner, comme nous l'avons dit, toutes le sdispositions qui y donnent lieu , s'il nous reste assez d'espace à la fin de l'ouvrage.

l'identité de la pièce de terre saisie, et éviter toute équivoque sur ce point, l'huissier doit indiquer avec soin, « chaque pièce, sa contenance et sa situation, et deux au moins de ses tenans et aboutissans, et la nature des fruits », si c'est du blé, de l'orge, de l'avoine, ou des herbes artificielles, telles que du sain-foin, du trèfle, etc. 627.

« L'exécution de cette disposition est impossible, disoit la COUR D'AGEN, si l'on saisit les fruits d'un domaine entier, dans les pays surtout de petite culture : il devrait suffire d'indiquer le domaine, la quotité des grains ensemencés qui ont produit les saisies, et, si ce sont des vignes, bois ou prairies à - peu - près leur contenance et leur situation. »

« Lorsque de deux moyens par lesquels on peut atteindre le même but, ajoutait la COUR DE POITIERS, l'un est moins dispendieux que l'autre, c'est le premier qu'il faut suivre ; il suffit que l'huissier déclare au débiteur que le créancier saisit les fruits accrus sur les domaines dont le saisissant indiquéra convenablement la situation, la consistance. Il n'est pas nécessaire que l'huissier se transporte sur chaque pièce de terre, les mesure, les confronte ; ce sont des frais inutiles ; il suffit que la pièce de terre saisie soit désignée de manière à ne pas induire en erreur le saisi. »

« Cette marche est suivie dans les expropriations forcées, et depuis que la loi du 11 brumaire an 7, est en activité, cette disposition n'a donné lieu à aucune réclamation. »

Nous croyons que l'huissier n'est point obligé de se transporter sur les lieux pour les mesurer, les confronter ; mais on peut se conformer à la loi, à vue des titres, s'il y en a ; dans le cas contraire, il faudra bien trouver un moyen de s'assurer de la contenance, de la situation, etc.

3e, *formalité*. Etablissement d'un gardien.

On sent l'utilité de ce gardien ; il est préposé pour empêcher l'enlèvement des fruits saisis.

On ne peut choisir un meilleur gardien que celui qui est établi par la commune pour surveiller tous les fruits des habitans ; l'huissier doit le commettre, si toutefois il n'est pas *suspect*, comme parent ou allié (1) du saisi, parce qu'alors il se trouverait placé entre ses devoirs, et l'intérêt de sa famille, de ses parens ; ce qu'il faut éviter.

____

(1) Voy. art. 598.

« Si le saisissant marque plus de confiance dans une autre personne solvable qui voulût se charger de cette commission ; rien ne devrait s'opposer à ce qu'elle fût établie gardien , disait la cour de Turin. »

La disposition de la loi paraît impérative, et dans tous les cas où quelqu'intéressé conteste la nomination d'un autre que le garde-champêtre , nous croyons qu'on doit s'en tenir à celui-ci , à moins que le saisissant ne veuille en commettre encore un autre à ses frais, » ce qui arrivera dans tous les cas , disait la cour de Metz , où le saisissant aura des craintes sur le garde champêtre , et où il aura plus de confiance en une autre personne. »

La cour d'Agen disait, « de quoi sera responsable ce gardien ? de rien. Que devra-t-il ? rien. Si les fruits sont détériorés par sa négligence , où est sa solvabilité ? que faire contre lui ? Cette disposition est donc inutile. »

A supposer que tout recours en cas de malversation ou d'infidélité de sa part fût inutile, la disposition n'en serait pas moins juste , car elle est fondée sur la présomption que cet homme a la probité et la moralité qui conviennent à sa place de garde-champêtre , et qu'il conservera la chose qui lui est confiée particulièrement , au moins

avec

avec les mêmes soins qu'il apporte à celle de la commune.

S'il n'est pas présent à la saisie et à l'apposition des brandons, l'exploit de saisie lui est signifié ; «s'il est présent que fera-t-on , demandait la COUR DE DIJON ? Il faut donc dire qu'il lui sera donné copie de la saisie , et que mention en sera faite dans l'original. »

Nous le croyons ainsi.

Le maire de la commune de la situation des onds saisis , étant chargé de la police rurale, doit être averti de la saisie , pour qu'en cas de contestation il fasse respecter les ordres de a justice ; il doit aussi constater que l'huissier fait son devoir.

Sous ce double rapport , « il lui est laissé une opie de la saisie, et l'original est visé par ui. »

Pour éviter d'établir et de salarier autant de ardiens qu'il y a de fonds situés sur le territoire e différentes communes , un seul gardien est iabli pour toutes les communes, si elles sont ontigues ou voisines ; mais comme en ce cas e garde champêtre serait trop distrait de s fonctions pour veiller à tout, l'huissier doit conférer la charge de gardien à un autre individu (1).

Alors le *visa* doit être donné par le maire de la commune où est le chef-lieu de l'exploitation , et s'il n'y en a pas , par celui de la commune où est située la majeure partie des biens saisis , 628.

« Si le maire est absent, demandait la cour DE DIJON, faudra-t-il que l'huissier l'attende ou retourne pour obtenir le visa ? Il faut donc dire qu'en l'absence du maire, la copie sera laissée , et l'original visé par un des adjoints, ou par le juge de paix s'il réside en la commune. »

Quoique la loi ne se soit point exprimée, nous croyons qu'il faut procéder comme nous l'avons dit *p.* 122, 1er. *vol.*

La COUR DE POITIERS observait « que puisque la remise de l'exploit est le seul motif légitime d'une double copie , il fallait signifier plutôt au maire du domicile du saisi. »

Nous ne croyons pas que ce soit là le motif

______

(1) C'est sur l'observation de la cour D'AMIENS qu'on a ajouté au projet, « qu'en ce cas on nommerait un autre gardien que le garde champêtre. »

Il en sera de même lorsqu'il n'y aura pas de garde champêtre dans la commune.

qui oblige à signifier l'acte au maire ; voyez plutôt ceux que nous avons donnés ci-dessus sur cet article et qui justifient la disposition.

5ᵉ. *formalité.* Annoncer la vente dans les formes déjà prescrites par l'art. 617 et qu'il est inutile de retracer encore ici.

« Il paraît , disait la COUR DE METZ , que les auteurs du projet ont déterminé le mode de la vente comme préférable à celui qui était en usage , de faire récolte en grange , battre les grains et ensuite vendre le produit. Sous tous les rapports , ce nouveau mode est plus avantageux ; il épargne les frais très-considérables de gestion , et prévient les soustractions. »

« Il y a cependant des détails qui y sont négligés. S'agit-il des fruits d'un corps de ferme ? annoncer la vente en gros , c'est res- treindre le nombre des curieux ; car il est constant que ce ne sont que les personnes résidant sur les lieux qui seront disposées à acquérir ; celles qui sont éloignées se garderont bien de se présenter à cause des dépenses et des difficultés. Dans les villages , il y a au plus deux ou trois habitans en état de payer d'a- vance le prix d'une récolte abondante ; il est à craindre qu'ils ne se coalisent pour l'obtenir à vil prix. Le seul moyen d'empêcher cet abus, serait de permettre la vente par plusieurs lots dont le prix serait à la portée d'un plus grand nombre de curieux, quand les parties intéressées le requerraient. »

« Une autre considération encore à peser, c'est l'intérêt du propriétaire sur le fermier duquel on vend les fruits procédant des héritages laissés à bail. »

« L'usage général est de stipuler que le fermier laissera les pailles à son successeur ; elles sont spécialement destinées à former l'engrais pour les terres. Lors de la vente des fruits, il faudrait obliger l'adjudicataire d'engranger dans la maison de ferme, et, s'il n'y avait pas de maison, dans une grange louée, afin que le propriétaire fût à l'abri des soustractions et dilapidations. »

Ces réflexions sont extrêmement raisonnables ; et s'il n'y a pas une disposition à cet égard, c'est peut-être parce qu'on a pensé qu'elle était inutile, attendu qu'il n'y en avait aucune qui empêchât de les admettre : aussi pensons-nous qu'on doit s'y conformer.

« S'il s'agit d'une récolte de certaine importance, il serait désavantageux, observait la cour

D'ORLÉANS, de ne pas lui donner plus de publicité que le prescrit le projet ; il le serait de ne pas laisser un certain intervalle entre les publications et le moment de récolter. Une récolte extraordinaire et inattendue exige un local pour la contenir, ou des vaisseaux pour la préparer et la recevoir ; des provisions à réunir pour les ouvriers à y employer : il faut donc donner aux enchérisseurs le tems de s'assurer de locaux, de choses et d'hommes nécessaires à une exploitation extraordinaire ; beaucoup de personnes, sans ces ressources, seraient écartées du droit de concourir à l'adjudication : nous pensons que « toutes les fois que les fruits saisis » seront de nature et en quantité suffisante pour » qu'il y ait lieu de penser que l'adjudication » sera portée à 5oo fr. et au-dessus, la vente » devra être publiée par placards dans chaque » commune de la situation, aux deux dimanches » qui précéderont celui de l'adjudication. »

A la vérité la loi n'a point fait de distinction ; ais nous croyons cependant qu'elle l'a autoisée ; car en disant que la vente sera annoncée *uitaine au moins*, elle permet bien d'y mettre un plus long intervalle.

Pour avertir pleinement les cultivateurs de la qualité, de la quantité et de la situation des

fruits à vendre (1), les placards doivent désigner,

1°. Les noms et demeures (2) du saisi et du
saisissant.

2°. La quantité d'hectares (3) et la nature de
chaque espèce de fruit.

3°. La commune où ils sont situés, sans
autre désignation, car elle serait inutile, 630.

§ III.

Des formalités de la vente.

Les formalités ultérieures sont à-peu-près les
mêmes que dans le titre précédent ; par exemple,
l'apposition des placards est constatée par exploit (4), 631.

La vente est faite un jour de dimanche ou de
marché (5), 632.

---

(1) Voy. nos observations sur l'art. 617.

(2) La cour de Treves demandait qu'on ajoutât : *et profession,*

(3) La cour de Bordeaux pensait que cette formalité était d'une exécution trop difficile, et donnerait souvent lieu à l'empêchement de la
saisie, ou à des contestations sur sa validité.

Toute difficile qu'elle est, elle est indispensable à toutes les personnes
qui ne connaissent pas l'étendue au moins approximative des fonds ; et
par cette raison, elle a dû être maintenue.

(4) Voy. art. 619.

(5) Art. 617.

En quel endroit ?

La cour de Metz demandait « que ce fut toujours sur les lieux, parce que des étrangers se rendent rarement adjudicataires. »

Nous préférons la disposition qui a été admise, et qui laissant plus de latitude, donne au juge ou aux parties la faculté d'indiquer l'endroit qu'on croira le plus avantageux à la vente.

Ou sur les lieux ou sur la place de la commune où est située la majeure partie des objets saisis, ou au marché du lieu, ou, s'il n'y en a pas, au plus voisin.

L'adjudication des fruits, l'opposition des créanciers, la revendication des propriétaires, tout se règle d'après les principes exposés dans le chapitre précédent, 634.

La distribution du prix se fait d'après le mode (1) développé au chapitre 11 ci-après, 635.

« Qui achetera ? Personne, ou à bien vil prix, disait la cour d'Agen ; car qui voudra s'établir le spoliateur d'un propriétaire, et même

____

(1) Art. 579.

s'exposer quelquefois à se mettre aux prises avec des hommes violens, ou que le malheur et la misère peuvent rendre furieux ? »

Qu'arrivera-t-il s'il ne se présente pas d'enchérisseurs ?

Le saisissant n'a qu'un moyen, c'est de présenter requête au tribunal du lieu, pour se faire autoriser à faire la récolte lui-même, et la faire vendre après l'avoir rendue à sa destination naturelle et commerciale ; c'est-à-dire, après avoir fait battre les grains, pressurer le raisin, etc. Le saisi doit être assigné pour voir accorder cette autorisation.

Comme les frais de justice deviennent alors considérables, il peut confier au saisi le soin de la récolte, en cherchant des moyens de sûreté pour qu'il ne la détourne pas à son profit.

Lorsque le débiteur a vendu ses fruits avant la saisie-brandon, le premier acquéreur doit-il être provisoirement maintenu, s'il a un acte *authentique.*

L'affirmative a été jugée par la cour d'appel de Paris dans l'espèce suivante :

Peuchet achète des fruits pendans par racines.

La régie, comme créancière du vendeur, fait saisir et vendre ces fruits.

Peuchet veut les enlever, attendu que son titre a une date authentique, antérieure à la saisie-brandon.

Jugement du tribunal civil de Pontoise, qui déclare la saisie valable.

ARRÊT.

Attendu que Peuchet est acquéreur de la récolte en question par acte authentique antérieur à la *saisie-brandon* faite par la régie, et que son titre doit être provisoirement exécuté.

Dit qu'il a été mal jugé par le jugement sur référé du tribunal de Pontoise, le 2 messidor an 12, bien appelé, en ce que par ce jugement la régie a été autorisée par provision à faire la récolte dont il s'agit.

Emendant quant à ce, autorise provisoirement Peuchet à faire la récolte, à la charge, comme il l'a offert, de demeurer gardien judiciaire des foins récoltés.

Du 5 thermidor an 12.

Nota. Cet arrêt doit être encore suivi sous l'empire du Code de procédure.

La COUR DE TURIN observait « que le projet

n'indique pas si la saisie-brandon peut se faire sur une certaine espèce de fruits seulement, ou bien sur tous les fruits de quelque espèce qu'ils soient, existant dans le même fonds. »

« Si la saisie peut se borner à une espèce de fruits, alors il est évident que si le créancier saisit ceux de la première récolte, le pauvre débiteur doit être exposé au dommage de la dévastation des autres fruits de la deuxième et de la troisième récolte, lorsque l'adjudicataire des fruits saisis devra les recueillir : que si on suppose que la saisie doit se faire sur tous les fruits pendans par les racines dans le même bien fonds, alors il est indispensable de réformer cet article, en la partie qui fixe le délai de six semaines qui précéderont la maturité des fruits, avant lequel le projet défend l'exécution de cette saisie, ou bien on doit exprimer que les six semaines doivent précéder la maturité des fruits de la récolte la plus prochaine ; on connaît assez l'intervalle qu'il y a entre les trois récoltes des fruits de l'année ; sur quoi il est à remarquer que dans plusieurs pays, et notamment dans la vingt-septième division, l'on cultive dans le même sol, et les uns à côté des autres, les fruits de toutes les récoltes. »

« Le projet ne dit aucun mot de l'appréciation des fruits lorsqu'on procède à cette saisie , ce qui pourrait autoriser le créancier , par exemple , d'une somme de 200 francs , à faire saisir les fruits d'une terre dont la valeur pourra excéder 500 francs ; dans ce cas le débiteur n'aura d'autre ressource que de recouvrer l'excédant de sa dette ; mais il devra supporter tous les dommages de cette saisie pour les trois cinquièmes en sus de ce qu'il doit. Dans la saisie-exécution , on ne procède qu'à la vente d'une quantité d'objets suffisante pour le paiement de la créance et des frais : la nature de la chose suffit d'elle-même à prévenir que la vente n'excède le montant de la dette , quoique le défaut d'évaluation puisse porter l'huissier à saisir et à exposer aux enchères une quantité d'effets excédant de beaucoup l'objet de la poursuite : en ce cas le débiteur n'a qu'à supporter les plus forts frais de la saisie. »

« Mais dans la saisie-brandon, après que l'huissier y a compris tous les fruits d'un bien fonds, la vente d'iceux ne se fait pas en partie , mais en total ; ce qui démontre que le projet, tel qu'il est , entraîne l'inconvénient très-grave d'exposer le débiteur à être exproprié d'une partie des fruits de ses biens au-delà de l'objet de la poursuite , même pour tout l'excédant, selon le bon plaisir du poursuivant ou de l'huissier. »

« Cet inconvénient tient au système de la vente des fruits avant leur maturité, et on n'en pourrait prévenir les effets plus forts, qu'en adoptant la nécessité de faire précéder une évaluation, par voie d'experts, des fruits à saisir jusqu'au montant de la dette et des frais, par un calcul auquel on pourrait même donner la certitude la plus favorable au poursuivant. »

Sur la première partie de l'observation, nous voyons qu'effectivement, il pourra bien y avoir quelques inconvéniens, mais comme il n'était pas possible de les éviter, il a bien fallu admettre le moyen qui en offrait le moins. Du reste nous croyons que pour évaluer les six semaines on devra avoir égard à la maturité de chacun des fruits saisis.

Sur la deuxième partie de l'observation, la loi n'ayant point exigé d'estimation préalable, il n'y a pas lieu d'en faire une.

Et si la valeur des objets saisis, excède la créance, on se conformera à l'art. 622.

Tel est d'ailleurs le vœu de l'art. 634, en renvoyant au titre des *saisies-exécutions*.

« Pourra-t-on, en vertu de la nouvelle législation, demandait la cour d'AGEN, faire une saisie des fruits pendans par racines, établir un séquestre à leur conservation et perception, pour les faire vendre après qu'ils auront été recueillis ? »

« On doit dire que non , puisque non-seulement le Code n'en parle pas , mais qu'il paraît encore l'exclure. En effet, comment dans ce procès-verbal de saisie indiquera-t-on le jour de la vente conformément aux articles 595 et 613 ? »

« D'ailleurs cette exclusion de la saisie des fruits pendans par racines , semble résulter de l'article 520 du Code civil , qui donne à ces fruits la qualité d'immeubles. »

« C'est donc , à proprement parler , comme immeubles, que ce titre les prend , et c'est une espèce de saisie immobilière à laquelle on donne des formes différentes de celle des immeubles réels. »

« La disposition de ce titre paraît prise des coutumes de Paris et d'Orléans ; mais on aurait dû changer l'expression ; car la saisie-brandon, etc. »

Nous pensons effectivement avec la cour d'Agen , que le Code a eu en vue de s'écarter des dispositions du tit. 19 de l'ordonn., et qu'on ne peut plus établir séquestre pour vendre après récolte ; ce mode de vente était trop long et trop coûteux.

FORMULES.

Nº. 300.

Commandement.

Voy. le Nº. 287.

Nº. 301.

Procès-verbal de saisie.

L'an etc., à la requête du sieur Demat, libraire, maison commune à Bruxelles, pour lequel domicile est élu en la résidence de Mᵉ. Vinderplas, avoué à Malines.

Je soussigné (huissier à Malines), faute par le sieur Vanlove, cultivateur à Bellevue, d'avoir satisfait au commandement à lui signifié le   , et d'avoir payé les sommes y énoncées, me suis transporté sur une pièce de terre appartenant audit Vanlove, [située commune de   , lieu dit   , de la contenance de (le nombre d'hectares), tenant du côté du levant à   , du couchant à   , ensemencée en nature de bled, et j'ai saisi les fruits pendans par racines pour être vendus au jour qui sera indiqué par les affiches à apposer aux lieux désignés par la loi.

Je me suis ensuite transporté sur une autre pièce de terre appartenant audit sieur Vanlove etc. (comme en l'article précédent).

J'ai établi pour gardien à la présente saisie de fruits le sieur Vanberg, garde champêtre de la même commune, lequel m'a accompagné pour m'indiquer les pièces de terre ci-dessus, et s'est chargé de veiller à la conservation des fruits saisis jusqu'à la vente ; je lui ai en conséquence remis copie du présent procès-verbal.

N°. 302.

Placards et affiches.

VENTE PAR AUTORITÉ DE JUSTICE
DE FRUITS PENDANT PAR RACINES.

Saisis etc. (énoncer la quantité d'hectares, la nature des fruits, et enfin le nom des parties), etc.,

---

CHAPITRE X.

De la saisie d'une rente constituée sur particuliers.

Voici les observations préliminaires que présentaient sur ce titre plusieurs cours d'appel.

Celle de POITIERS observait que « tout ce titre et la procédure longue et coûteuse qu'il ordonne pouvaient être remplacés par un seul article. Il ne s'agit que d'ordonner que le créancier aura droit de faire saisir entre les mains du débiteur, tant le principal que les arrérages, et de faire citer le propriétaire pour se voir condamner à souffrir le transport de la totalité ou de portion de sa rente en faveur du saisissant, etc. »

Même observation de la COUR DE RENNES.

« Ce titre n'est bon que pour les rentes d'une valeur considérable, ajoutait la COUR DE ROUEN.

Il a cependant été maintenu avec très-peu de changemens.

Nous examinerons dans une *première* section ce qu'est la rente.

Dans une *seconde*, les formalités requises pour la saisir.

Dans une *troisième*, les formalités de la vente.

Ire. SECTION.

Qu'est-ce qu'une rente constituée?

« C'est un acte par lequel on stipule un intérêt
» moyennant un capital que le prêteur s'interdit
» d'exiger. » *Art.* 1909 *du Code civil* (1).

-----

(1) Nous ne parlons pas ici des rentes constituées sur l'état, le domaine, et les corps ou communautés ; elles sont réglées par des lois particulières.

Cette

« Cette rente peut être constituée de deux ma-
ières ; en perpétuel ou en viager. » *Art.* 1910.

Autrefois les rentes constituées étaient dans
lusieurs cas, ou dans plusieurs provinces, consi-
érées comme des immeubles, à raison de leur
mportance ou de leur grande valeur.

Dans ces pays, en assimilant les rentes aux
immeubles pour leur aliénation volontaire, il
tait conséquent de les soumettre au même mode
e vente forcée ou de saisie judiciaire ; aussi
ppliquait-on aux rentes les formalités des criées
u des saisies réelles.

« Nous n'avons pu trouver les élémens du
ode spécial de ce quatrième mode d'exécution
ans l'ancien ordre de choses. Alors toutes les
entes foncières et quelques autres espèces de
entes étant réputées immeubles, étaient, pour
a saisie ou la vente, soumises aux longues et
ispendieuses formalités des décrets. »

« Pour la saisie et la vente des rentes sur le roi,
ui étaient réputées mobiliaires, on avait établi
es règles plus simples ; mais ces règles, établies
ur des bases et des données qui ne subsistent
lus, étaient d'ailleurs encore éloignées du
egré de simplicité dont cette matière est suscep-
ible ; ajoutons qu'elles ne régissaient point les
utres rentes constituées réputées mobiliaires et

qui étaient soumises par la saisie et la vente, à autant de formalités différentes qu'il y avait de cours souveraines et de coutumes générales ou particulières. » (M. Réal.)

Le Code civil a rendu les rentes constituées à leur domaine naturel, il les a toutes mobilisées. « Sont aussi *meubles* par la détermination de » la loi *les rentes perpétuelles ou viagères*, soit » sur la république, soit sur des particuliers. Art. 529.

La rente étant déclarée meuble par cet article, et touchant à l'immeuble par son importance, se trouve placée dans une classe moyenne, entre le meuble et l'immeuble. La poursuite organisée pour parvenir à cette vente, doit donc participer beaucoup de celle organisée pour l saisie-arrêt, et de celle organisée pour la saisi immobilière.

Peut-on saisir une rente viagère?

Il est des rentes *viagères* qui ne prennent c nom que parce qu'elles cessent à la mort d créancier : ces rentes sont saisissables comme le rentes perpétuelles.

Il est des rentes qu'on appelle viagères, parc qu'elles constituent une pension alimentaire à profit d'un malheureux ; il faut leur appliqu

la dernière disposition de l'art. 581 , et les déclarer insaisissables.

Plus sévère que dans les saisies précédentes
la loi exige un titre *authentique* et *exécutoire* (1)
pour saisir.

IIe. SECTION.

Des formalités de la saisie des rentes :

§ Ier.

1re. *formalité*. Faire commandement au débiteur du saisissant.

Comme ce débiteur est celui que l'on doit
constituer en demeure, puisque c'est son refus
de payer qui autorise ou nécessite les poursuites
et qui le rend passible des frais ; le commandement doit être fait à sa personne ou à son domicile, et contenir notification du titre, si elle n'a
déjà été faite, 636.

2e. *formalité*. Désigner clairement dans l'exploit, outre les formalités ordinaires pour ces

---

(1) Le titre authentique est défini par l'art. 1317 du Code civil. Il
est exécutoire lorsqu'il est revêtu de la formule qui le déclare tel. Un
jugement a toujours ce double caractère.

sortes d'actes, la rente saisie, le titre du saisissant et le débiteur saisi.

1°. La rente saisie doit être désignée par sa
quotité et son capital ; il faut spécifier, par
exemple, qu'elle est de 500 francs et que son capital est de 2000 fr. (1).

2°. Le titre de créance du saisissant (2) doit

____

(1) Il serait même utile de désigner, s'il est possible, la quantité des
arrérages déjà *échus*.

(2) Cette formalité n'est cependant pas toujours d'une exécution
facile.

« Nous ne pensons pas qu'on puisse exiger du saisissant l'énonciation du titre constitutif de la rente, disait la COUR DE ROUEN ; car
il peut ignorer la date, le lieu de la passation d'un titre constitutif de
la rente, qui n'est peut-être pas dans ses mains : il suffit qu'il énonce
la quotité et le capital, et que la rente existe et soit due réellement par
le saisi. »

« Comment, si c'est une rente foncière, énoncera-t-on le capital !
demandait la COUR D'AGEN. »

« Si le saisissant ne connaissait ni le titre ni le capital de la rente,
disait la COUR DE DOUAI, ne pourrait-il pas toujours la saisir provisoirement, avec interpellation au saisi d'en faire la déclaration, à laquelle
celui-ci serait tenu, comme pour la saisie-arrêt, dont il est parlé au
titre 7 ? »

La date, le lieu où a été passé l'acte, ne font point partie nécessaire
de l'énonciation exigée. Ainsi, quand on ne pourra satisfaire à cette
formalité, on sera bien obligé de s'en dispenser, la loi ne l'exigeant
sans doute que pour les cas où elle est possible.

Quant à l'observation de la COUR DE DOUAI, nous ne voyons aucun inconvénient de l'adopter ; la loi, du moins ne nous paraît pas s'y
opposer.

être indiqué pour que son débiteur puisse l'apprécier et se disposer à l'attaquer ou à s'y soumettre.

5°. Les noms, profession et demeure de la partie saisie, pour que l'on vérifie si elle est réellement créancière de la rente.

Il faut, dans le même exploit, élire domicile chez un avoué près le tribunal (1) devant lequel la vente est poursuivie, et assigner en même tems le tiers saisi, c'est-à-dire, le débiteur de la rente devant le même tribunal, pour déclarer s'il n'a aucune exception de paiement, ou de compensation à opposer, et s'il se reconnaît encore débiteur de la rente.

Toutes ces formalités nécessaires ont été exigées dans le même exploit pour éviter les frais.

« Le tout (2) à *peine de nullité* », 637.

La peine de nullité se borne-t-elle à cet article, ou doit-on l'étendre au commandement préalable prescrit par l'art. 636 ?

---

(1) En thèse générale, ce tribunal est celui dans l'arrondissement duquel le créancier de la rente est domicilié. Voy. art. 570.

Le saisissant est tenu d'élire un avoué pour procurer au saisi plus de facilité de faire des offres réelles et de faire cesser les poursuites.

(2) Voy. l'art. 654.

La place qu'occupe cette disposition pénale, semble ne la rendre applicable qu'aux formalités prescrites par l'art. 637.

Le mot TOUT, qui paraît embrasser tout ce qui précède, ne s'étend pas au-delà des conditions imposées par l'article : ce qui le prouve d'ailleurs suffisamment, c'est que les art. 583 et 626 qui prescrivent la même formalité et exigent un commandement préalable, ne prononcent point la peine de nullité.

On nous demandera sans doute, si cette peine n'est point prononcée, que deviennent les formalités exigées? pourquoi obliger de faire un commandement qu'on peut se dispenser de donner sans encourir de peine?

Nous avons déjà eu plusieurs fois occasion de répondre à cette question qui se représente presque à chaque disposition du Code, et qui embarrassera sans doute beaucoup les tribunaux.

§ I I.

Que doit faire le débiteur de la rente saisie?

Il doit faire la déclaration de ce qu'il doit, de ce qu'il a payé, à quel titre, pour quelle cause, en déposer les preuves au greffe; se conformer, en un mot, aux règles tracées par les art. 570 et suiv. du Code.

Et, faute par lui d'avoir rempli ces formalités, il peut être condamné à servir la rente au saisissant, et même à des dommages-intérêts et frais occasionnés par son retard, 638.

La punition est ici plus sévère que dans le cas d'une simple saisie-arrêt, parce que le silence du débiteur de la rente peut occasionner des frais inutiles d'affiches, de placards, d'insertions, de publications, etc., et puisqu'il est l'auteur de ces frais, il doit les supporter.

Où doit être faite la saisie, si le débiteur de la rente demeure hors de la France?

S'il est sur le continent, il faut lui signifier à personne ou domicile; la loi ajoute que la *citation* ne pourra cependant être donnée que dans les délais prescrits par l'art. 73.

Ce mot *citation* a donné lieu à l'observation suivante de la COUR D'ORLÉANS:

« La saisie de rentes, au cas de l'art. 639, ne nécessite, non plus que celle au cas de l'art. 637, de citation : qu'ont donc voulu dire les rédacteurs en prescrivant d'observer pour les citations les délais fixés par l'art. 73? Le débiteur de la rente est étranger à la poursuite de la vente, et ne doit pas y être appelé ; le débiteur de la créance pour raison de laquelle la saisie a lieu ,

ne doit être appelé que pour être présent aux publications, et par la dénonciation prévue par
l'art. 641. »

La loi entend parler ici de la citation ou
de l'assignation en déclaration dont il est question dans les articles 568 et 570.

Il se présente ici une question de droit public
assez importante ; le sujet d'une autre nation
peut-il être saisi et assigné en déclaration,
comme un Français qui résiderait à l'étranger?

Cette question s'applique à la saisie-arrêt
comme à la saisie de rente constituée. Pour
être traitée selon son importance, elle exige-
rait de longs développemens dont cet ouvrage
n'est pas susceptible.

Nous nous contenterons d'énoncer que cette
voie est praticable, chaque fois que les statuts
en vigueur chez cette nation ne le défendent
pas.

Celui qui saisit la rente est censé, à plus
forte raison, saisir les arrérages échus et à
échoir jusqu'à la distribution, 640.

Le débiteur de la rente peut opposer au saisissant les mêmes exceptions, les mêmes moyens
qu'il aurait proposés contre le créancier originaire ; le saisissant ne se trouve qu'au lieu et
place de ce dernier ; il le représente, et ne

peut, en conséquence, exercer des droits plus étendus.

§ III.

Que doit faire le saisissant vis-à-vis de la partie saisie ?

Ici comme dans le cas et pour les raisons que nous avons exprimées sur l'art. 563, le saisissant doit dénoncer la saisie à son débiteur, et lui notifier le jour de la première publication, à peine de nullité.

C'est un principe général reçu en pratique, que l'on ne peut diriger des poursuites contre un individu sans lui en donner officiellement ou extrajudiciairement connaissance, afin qu'il examine s'il lui importe de souscrire ou de s'opposer à la demande du poursuivant.

Dans quel délai doit être faite cette dénonciation ?

Dans le délai de trois jours, et l'augmentation ordinaire d'un jour par trois myriamètres de distance entre le domicile du débiteur de la rente et celui du saisissant, et pareil délai proportionné à la distance entre le domicile du saisissant et celui du saisi.

Exemple : mon débiteur demeure à Besançon,

et celui qui lui doit une rente habite Dôle;
je compte trois jours et la distance de Paris
à Dôle, et pareil délai avec la distance d'ici
à Besançon; j'ajoute ce dernier délai au premier et le total me procure le nombre de jours
à compter pour la dénonciation. *Voy.* aussi
l'art. 1033.

Il faut observer que la peine de nullité prononcée dans l'art. 641., s'applique non-seulement au défaut de dénonciation, mais au faux
calcul du délai légal.

Ainsi une dénonciation faite en forme, mais
après le double délai de l'article, serait absolument nulle.

A raison des retards qu'entraînent la communication avec les pays étrangers, l'intermédiaire
du ministère (1) public, et le trajet des mers,
lorsque le débiteur de la rente est domicilié
hors du continent de l'empire, soit en Europe,
soit dans les îles françaises, le délai pour la dénonciation ne court que du jour de l'échéance
de la citation au saisi, 641.

-----

(1) Le débiteur de la rente doit bien être saisi à personne et domicile, mais l'exploit doit lui être adressé par la voie du procureur
impérial.

IIIe. SECTION.

Vente de la rente constituée.

Jusqu'ici les formalités prescrites pour saisir une rente constituée, ont beaucoup d'analogie avec celles que le Code exige pour saisir les effets mobiliers.

Désormais il exige les mêmes formes pour l'adjudication de la rente que pour celle d'un immeuble.

§ Ier. *Formalités.*

Quinzaine après la dénonciation prescrite par les art. 641 et 642, déposer au greffe le cahier des charges.

Le cahier des *charges* est une énumération détaillée et circonstanciée des qualités des parties et des conditions de la vente ; il est déposé au greffe du tribunal, pour que le public puisse facilement en prendre communication.

Pour que les acquéreurs ne puissent être induits en erreur sur la rente proposée en vente, puisque d'ailleurs on ne peut leur montrer le titre de créance qui est dans les mains de la

partie saisie , et qu'elle ne veut sûrement pas l
communiquer ; on y supplée autant que pos
sible en indiquant dans le cahier des charges.

1°. Les noms , profession et demeure d
saisissant.

2°. Ceux de la partie saisie ;

3°. Ceux du débiteur de la rente ;

4°. La nature de la rente (1), sa quotité (2)
celle du capital ;

5°. La date et l'énonciation du titre en vert
duquel elle est constituée (3) ;

6°. L'énonciation de l'inscription , si le titr
contient hypothèque, et si on l'a prise pou
sûreté de la rente (4) ;

7°. Les noms et demeure de l'avoué (5) d
poursuivant ;

____

(1) Si elle est viagère ou perpétuelle.

(2) C'est-à-dire, combien elle produit d'intérêts.
Il convient d'ajouter à quel taux sont ces intérêts.

(3) Si c'est un acte notarié ou un jugement , et leur date.

(4) Ordinairement celui qui prête son argent, ou qui l'aliène p
un intérêt annuel, exige une hypothèque de la part de l'emprunte
ou du débiteur ; le créancier prend inscription. Il faut, en ceb
l'énoncer au cahier des charges.

(5) Cet avoué est présumé connaître la valeur de la rente , et pe
donner des renseignemens.

8°. Les conditions de l'adjudication et la mise à prix.

Il paraît conforme à la justice que le saisissant soit tenu d'énoncer dans l'enchère, le titre en vertu duquel la saisie a été faite, et qu'il la notifie aux créanciers inscrits.

Cette formalité n'étant point exigée, et ne nous paraissant pas d'ailleurs nécessaire, il est inutile de l'employer.

La cour de Nîmes, de son côté, disait « qu'il serait à desirer que la loi fixât un *minimum* de la mise à prix de la rente, comme le tiers ou le quart de son capital. »

Comme la loi n'a aucune disposition limitative à cet égard, la mise à prix est absolument arbitraire.

§ II.

Moyens de publicité.

Quels sont les moyens de publicité requis pour l'aliénation de rente ?

1er. *moyen.* Faire une première publication de la vente à l'audience du tribunal de la partie saisie.

2e. *moyen.* Remettre au greffier extrait du cahier des charges, pour qu'il l'insère dans un tableau placé à cet effet dans l'auditoire du tribunal.

Faire placarder cet extrait aux principaux lieux publics, et aux domiciles des débiteurs, c'est-à-dire,

A la porte de la maison de la partie saisie,

A celle du débiteur de la rente,

A la principale porte du tribunal,

A la principale place du lieu où se poursuit la vente, 645.

La cour du Turin demandait qu'on indiquât les jours de marché ou de dimanche pour placarder.

Si la loi ne l'a point ordonné, c'est parce qu'il eût fallu souvent attendre le dimanche ou le marché, ce qui eût retardé toutes les opérations, et que d'ailleurs les affiches devant être placées huitaine avant la remise du cahier, elles passeront nécessairement sur le dimanche ou le marché.

3e. *moyen.* Insérer cet extrait dans un des journaux périodiques de la même ville, ou s'il n'y en a pas, du même département (1), 646.

____

(1) Les cours d'Agen, d'Amiens et d'Orléans, se sont élevées contre ce mode de publication, par le motif qu'il serait inutile dans la plus grande partie de la France où il n'existe pas de journaux, et que là où il serait praticable, il donnerait souvent une publicité trop

Ces extrait, placard et annonce sont faits dans la forme indiquée par *les art.* 682 *et suivans du tit.* 12 (1), 647.

4e. *moyen.* Faire une seconde publication, huitaine après la première, et adjuger s'il est possible, sauf un nouveau délai qui sera arbitré par le tribunal, 648.

5e. *moyen.* Faire une troisième publication avant la vente, 649.

6e. *moyen.* Afficher de nouveaux placards et insérer de nouvelles annonces dans les journaux, trois jours avant l'adjudication définitive, 650.

Toutes ces précautions et formalités tendent au même but ; celui de la publicité, et celui d'appeler des enchérisseurs pour que la chose soit vendue à sa valeur.

étendue qui peut compromettre le crédit du débiteur ; qu'il donnerait lieu à une augmentation de frais, et qu'il suffit que l'enchère soit indiquée dans le lieu où se poursuit la vente.

(1) Cette disposition répond à l'observation de la COUR DE RENNES, qui disait « que les affiches doivent contenir l'indication du jour de l'audience, et le délai doit en être fixé à compter du jour des affiches. »

§ III.

Adjudication de la rente.

Les enchères sont reçues par le ministère d'avoués, pour prévenir l'insolvabilité des enchérisseurs, 651.

Contre cet article, la COUR DE TURIN faisait les observations suivantes :

« Dans le système présenté par cet article, il faut de nécessité que le particulier qui veut se rendre enchérisseur, en donnant la commission à l'avoué, lui indique le *maximum* de son offre, pour qu'il sache se régler dans les enchères. »

« Or, il nous paraît dangereux d'exiger que tout enchérisseur ait à confier à son avoué, même avant l'ouverture des enchères, le *maximum* de l'offre qu'il pourra faire pour son compte : car on enlève par-là au débiteur les chances heureuses qui peuvent naître de la chaleur de la licitation, si l'enchérisseur paraît en personne, et s'il peut, sans intermédiaire et de suite, exprimer lui-même ses offres. »

« L'expérience n'a que trop montré combien de procès ont pris leur source des commissions données pour enchérir ; quelquefois l'on nie, ou l'on dit qu'elles ont été révoquées ; d'autres fois l'on reproche d'avoir excédé les pouvoirs. »

« C'est pour prévenir ces inconvéniens, que les avoués se trouveront dans la nécessité de se prémunir d'un mandat spécial pour l'enchère, avec indication du *maximum* de l'offre ; autrement ils s'exposeraient au risque de se trouver adjudicataires en leur propre et privé nom. »

« Il résultera de là que l'intention de chaque enchérisseur devra être manifestée aux personnes qui ont rédigé le mandat et qui y ont assisté en qualité de témoins. »

« Pour le bien des enchères, il serait même à desirer, s'il était possible, que les enchérisseurs ne se connussent pas entre eux : les liaisons de corporation qui existent entre les avoués, peuvent être très-préjudiciables au débiteur. »

« Nous estimons donc que cet article doit être réformé, et que le Code de procédure doit maintenir le principe d'admettre toute personne qui se présente à enchérir, soit pour son compte, soit pour compte d'autrui, (sauf les exceptions portées à l'art. 713 des saisies immobiliaires) pourvu cependant que cett personne soit connue du juge devant qui les enchères se font, ou si elle ne l'est pas, qu'elle

se fasse connaître par le moyen de deux personnes connues du même juge ; et l'on pourrait
même, pour plus grande précaution, infliger
la peine d'un court emprisonnement au dernier
enchérisseur qui ne se trouverait pas en état
de payer le prix contenu dans son offre. ».

L'article, malgré la force de cette observation, n'en a pas moins été maintenu , par le
motif sans doute qu'indiquer le remède au mal
n'était point l'empêcher ; il faut qu'une adjudication soit sûre, et qu'on ne puisse s'en jouer
impunément, comme le ferait si facilement un
particulier.

Au surplus les formalités prescrites par les
art. 714 et suivans pour les saisies immobiliaires , sont observées pour la rédaction du
jugement d'adjudication , l'acquit des conditions
et du prix, et la revente sur folle enchère;
mais non *à peine de nullité ;* cette peine n'est
point comprise dans l'art. 717 , ci-après, 652.

« On pourrait dispenser les petits objets de
toutes les publications , disait la COUR DE NANCY,
une seule devrait suffire ; et toutes ces formalités
rûineuses ne devraient être exigées que pour les
rentes de 300 liv. et au-dessus. »

Nous avons déjà eu occasion de faire la même
remarque au commencement de ce chapitre;

mais comme la loi n'a fait aucune distinction pour les rentes de mince valeur, il faut, pour celles-là comme pour les autres, procéder de la même manière.

« Le mode de réception des enchères n'est pas prescrit, disait la COUR D'ORLÉANS, les feux entraînent des longueurs, mais ils laissent aux réflexions un tems utile ; on regarde comme avantageux ce mode. »

Par cela qu'on n'a rien prescrit de particulier pour les enchères, et que les art. 647 et 652 ne envoyent pas pour ce point au titre *de la saisie immobiliaire*, art. 707 et 708, nous estimons que pour l'adjudication des rentes, il n'y a pas besoin de feux ni de bougies.

Pour éviter les frais d'une double poursuite, si la rente est saisie par deux créanciers ayant des intérêts distincts la loi veut qu'il n'y ait qu'une poursuite, et pour éviter des débats entre les avoués de chaque créancier elle accorde la préférence, 1°. au premier qui a dénoncé la saisie ; 2°. s'ils l'ont dénoncée en même tems, au porteur du titre le plus ancien ; 3°. si les titres sont de la même date, à l'avoué le plus ancien, 653.

Cette règle doit être observée s'il y a plusieurs avoués saisissans.

« Si la rente a été saisie par deux créanciers, disait la cour de Turin, la poursuite doit appartenir à celui qui se trouve plus avancé dans la procédure ; si tous les deux se trouvent dans le même état, c'est l'antériorité du titre en vertu duquel la saisie a été faite qui doit décider de la préférence ; et dans le cas que les titres exécutoires aient la même date, la poursuite devrait appartenir au créancier de la somme majeure ; lorsqu'enfin les créanciers se trouvent dans le même état sous tous les rapports ci-devant indiqués, le tribunal y statuera sur la question de préférence ainsi que de droit, sommairement et sans appel. »

Le mode de préférence adopté par le Code, est assez raisonnable pour qu'on ne regrette point celui que proposait la cour de Turin.

§ IV.

Nullités.

Quand doivent être proposés les moyens de nullité ?

Avant l'adjudication préparatoire prescrite par l'art. 648.

Sous le régime de la loi du 11 brumaire an 7,

souvent la partie saisie ou expropriée, connaissant dès le principe une nullité dans la procédure, attendait l'instant de la vente pour la proposer, et faisait ainsi manquer l'adjudication.

La sage précaution ordonnée par l'art. 654, écartera ces abus et donnera plus de crédit aux adjudications judiciaires annoncées.

On sent que cette précaution ne peut être employée contre les vices ultérieurs de la procédure, c'est-à-dire, contre les nullités qui infecteraient les actes prescrits par les art. 650 et suiv.

« Le principe qui a dicté la première partie de cet article, disait la cour DE TURIN, devrait recevoir aussi son application à la dernière; savoir, que le saisi ne puisse proposer les moyens de nullité contre les procédures postérieures à l'adjudication préparatoire, qu'avant l'adjudication définitive. »

« Il faut sans doute fixer un délai dans lequel ces questions de nullité doivent être décidées, afin d'éviter les retards, et sur-tout pour assurer à l'adjudication définitive son exécution contre toute crainte de ces contestations de nullité. »

Il eût peut-être été à desirer qu'on se prononçât sur le point de savoir si les nullités

postérieures à l'adjudication préparatoire de-
vaient nécessairement être proposées avant l'ad-
judicat'on définitive, et en cas de négative, pendant quel délai elles pouvaient l'être , ainsi que
celles qui pouvaient se trouver dans l'adjudication même.

Mais comme on ne l'a pas fait , nous croyons
qu'il n'y a aucune limitation , et qu'ici on rentre
dans les règles ordinaires.

§ V.

Distribution du prix.

Nous verrons dans le chapitre suivant comment doit être faite cette distribution.

Comme les lois ne doivent pas avoir d'effet
rétroactif , et anéantir des *droits acquis* à des
créanciers légitimes, antérieurs au nouveau système hypothécaire établi en brumaire an 7 :
ces créanciers peuvent encore aujourd'hui faire
valoir leurs privilèges sur le prix des rentes
adjugées , 655.

« La loi du 29 décembre 1790 déclara les
rentes rachetables , disait la COUR D'AGEN ; dès-
lors elles ne purent plus être frappées d'hypothèque. »

« L'art. 7 de la loi du 11 brumaire an 7 , dit
qu'à l'avenir elles ne pourront plus être frappées

d'hypothèque ; mais l'art. 42 maintient les hypothèques acquises , si l'on prend inscription dans le délai prescrit. Ainsi , l'article devrait expliquer si l'on entend parler des hypothèques sur les rentes antérieures à la loi du 11 brumaire an 7 , ou si ces hypothèques n'auront d'effet qu'autant qu'il y aura eu inscription , conformément à l'art. 42 et à l'art. 2146 du Code civil. »

La cour d'Orléans ajoutait : « l'article porte que la distribution du prix des rentes se fera par contribution , sans préjudice des hypothèques établies avant la loi de mobilisation. Deux réflexions naissent de cet article ; la première est que pour qu'il y ait lieu à la contribution , il faut qu'il existe plusieurs opposans , et le projet n'a pas du tout indiqué comment ni en quelles mains se formeraient les oppositions à ce genre de saisie. Les simples opposans , entre les mains du débiteur de la rente , au paiement des arrérages seront-ils considérés comme opposans à la saisie ? Mais, comment les connaître ? Le projet n'impose pas au débiteur de la rente l'obligation de dénoncer ces oppositions. »

« La seconde est relative aux hypothèques. Dès le moment où les rentes ont été mobilisées , l'hypothèque qui les frappait a disparu ; la loi du mois de brumaire an 7, qui, pour la conservation d'une hypothèque, a astreint à prendre une inscription, n'a pas entendu assujettir à cette forme le créancier sur rentes, quand la rente se transmettait par un contrat qui n'était pas assujetti à l'authenticité, et qui ne pouvait ni ne devait, pour sa perfection et pour la saisine, recevoir la forme de la transcription. Ce titre est donc incomplet, et l'article 655 vicieux. »

Pour donner plus de clarté à l'article, autant que pour remédier à l'inconvénient, on a changé le projet qui portait : « sans préjudice des hypothèques établies antérieurement à la loi qui a déclaré que les rentes n'en étaient pas susceptibles, » et l'on a dit : « sans préjudice des hypothèques établies antérieurement à la loi du 11 brumaire an 7. »

FORMULES.

N°. 303.

Commandement.

Voyez le N°. 287.

N°. 304.

Exploit de saisie.

L'an etc., à la requête du sieur Parrod, rentier, demeurant à Saint-Fargeau, département de l'Yonne, pour lequel domicile est élu en la résidence de Me. François, notaire, rue Guénégaud, n°. 17, à Paris.

Je soussigné (huissier), faute par le sieur Colas, épicier, rue Saint-Honoré, à Paris, d'avoir acquitté la somme de 2400 fr. par lui due en vertu d'un jugement du tribunal civil de Paris, en date du   , ai saisi entre les mains du sieur Rameau, receveur de rentes, rue des Mathurins, à Paris, la rente qui est due audit Colas par le sieur C. Roux, pâtissier, rue des Juifs, à Paris, au capital de 3000 fr., payable par semestre, aux intérêts annuels de 150 fr.

Et à l'instant j'ai donné audit Rameau assignation à comparaître devant le tribunal de première instance de Paris le   , pour faire sa déclaration aux termes de la loi, et l'ai requis de ne se dessaisir du capital ni des intérêts échus et à écheoir, jusqu'à ce qu'il en ait été autrement par justice ordonné.

N°. 305.

Dénonciation de cet exploit à la partie saisie.

Voyez les Nos. 277 et 291.

N°. 306.

Publications, affiches et ventes.

Voyez les formules du chap. XII.

CHAPITRE XI.

De la distribution par contribution.

LORSQUE les objets saisis sont vendus, ils sont remis au saisissant, s'il est seul poursuivant.

S'il y a des créanciers opposans, ce prix leur est distribué entre eux, suivant la nature et l'étendue de leurs droits.

Nous examinerons dans ce chapitre,

1º. Ce qu'est la distribution par contribution;

2º. Les formalités pour y parvenir;

5º. Le procès-verbal de distribution ;

4º. Le jugement.

§ Ier.

De la distribution par contribution.

La distribution par contribution a lieu chaque fois que les deniers provenant de la vente des meubles, ne suffisent point pour payer tous les créanciers opposans.

La distribution contributoire est pour les meubles ce qu'est *l'ordre* pour les immeubles.

Le principe sur lequel repose cette contribution des créanciers fut retracé par le jurisconsulte Paul dans la loi 20, § 1, *ff de pign. acti.* — Il a été consacré par l'art. 2097 du Code civil, qui veut que les créanciers qui sont dans le même rang soient payés par CONCURRENCE.

La raison en est simple : lorsque la même chose a été obligée solidairement envers plusieurs, ou qu'elle est le gage commun de différens créanciers, puisque chacun d'eux ne peut obtenir le remboursement entier de sa créance, il faut que tous consentent à restreindre proportionnellement leurs droits.

Scilicet, singulis in solidum res eadem obligata est, et si neutri creditori solutum sit, ex necessitate per concursum partes faciunt; atque ita singulis ex pretio pignoris distracti facienda debiti solutio proratâ eâque fiet ratione, ut re pluribus simul obligatâ æqualis omnium causa sit. Voët. ff., lib. 20, *tit.* 4, *n°.* 8, *in f.*

Il n'y a d'exception à cette règle générale qu'en faveur des *créanciers privilégiés* (1) qui

---

(1) Voy sur les priviléges, pag. 171 du huitième vol. de la Jurispr. du Code civil.

sont colloqués suivant leur date, et qui emportent le montant de leurs créances sans souffrir de réduction.

Jusqu'ici nous n'avons point eu de règles précises pour faire cette distribution entre les contribuables ; l'ordonnance de 1667 était muette sur ce point comme sur la saisie des rentes, et chaque province suivait des usages qui étaient tous plus *abusifs* les uns que les autres ; très-souvent l'on avait vu des malheureux débiteurs dont les biens étaient absorbés par les frais de la distribution sans bénéfice pour leurs créanciers.

Cette lacune dans la procédure appelait des règles positives qui missent un terme à tant de vexations. Le Code, en nous accordant ce bienfait, a cherché la plus grande simplicité possible dans les formes de la distribution ; et pour éviter les frais qu'elle nécessite, il ordonne que « dans le mois, le saisi et les créanciers conviendront de la contribution à l'amiable, » 656.

« Cette disposition, dit M. Réal, quoique toute facultative, est conçue en style impératif, pour que les juges et les créanciers soient bien pénétrés du vœu du législateur. »

Pour atteindre ce but, le saisi, le saisissant

ou un autre créancier plus diligent convoque une assemblée de tous les créanciers, les engage à apporter leurs titres et à nommer l'un d'entre eux pour les examiner plus particulièrement, afin d'essayer une distribution pacifique et sans frais.

Ce n'est qu'avec regret que le législateur voit que l'on emploie les formes rigoureuses qu'il indique; mais si le saisi et les créanciers ne s'accordent pas, il faut bien recourir à ces formes.

Alors l'huissier dépositaire est tenu de se dessaisir des deniers, et de les remettre dans la huitaine suivante, à la charge de toutes les oppositions, dans les mains du receveur des consignations (1), sauf à lui à réclamer le montant des frais qui lui sont dus, qui doivent être taxés par le juge sur la minute du procès-verbal, dont mention en est faite sur les expéditions; ces frais doivent être payés par privilège aux termes de l'art. 2101 du Code civil.

« Il convient d'ajouter, disait la cour d'Amiens, une peine contre l'huissier refusant ou

------

(1) Cette formalité est empruntée de l'art. 20 d'un édit de février 1689, et de l'art. 5 de la déclaration du 7 août 1748.

négligeant de faire la consignation , et de la régler à dix pour cent d'indemnité au profi. du saisissant et de la partie saisie, même de contrainte par corps et d'interdiction. »

Aucune peine n'ayant été prononcée , nous ne croyons pas qu'on puisse en infliger aucune ; il y aura lieu seulement à dommages et intérêts , si le défaut de consignation a causé quelque préjudice.

§ II.

Formalités de la distribution.

1ere. *formalité*. Nomination d'un juge.

On a pensé avec raison que pour applanir une foule de discussions entre les créanciers, pour maintenir l'ordre qui doit régner entre eux, et éviter les longueurs et les frais, il fallait employer deux moyens : 1°. tenir au greffe un registre des contributions, qui fût ouvert à chacun des créanciers ; 2°. commettre un juge sur la réquisition du saisissant ou de la partie la plus diligente.

Pour éviter les frais, et conformément à la demande de la cour de Nancy , on a décidé que « cette réquisition serait faite par une » simple note portée sur ce registre » , 658.

2ᵉ. *formalité.* Sommation de produire et de prendre communication des pièces.

Afin que les qualités et titres de tous les créanciers opposans puissent être discutés ; qu'il soit scrupuleusement vérifié ce qu'il est dû à chacun d'eux, ils sont (1) sommés, après la huitaine accordée à l'huissier pour consigner, de produire leurs titres, sur la réquisition de la partie la plus diligente.

Cette poursuite est accordée au plus diligent des créanciers ; 1°. parce que son zèle et son activité tendent à diminuer les frais et à soulager le débiteur saisi ; 2°. parce qu'il avance partie de ces frais, qu'il est juste qu'il soit préféré ; 3°. que par un prompt paiement il procure un avantage réel aux créanciers.

Si aucun créancier ne se présente, ou que celui qui a commencé cesse de poursuivre, il convient que tous se réunissent pour charger l'un deux, qui est subrogé aux poursuites du premier.

Il en est de même si ce premier poursui-

____

(1) Si, depuis la vente des objets saisis, il est survenu des oppositions sur le prix à distribuer, les opposans sont assignés en déclaration de jugement commun, et tenus d'exhiber leurs titres.

vant est de connivence avec le saisi et trahit les intérêts communs.

La partie saisie ayant elle-même intérêt d'éloigner des créanciers mal fondés, puisque le restant des deniers lui serait rendu, elle est « tenue de prendre communication des titres produits, et de contredire s'il y échet », 659.

Si elle ne contredit pas, elle est censée acquiescer; son silence est pris pour une reconnaissance de la légitimité des créances, mais cette approbation ne nuit point aux droits des autres créanciers, ils ont toujours la faculté de contredire par le principe : *nemo alterius facto præegravari potest. Voy.* encore l'art. 663.

3e. *formalité.* Demande en collocation et constitution d'avoué.

Comme un créancier est naturellement chargé de veiller à la conservation de ses intérêts, la loi s'en repose sur lui du soin de faire valoir son titre et de le produire ès-mains du juge commis (1), sous peine de *forclusion*, c'est-à-dire, d'être empêché de produire ultérieurement (2).

______

(1) La cour de Caen demandait cependant « que la production se fît au greffe, plutôt que d'en charger le juge commis. »

(2) Voy. la note insérée *pag.* 362 *du prem. vol.*

II

Il doit en même tems former sa demande en collocation et constituer avoué, 660.

Ces trois conditions, c'est-à-dire, la production, la demande en collocation et la constitution d'avoué, sont requises simultanément pour ne pas multiplier des actes inutiles.

Le créancier privilégié doit réclamer son privilège.

Et si c'est un propriétaire ou principal locataire qui réclame ses loyers sur les meubles qui garnissent sa maison, en vertu de l'art. 2102, n°. 1, du Code civil (1), il peut, si on lui conteste sa priorité de privilège, appeler le saisi et l'avoué le plus ancien de l'opposant en référé devant le juge-commissaire, pour faire statuer préliminairement sur cette contestation, 661.

Le prix de ces loyers est même prélevé avant les frais de justice, parce que le privilège du propriétaire est particulièrement assigné sur les meubles qui garnissent sa maison, tandis que les frais de justice s'étendent sur tous les meubles appartenant au débiteur saisi, 662.

« Il est nécessaire d'ajouter à l'article, disait la COUR DE LIMOGES, une disposition qui fasse

---

(1) Voy. ci-après tit. 2 du livre des *procédures diverses*.

cesser la différence de jurisprudence qui s'observait entre certains pays du ci-devant droit écrit et le pays coutumier : on accordait, dans les premiers, la préférence sur le prix des meubles comme sur celui des immeubles, aux créanciers plus anciens en hypothèque ; tandis que, dans les autres, le premier saisissant venait à distribution, et qu'en cas d'insuffisance on procédait par contribution. Le Code civil dit bien que les meubles n'ont pas de suite par hypothèque ; cependant cette règle n'est pas assez claire ; on l'admettait bien en général dans les pays du droit écrit, et cependant on prétendait que cela ne dérogeait pas à la loi romaine, d'après laquelle le créancier plus ancien en hypothèque, était préféré. »

En combinant différentes dispositions du Code civil avec l'art. 662 du Code de procédure, on ne peut s'empêcher de voir qu'il n'y a de priorité entre les créanciers que celle résultant des privilèges spécialement accordés (1), et du prix de loyer suivant cet art. 662 ; que conséquemment les meubles n'ayant pas de suite par hypothèque, tous les créanciers, autres néanmoins que les privilégiés, viennent par contribution.

______

(1) Voy. art. 2102 du Code civil.

§ III.

Du procès-verbal de distribution.

Comment faut-il procéder à la distribution?

Si les créanciers opposans ont produit, le commissaire les colloque selon la nature de leurs titres, rang, date et privilèges ; il dresse un procès-verbal de la collocation, afin que chacun de ces créanciers puisse reconnaître la place qu'il occupe.

L'embarras était de procurer aux créanciers l'avantage de pouvoir examiner leurs titres respectifs ; tous, lorsqu'il n'y a pas de quoi les payer intégralement, ont intérêt de se combattre mutuellement, parce qu'à mesure que l'un d'eux est écarté la réduction à faire devient moins considérable.

Pour leur donner cette faculté « le poursuivant dénonce, par acte d'avoué, la clôture du procès-verbal aux créanciers produisant et à la partie saisie, les somme d'en prendre communication et de contredire dans quinzaine sur le procès-verbal du commissaire, 663.

Pour contraindre ces créanciers à donner promptement leurs observations, la loi prononce contre eux la peine de forclusion, et cette peine est encourue de droit après quinzaine, sans nouvelle sommation, ni jugement.

Pour éviter les frais, la loi défend de faire aucun dire s'il n'y a lieu à contester, 664.

Et s'il n'y a pas de contestation, le juge ne fait que clorre son procès-verbal, arrêter la distribution des deniers et ordonner au greffier de délivrer des mandemens aux créanciers, à charge par eux (1) d'affirmer la sincérité de la créance, 665.

« Il faut, disaient les cours d'Agen, de Dijon, de Rouen et de Turin, que le greffier ne délivre les mandemens qu'après le délai de l'appel expiré. » — Quoique la loi ne l'ait point dit, nous croyons bien que c'est le seul moyen de l'exécuter ; autrement, comme disait la cour d'Agen, à quoi servira l'appel, si les mandemens sont délivrés et l'argent payé ?

Nous croyons donc que, pour savoir s'il n'y a pas contestation, il faut attendre que les délais d'appeler ou de contester soient expirés. Cela

______

(1) Plusieurs cours d'appel regardaient cette formalité, qui a cependant été maintenue, comme inutile.

pourrait encore s'induire des art. 670 et 671 rapprochés de l'art. 665.

Lorsqu'il s'élève des contestations elles sont en général difficiles à résoudre, à cause du grand nombre de colitigans ; il a fallu adopter un moyen qui offrît d'une part une garantie aux droits de tous et qui permît cependant à toutes les parties de se défendre sans multiplier les frais.

Pour atteindre ce but, le juge-commissaire renvoie à l'audience qui est poursuivie par la partie la plus diligente, sur un simple acte d'avoué à avoué, sans autre procédure.

« Il faut fixer, disait la cour de Dijon, le délai dans lequel le créancier contestant, le saisi, etc. seront appelés à l'audience, et quels seront les délais de la citation ? »

La loi n'en ayant fixé aucun, nous croyons que la partie la plus diligente, n'est rigoureusement tenue qu'à un délai moral suffisant pour que les parties aient le tems de comparaître.

Enfin le créancier contestant, le créancier contesté, la partie saisie, et l'avoué plus ancien des opposans, sont seuls en cause ; autrement il y aurait des débats, des écritures interminables, dont l'examen serait pénible pour le commis-saire, et ruineux pour les parties.

Le poursuivant ne peut être appelé en cette qualité, mais seulement comme créancier con-testant ou contesté.

Art. 666 et 667.

§ IV.

Du jugement.

Comme cette contestation est toujours com-pliquée, qu'elle intéresse ordinairement un grand nombre de créanciers, et qu'il faut sur-veiller les droits de ceux qui ne sont point en cause : « le jugement est rendu sur le rapport du juge-commissaire et les conclusions du mi-nistère public, » 668.

Ces articles, depuis le 658 jusqu'à celui-ci, ont paru à la cour DE RENNES devoir donner lieu à une foule d'actes de procédure inutiles, et qui doivent absorber, etc., la cour propose de rem-placer tous ces articles par un seul.

« S'il s'élève quelque contestation sur la dis-
» tribution des deniers entre le saisissant, les
» opposans et le saisi, la partie la plus diligente,
» citera les autres sans essai préalable de conci-
» liation, au tribunal du domicile du saisi,

» pour y faire statuer et régler sommairement
» l'ordre entre les créanciers. »

Cet article, s'il eût été adopté seul en rem-
lacement des autres, aurait sûrement laissé
plusieurs difficultés, lorsqu'il eût fallu l'exécuter ; c'est pour régler la marche de la procédure, et afin de les prévenir, que les articles
avaient été rédigés et qu'ils ont été maintenus.

Ce n'était point assez de prévenir les abus
pour le premier degré de jurisdiction, il fallait
encore adopter un mode qui simplifiât la procédure et épargnât les frais en cause d'appel :
en conséquence le Code exige,

1°. Que l'appel soit interjetté dans les dix jours
de la signification à avoué ;

2°. Que cet acte soit signifié au domicile de
l'avoué ;

3°. Qu'il contienne citation et énonciation
des griefs ;

4°. Que l'on n'appelle que les mêmes parties
qui ont figuré en première instance.

La cause est jugée *sommairement* par la cour,
69 (1).

---

(1) Le projet portait que « l'appel serait dénoncé au greffier dans le
ur ; » et sur l'observation de la cour de Caen, qui disait « qu'il y

Toutes ces conditions sont nécessaires pour arriver au but si desiré de la briéveté, de la simplicité de la marche, et pour éviter les frais.

Quand clôt-on le procès-verbal ?

Aussitôt que le jugement a acquis l'autorité de la chose jugée, après la signification de l'arrêt au domicile de l'avoué, 670.

Après huitaine on délivre les mandemens. Ici, comme dans l'art. 665, les créanciers doivent affirmer la sincérité de la créance.

Devant qui cette affirmation doit-elle être faite?

La COUR DE METZ demandait que ce fût par-devant un juge-commissaire nommé et assisté du greffier.

Le Code n'a exigé que la présence du greffier.

Quand les intérêts cessent-ils de courir ?

Depuis le jour de la clôture du procès-verbal s'il n'y a pas de contestation judiciaire.

Autrement ils cessent du jour de la signification du jugement ; et en cas d'appel, quinzaine après la signification de l'arrêt, 672.

---

aurait souvent impossibilité de le dénoncer dans le jour, attendu que le saisi peut être défaillant, ou son domicile fort éloigné, p ou a retranché tout-à-fait la disposition, de sorte que la formalité est inutile.

La cour de Turin demandait qu'on indiquât que la cessation des intérêts y prononcée, ne se fît qu'au profit des créanciers compris dans la distribution et non pas du débiteur saisi.

Ce débiteur n'ayant rien à prétendre, tant que ses créanciers ne sont pas payés, il est bien entendu que les intérêts ne courent que pour les créanciers, si le capital ne suffit pour les payer.

FORMULES.

N°. 307.

Nomination du juge-commissaire.

(Le poursuivant fait au greffe, sur le registre des contributions, la déclaration suivante :)

Le sieur L. Sebile, propriétaire à Salins, déclare qu'ayant fait saisir et vendre les effets mobiliers du sieur Pioton, fermier à Frasne, différens créanciers de ce dernier ont formé opposition à la délivrance du prix, et n'ont pu convenir à l'amiable de la distribution par contribution dans le délai de la loi.

En conséquence, le sieur Sebile requiert M. le président du tribunal de commettre un juge pour procéder à cette distribution, d'après les formes prescrites.

Pontarlier, le etc.

Signé SEBILE.

Nº. 308.

Ordonnance du président.

Nous, Alexis Robelot, président......, commettons
M. Morand, juge, pour procéder à la distribution ci-
dessus énoncée.

Co　　　　　　　　　　　　　　　*Signé* Robelot.

Nº. 309.

Ordonnance du juge-commissaire.

Voyez le Nº. 120.

Nº. 310.

Sommation de produire.

(Mettre en tête l'ordonnance du juge.)

L'an etc., à la requête du sieur L. Sebile etc., pour
lequel domicile est élu chez Mᵉ. Adrien Demesmay,
avoué à Pontarlier, y demeurant.

Je soussigné A. Savonet, huissier etc., ai sommé le
sieur Alix, notaire à Dompierre, créancier opposant par
exploit du　　(*énumérer les opposans, s'il y en a plusieurs*); de *produire ses titres de créance*, avec acte
contenant demande à fin de collocation, dans le délai de
deux mois, à peine de forclusion, ès-mains de M. Morand, juge commis pour dresser l'état de la distribu-

tion ; et j'ai audit sieur Alix, en parlant à   , laissé copie du présent exploit de sommation.

(*Une copie à chacun des opposans.*)

Nota. La sommation au saisi, de prendre communication des pièces, est conçue dans les mêmes termes.

Nº. 311.

Procès-verbal de distribution.

Nous, A. Morand, juge commis par M. le président du tribunal, à l'effet de dresser l'état de la distribution du prix provenant de la saisie mobiliaire effectuée sur le sieur Pioton, entre ses créanciers opposans, nous y avons procédé ainsi qu'il suit sur les pièces produites par ces créanciers.

1º. Sera payé par privilége Mᵉ. Lepin, avoué poursuivant d'une somme de   , à quoi se montent les frais de poursuite d'après la taxe.

2º. Sera payé aussi par privilége le sieur Besancenet, propriétaire de la maison occupée par ledit Pioton, débiteur saisi, de la somme de   , à quoi se montent les loyers échus pendant la dernière année de son bail.

3º. Sera payé ensuite par privilége spécial le sieur Girod, marchand de chevaux, de la somme de   , pour une jument vendue audit Pioton, sans terme ni délai.

4º. Sera payé par contribution le sieur Chapny, d'une somme de   , etc.

Notre présent procès-verbal sera signifié à la diligence du poursuivant, et seront tenues les parties d'en prendre communication dans quinzaine, et de contredire, s'il y a lieu, à peine de forclusion, sans nouvelle sommation ni jugement.

Fait à Pontarlier, ce

N°. 312.

Contredit sur le procès-verbal.

Aujourd'hui, ce etc., est comparu pardevant nous M°. Tournier, avoué etc., lequel a déclaré qu'il contestait la collocation de sa créance au rang des non privilégiées, par la raison qu'il est délégataire du sieur Besancenet, propriétaire de la maison garnie des meubles saisis; et que, sous ce rapport, il a le même privilége que le propriétaire qu'il représente.

Est aussi comparu (*énumérer successivement les créanciers réclamans*, et la partie saisie, si elle conteste.)

N°. 313.

Clôture du procès-verbal de distribution de deniers.

Aujourd'hui etc.

Est comparu devant nous commissaire soussigné, M°. Demesmay, avoué du sieur L. Sebile, créancier poursuivant, lequel nous a déclaré qu'ayant signifié notre procès-verbal de distribution aux créanciers opposans et au débiteur saisi, par exploit du　, le délai de quinzaine pour contredire est expiré, sans qu'aucu 1 intéressé ait fait la moindre réclamation.

En conséquence, nous avons clos notre procès-verbal de distribution des deniers ; ordonnons que les deniers consignés seront distribués aux créanciers, sur mandement délivré par le greffier du tribunal, en affirmant par eux la sincérité de leurs créances.

En foi de quoi le présent procès-verbal a été signé par nous et notre greffier.

Signé MORAND, *juge.*

D , *greffier.*

N°. 314.

Mandement aux créanciers.

Aujourd'hui etc., s'est présenté au greffe le sieur Sebile etc., assisté de M°. Adrien Demesmay, son avoué, pour toucher le montant de sa part contributoire dans les deniers distribués par procès-verbal du

Ledit sieur Sebile a affirmé que sa créance est sincère et véritable : en conséquence, sur les 3000 fr. provenant de la vente des effets saisis, le receveur des consignations paiera celle de audit Sebile, qui fera quittance et remise de son mandement.

Signé D , *greffier.*

CHAPITRE XII.

De la saisie immobiliaire.

Nous avons vu comment les meubles du débiteur sont vendus sur les poursuites des créanciers ; il nous reste à examiner comment la même contrainte s'exerce sur les immeubles et sur la personne.

On entend par saisie immobiliaire , les poursuites par lesquelles un créancier s'empare ou se *saisit* des *immeubles* de son débiteur, pour les faire vendre par autorité de justice.

Ordinairement le créancier n'a recours à cette voie de contrainte, que lorsqu'il ne peut se remplir de toute sa somme , en discutant le mobilier du débiteur. L'art. 2206 du Code civil exige même cette discussion préalable à l'égard d'un mineur ou d'un interdit que l'on veut saisir.

Jamais la France n'a été assez heureuse pour avoir des règles fixes, simples et économiques sur cette partie, l'une des plus importantes de la procédure; jusqu'à nous, ce mode d'exécution des jugemens a été livré au plus désastreux arbitraire.

En portant nos regards sur les premiers jours où la justice a lui pour nos ancêtres, nous ne trouvons que les ordonnances de 1539 et 1551 qui aient tracé quelques règles pour saisir des immeubles judiciairement; encore ces ordonnances étaient - elles diversement interprétées et suivies dans les différentes provinces; plusieurs d'entre elles ne les exécutaient même pas.

Ils suppléaient à l'insuffisance de la législation par des arrêts de règlemens, qu'il serait aussi long qu'inutile de rappeler.

Qui croirait que l'ordonnance de 1667, qui avait tracé avec soin, avec détail, les règles sur la saisie mobiliaire ou exécution, ait gardé le silence le plus profond sur la saisie des immeubles qui est cependant d'une toute autre importance? Qui croirait que les grands hommes, les magistrats célèbres qui ont illustré la France, n'aient pas appelé et fixé l'attention de nos rois sur cette lacune, et aient laissé aux cours souveraines le soin de tracer une marche, une procédure qu'elles avaient intérêt de compliquer,

et que, pour augmenter leurs épices, elles de-
vaient nécessairement rendre très-dispendieuse.

« De là, incohérence dans tout le système,
obscurité, incertitude dans la législation ; de là,
d'inextricables difficultés, des procès éternels ;
de là, ces poursuites dont le premier acte
pouvait remonter à plus d'un siècle, qui,
transmises et vendues comme un héritage, en-
richissaient successivement plusieurs officiers
ministériels aux dépens des débiteurs et des
créanciers dont les droits s'anéantissaient par
l'extinction ou la dispersion de leur posté-
rité. »

« Nous avons cependant vécu jusqu'en l'an 7,
au milieu de ces lois bisarres, incohérentes et
contradictoires, que l'opinion publique et la
révolution avaient frappées du sceau d'une uni-
verselle réprobation. »

« Qu'arriva-t-il alors ? trop frappés des abus
et des inconvéniens enfantés par ces formalités
bisarres, multipliées et compliquées, les légis-
lateurs de l'an 7 donnèrent dans l'extrême op-
posé ; et par eux, la procédure fut simplifiée
à cet excès, que le propriétaire pouvait être
aussi facilement dépouillé d'un domaine que
d'un meuble. Avec les meilleures intentions,
ils n'ont pas assez senti que, s'il faut briser les
entraves

entraves qui paralysent l'action de la justice,
il ne faut pas se priver des formes tutélaires
qui défendent la propriété contre la surprise;
que toutes les saisies ne sont pas également bien
fondées, et que le propriétaire injustement poursuivi doit obtenir de la loi le tems nécessaire
pour démontrer la nullité ou l'inefficacité du
titre qu'on lui oppose; qu'il faut un tems raisonnable pendant lequel, s'il doit, il pourra
user de ses ressources pour empêcher, par un
paiement, une expropriation qui le ruinerait. »

« Enfin, dans la rédaction de la loi de l'an 7,
on ne s'est point assez occupé des tiers propriétaires, créanciers ou ayant des droits quelcon-
ques sur le bien saisi, et leur intérêt a été sacrifié au desir d'une simplification exagérée. »
(M. Réal.)

Un autre vice que présentait encore la loi
du 11 brumaire, provenait de ce qu'elle ne
précisait pas suffisamment les formes qu'elle
prescrivait à peine de nullité. Nos recueils judiciaires sont remplis de contestations inextricables sur ce point; en sorte que plus de
moitié des expropriations étaient attaquées;
que la majeure partie était annullée quelquefois sur l'inobservation d'une forme minu-

tieuse (1) en pure perte pour le créancier ou l'avoué poursuivant.

Lorsque le titre des saisies immobiliaires fut soumis aux différentes cours de l'empire, elles présentèrent contre ses dispositions différentes observations qu'il est bon de connaître, au moins en analyse.

« Les formalités multipliées que prescrit ce titre, disait la COUR D'AIX, paraissent meurtrières pour le débiteur. Il sera accablé sous la masse des frais auxquels le créancier sera obligé de pourvoir ; la formalité sur-tout d'insérer dans les journaux publics les divers actes de procédure, paraît très-pénible et sans intérêt réel (2). »

« Les commentateurs de nos anciennes coutumes, disait la COUR DE CAEN, avaient observé que la multiplicité des diligences des ventes forcées, et les frais ruineux qu'elles entraînaient, étaient préjudiciables au saisissant, au saisi et

____

(1) On a vu des procédures en expropriation être déclarées nulles par quelques tribunaux, parce que les affiches portaient quelques mots d'écriture pour remplacer l'impression.

(2) Cette formalité est celle qui a été le plus universellement attaquée : on demandait qu'elle ne fût pas obligatoire, mais seulement facultative.

aux créanciers. Les cours d'appel avaient ré-
clamé contre ces abus lors de leurs observations
sur le projet de Code civil ; plusieurs avaient
même préféré l'exécution de la loi du 11 brumaire an 7, avec de sages modifications. Le
nouveau projet ne remédie point aux anciens
vices, ce sont encore des formalités multipliées sans nécessité et toujours ruineuses. »

« A quoi bon, par exemple, laisser une copie
de la saisie immobiliaire aux greffiers des juges
de paix *et* aux maires ? »

« A quoi bon l'enregistrement de la saisie
mobiliaire au bureau des hypothèques *et* au
greffe du tribunal ? »

« A quoi bon l'insertion d'un extrait manus-
crit de la saisie dans un tableau placé dans
l'auditoire ? »

« A quoi bon cette quantité de placards manuscrits, etc. etc. ? »

« Parmi les intérêts différens que la loi doit
protéger, observait la cour de Douai, il en est
un qui est commun au créancier et au débiteur,
c'est celui de porter l'immeuble à sa véritable
valeur. »

« Un second intérêt, particulier au créancier,
c'est que le débiteur ne vende pas pour se dispenser de payer. »

« Pour empêcher cette fraude, une seule précaution suffit : avec le commandement de payer, le créancier fait notifier l'intention où il est de faire vendre tels immeubles, etc. ; mais une dispendieuse inutilité est la proposition qui est faite d'envoyer un huissier dans toutes les communes où le débiteur aura un coin de pré, ou une masure; de charger cet huissier de saisir spécialement toutes ces parties éparses, etc. »

« La saisie immobiliaire est d'ailleurs entourée de trop de formalités ; elle sera ou l'écueil des plus habiles praticiens, ou leur patrimoine, etc. »

« La saisie immobiliaire ou l'expropriation forcée, disait la COUR DE LIÉGE, nous paraît surchargée de formalités nuisibles aux débiteurs, aux créanciers et aux intérêts de la société. »

« L'expropriation forcée n'est que l'exécution et le complément du système hypothécaire, et les principes qui ont guidé le législateur dans l'établissement de ce système, doivent être suivis dans l'expropriation forcée, etc. La sécurité du créancier diminue dans la même proportion qu'on augmente les difficultés et les formalités pour parvenir à la vente de l'hypothèque, etc. On ne doit établir que les formalités strictement et rigoureusement nécessaires pour conserver les intérêts des débiteurs. »

« Les intérêts du débiteur seront garantis si la vente se fait au plus haut prix possible. »

« Pour parvenir à ce but, il faut que le jour de la vente soit notifié à tous ceux qui ont intérêt de la faire monter au plus haut prix. Ceux qui ont cet intérêt sont les créanciers hypothécaires. »

« Il faut aussi rendre public le jour de la vente. D'après ces principes, voici ce que nous proposons, etc. etc. »

« Lors de la publication du projet de Code civil, disait la COUR DE POITIERS, toutes les cours d'appel qui crurent ne devoir pas se borner à faire des observations sur quelques articles particuliers du projet, mais qui se crurent autorisées à examiner les dispositions générales de l'ouvrage, rejettèrent sans balancer le titre 8 du liv. 3, concernant les expropriations forcées. La cour d'appel de Poitiers manifesta son étonnement de voir encore reparaître tous les vices d'un système qui avait entraîné la ruine de tant de familles, et que le vœu général avait proscrit depuis longtems. La cour de cassation se prononça fortement contre le rétablissement des saisies réelles, le conseil d'état écouta les réclamations qui lui parvinrent de toutes parts, et le Code civil est lavé de la tache que cette procédure vexatoire, ruineuse, imprimait à la jurisprudence française. Nous étions bien loin de croire qu'après que le conseil d'état et le corps législatif avaient rejetté de nos lois des dispositions aussi fatales, les saisies réelles et tout ce qu'elles traînent après elles de formalités ruineuses pour toutes les parties, seraient rappelées dans un Code fait pour réduire les formes judiciaires à ce qui est nécessaire pour assurer l'exercice des droits des citoyens. »

« Nous ne reconnaissons pas, nous l'avouons, la nécessité, l'utilité de celles que propose le titre 12 du projet du Code judiciaire. Le transport de l'huissier sur les biens saisis, le délaissé au greffe des justices de paix, l'affiche dans un tableau par le greffier du tribunal, les publications d'enchères, les seconde et troisième appositions de placards, l'insertion aux journaux des seconde et troisième annonces, l'adjudication préparatoire qui n'est qu'un congé d'adjuger, ne serviront qu'à consommer en frais le gage des créanciers, sans utilité pour eux ou pour le débiteur. »

« Sans doute, cette partie du projet présentait des difficultés ; les rédacteurs ne voulaient pas créer un mode nouveau, ils avaient du moins une route tracée par la loi du 11 brumaire an 7. L'expérience est la pierre de touche des lois. Il en est peu qui résistent à cette épreuve, et elle a justifié la sagesse de la plupart des dispositions de celle du 11 brumaire. Les reproches qu'on a faits à cette loi ne tombent que sur des dispositions particulières ; il est facile de faire disparaître les inconvéniens qu'on y trouve. »

« C'est cette loi modifiée et purgée des défauts que l'usage a fait connaître, que la cour d'appel propose de substituer au régime des saisies réelles. La marche en est simple, tandis qu'on risque souvent de s'égarer dans les dispositions du projet. Les frais qu'elle occasionne sont modérés, celle à laquelle nous la substituons est ruineuse ; elle est exécutée depuis cinq ans, ses endroits faibles sont connus, l'expérience a marqué parmi quelques défauts des dispositions sages. Les saisies réelles étaient l'effroi des débiteurs et des créanciers ; elles n'étaient utiles qu'aux gens d'affaires, et les auteurs du projet n'ont jamais eu l'intention de fonder la fortune des officiers ministériels sur la ruine des plaideurs et la désolation publique. »

LES COURS DE RENNES, DE ROUEN et DE TRÈVES présentaient des observations dans le même sens.

D'après ces observations émanées des cours qui, dans l'application journalière de la loi, voyaient les difficultés et les embarras qu'elle présentait dans son exécution, le projet n'ayant presque pas éprouvé de changemens, on ne peut se flatter que le Code ait complettement rempli tous les vides, corrigé tous les défauts, anéanti tous les abus qui existaient en cette partie.

Le législateur a cherché à éviter tous les excès, et s'il a maintenu les formalités dont on demandait la suppression, c'est qu'il les a crues nécessaires ou utiles. Il a emprunté des anciens décrets leurs meilleures formes, il en a ajouté de nouvelles, il a enfin établi un système, présenté un tout mieux coordonné ; c'est déjà là un grand avantage.

Nous essaierons du moins de présenter dans le plus grand jour les formalités tracées par le Code, afin de faciliter un travail pénible mais nécessaire pour tous ceux qui se livrent à la pratique. Nous aurons soin d'indiquer, en la retraçant, la règle dont l'observation est prescrite à peine de nullité.

Nous examinerons en autant de sections,

1°. Les formalités préliminaires de la saisie ;

2°. La saisie et ses formes ;

3°. La publicité de l'adjudication ;

4°. Les mesures conservatoires à prendre pendant les poursuites ;

5°. L'adjudication ;

6°. Enfin , le jugement d'adjudication.

Ire. SECTION.

Formalités préliminaires de la saisie immobiliaire.

1°. En vertu de quel titre peut-on faire une saisie immobiliaire ?

Ce ne doit être qu'en vertu d'un jugement (1) ou d'un titre exécutoire ayant les qualités requises par les art. 545 et suiv. *Voy. le chap.* 6 *de ce vol. et* l'art. 2213 *du Code civil.*

Si le titre est *exécutoire* contre le débiteur , il n'est plus nécessaire, comme autrefois , avant de poursuivre les héritiers , de faire déclarer ce titre exécutoire contre eux ; il suffit de leur

---

(1) Sur la nature du jugement : s'il peut être par défaut, provisoire, Voy. l'art. 2215 du Code civil. —— Voy. un arrêt de la cour d'appel de Paris, du 24 floréal an 13.

314 LE PRATICIEN

en faire la signification conformément à l'article 877 du Code civil (1).

Ce titre doit constituer une créance de choses liquides et certaines. *Voy. la règle 5e, du même chap.* et l'art. 2213 du Code civil.

2°. Pour quelle somme peut-on saisir un immeuble?

Le Code ne la détermine pas; et la seule conséquence que l'on en peut tirer, c'est que tout créancier qui a un titre en forme, a le droit de recourir à la saisie immobiliaire, quelque modique que soit la somme à lui due, sauf la réserve portée en l'art. 2212 du Code civil.

Autrefois on ne pouvait faire une *saisie réelle* (2) pour une somme moindre de 200 fr.; mais, lorsque le débiteur se refuse à acquitter une somme aussi modique, il est presque toujours de mauvaise foi; d'ailleurs, le droit d'un mince créancier n'est-il pas aussi sacré que celui attaché à une créance d'une plus forte valeur? *Voët, lib.* 20, *tit.* 5, *n°.* 2.

____

(1) M. Lepage a cependant exposé, *pag.* 561, une doctrine opposée à cet article. *Voy.* sa seconde règle.

(2) Ainsi s'appelait la saisie d'un immeuble. Cette dénomination était imparfaite, attendu qu'une saisie de meubles est aussi *réelle*.

30. Quels biens peuvent être saisis immobi-liairement ?

Tous les biens immeubles du débiteur (1), avec leurs accessoires (2) réputés immeubles et l'usufruit qui est de même nature.

Mais le créancier ne peut saisir qu'en proportion de ce qui lui est dû ; le seul droit que sa créance lui confère est de se faire payer ; quand il saisit au - delà de ce qui paraît nécessaire pour le remplir de sa créance et payer les frais de la justice, la poursuite n'est plus qu'une vexation que les tribunaux doivent s'empresser de ré-primer.

Ainsi lorsqu'un débiteur possède différens domaines dans le même arrondissement, le

---

(1) Voy. l'art. 2204 du Code civil, combiné avec le chap. premier du tit. 2 du même Code.

(2) Peut-on saisir les chaudières, pressoirs et ustensiles d'un ma-nufacturier, sous le prétexte qu'ils font, par leur destination, partie de la maison du débiteur ?

Quoique ces objets paraissent insaisissables par l'art. 592, n°. 6 du Code, nous pensons que ce n'est que dans le cas où ils peuvent être déplacés et appartiennent à un autre qu'au débiteur saisi.

Ici ces chaudières faisant partie de la maison sont immobilisées, et doivent être vendues comme et avec la maison. Il faut suivre aujour-d'hui encore l'arrêt de la cour d'appel de Paris, du premier floréal an 10, entre Montalé et Baudrier.

créancier ne doit en saisir qu'un qui le remplisse de sa créance.

S'il les saisit tous, sa procédure n'est pas nulle (1), mais le débiteur saisi a le droit de demander une réduction aux tribunaux du lieu, en justifiant que la valeur des différens domaines est incomparablement supérieure à celle de la créance.

Tous les immeubles du débiteur sont affectés au paiement de sa dette, mais tous ne sont pas également soumis à la vente forcée ; lorsque quelques-uns d'entre eux sont hypothéqués spécialement au créancier poursuivant, celui-ci n'a plus le choix de saisir à son gré ; le débiteur lui-même a borné et fixé ce choix, il a montré le domaine dont il se verrait dépouillé avec le moins de regrets ; cette convention doit être religieusement suivie, et ce n'est que subsidiairement, et en cas d'insuffisance, que l'on peut saisir les autres immeubles (2).

D'ailleurs le créancier hypothécaire est lui-même intéressé à saisir l'immeuble qui lui est spécialement affecté, attendu qu'en cas de con-

______

(1) Art. 2216 du Code civil.

(2) Art. 2209 du Code civil. Voy. l'arrêt, *pag.* 160, *tom.* 4 *de la Jurisprudence du Code civil.*

currence avec d'autres créanciers, il obtient la préférence sur le prix, tandis que s'il poursuit par animosité ou par tout autre motif la vente d'autres immeubles, il n'a, en cas de concurrence, que sa part contributoire dans le prix. *Voy. le chapitre suiv.*

4°. Quelles personnes peuvent être saisies immobiliairement ?

Toutes celles indistinctement qui sont obligées en vertu d'un titre exécutoire ; mais il est des formalités préliminaires à remplir suivant la condition personnelle du débiteur.

Si l'on veut exproprier des *mineurs*, il faut nécessairement diriger les poursuites contre leur tuteur, parce que c'est celui-ci que la loi a chargé de leur défense ; mais ici, comme la vente immobiliaire est forcée, il est inutile de recourir à l'autorisation préalable du conseil de famille que l'art. 457 du Code civil exige pour la vente volontaire (1).

____

(1) Il nous paraît que M. Lepage s'est trompé, *pag.* 563 *de son ouvrage*, en exigeant l'autorisation du conseil de famille. D'abord, parce que ce conseil serait *inutile*, puisque, suivant l'art. 2206 du Code civil, on ne peut saisir les immeubles du mineur qu'après la discussion de son mobilier; qu'ainsi la saisie immobiliaire ne laissant aucun parti à prendre, il n'y a pas à délibérer.

Mais l'art. 464 du Code civil n'exige nullement cette autorisation

Si l'on veut saisir un *interdit*, il faut également agir contre son curateur.

Il en est autrement du prodigue pourvu d'un conseil judiciaire, ce prodigue doit être personnellement poursuivi sous l'assistance de son conseil.

Si l'on veut saisir une femme mariée on ne peut le faire solidement qu'en la faisant au préalable pourvoir de l'autorisation de son mari, ou à son défaut de celle du juge, bien qu'elle se soit mariée paraphernalement, ou qu'elle soit séparée de biens.

Lorsqu'il y a communauté de biens, il faut diriger les poursuites contre les deux conjoints, parce que tous deux ont intérêt à défendre, l'un le domaine naturel, l'autre le domaine civil des biens anciens, c'est-à-dire *propres*, ou *personnels* de la femme. *Voy. l'art.* 1428 *du Code civil.* (1)

Les biens de la communauté ou acquis pen-

---

pour défendre à une saisie immobiliaire des biens d'un mineur. En restreignant à deux cas la nécessité de cette autorisation, il en excepte celui dont il s'agit. Ainsi jugé, *pag.* 412, *tom.* 2 *de la Jurisprud. du Code civil.*

(1) En tout cas il a été jugé par arrêt de la cour d'appel de Paris, du 13 prairial an 11, deuxième section, que la jonction subsidiaire ou même surabondante de la femme dans une expropriation dirigée contre le mari, ne viciait pas la procédure.

dant le mariage, étant entièrement dans le domaine du mari, on ne peut, sous aucun prétexte, les saisir pour dettes de la femme, quoique le titre exécutoire eût été obtenu avant le
mariage, *voy. art.* 1421 ; à moins, cependant
qu'ils n'aient passé dans la communauté que
grévés d'hypothèque.

L'on ne peut saisir immobiliairement les biens
domaniaux et autres de cette nature. *Voy.* le
nouveau Répertoire, *v°. inaliénabilité.*

A l'égard des biens de communauté, d'hos-
pice, de l'Eglise, il faut également se soumettre aux lois qui les régissent et qui les clas-
sent dans un rang particulier. *Voy.* le nouveau
Répertoire, *v°. communauté.*

5°. Qui peut saisir immobiliairement ?

Tous les créanciers qui ont un titre exécutoire.
Quelques-uns d'entre eux cependant, à raison
de leur incapacité personnelle, sont obligés
d'employer certaines formalités, telles que l'autorisation, etc. *Voy.* en sens inverse les cas détaillés sur la question précédente.

6°. Devant quel tribunal faut-il porter la
saisie immobiliaire ?

L'art. 2210 du Code civil répond qu'elle doit
être « suivie dans le tribunal, dans le ressort

duquel se trouve le chef-lieu de l'exploitation.
ou à défaut de chef-lieu, la partie de biens qui
présente le plus grand revenu d'après la matrice
du rôle. »

La raison en est simple : les poursuites
en saisie immobiliaire forment une nouvelle
procédure indépendante de celle qui a précédé le jugement en vertu duquel on poursuit;
qu'ici il s'agit d'une matière réelle, dont la discussion présente plus d'avantages étant faite sur
les lieux. *Voy. l'art.* 472 *du Code de procédure.*

7°. L'avoué du créancier poursuivant doit-il
être muni d'une procuration spéciale, ou la simple remise des pièces est-elle suffisante ?

Cette question s'est présentée plusieurs fois
devant les tribunaux sous la loi du 11 brumaire.

Aujourd'hui, la simple remise faite à l'avoué
du commandement et du procès-verbal de saisie, ne suffit pas pour l'autoriser à poursuivre.
En thèse générale, la remise est comparée à
un mandat : ici et dans certains cas d'exceptions,
comme ceux de faux, de déni de justice, que
la loi détermine, il faut un pouvoir spécial,
comme nous l'avons dit *pag.* 89 *de ce volume.*

8°. Peut-on saisir et adjuger en masse différens

ens domaines appartenant à des débiteurs soli-
aires du même créancier ?

La cour d'appel de Riom avait jugé négative-
ment cette question, « attendu qu'il est impossible, si ce n'est par ventilation proportionnelle
et toujours incertaine, d'appliquer aux immeubles vendus sur les deux débiteurs, une partie
quelconque du prix de l'adjudication ; qu'ainsi
le prix ne peut être distribué dans une juste
proportion aux divers créanciers inscrits. »

Mais sa décision a été cassée par arrêt de la
cour suprême du 20 brumaire an 12, parce que
la loi ne défend pas la vente en masse des biens
des débiteurs solidaires, etc.

Aujourd'hui le Code, gardant le silence sur la
question, il faudrait la résoudre encore dans le
même sens.

9°. Une saisie immobilière entamée et poursuivie contre un débiteur décédé, mais dont
on ignorait le décès, est-elle valable ?

Il est hors de doute qu'une procédure ne
peut être régulièrement faite contre une personne décédée ; les actions du défunt, ainsi que
ses biens étant passés sur la tête des héritiers,
c'est contre eux uniquement qu'il faut agir ; c'est
là un principe fondé sur la raison et le droit
civil ; mais il suppose que celui qui est intéressé à poursuivre, a véritablement connu le

décès du débiteur, ou que ce décès était par lui-même si notoire, qu'il n'a pas été possible au poursuivant d'en ignorer l'existence.

Ainsi jugé par la cour suprême, arrêt du 25 ventose an 11, au rapport de M. Cassaigne.

10°. Comment faut-il procéder si les biens du débiteur sont *indivis* avec un mineur ?

L'art. 2205 du Code civil veut que les biens indivis avec un majeur ne puissent être saisis qu'après une licitation ou partage.

Cette décision doit à plus forte raison s'appliquer en cas d'indivision avec un mineur ; le poursuivant doit alors provoquer le partage dans les formes indiquées par l'art. 459 du Code civil, sauf dans le cas où ce partage serait jugé praticable, à diriger la procédure d'expropriation, sur la portion adjugée à son débiteur, ou de demander sa collocation dans la distribution du prix résultant de la licitation, dans le cas où les experts auraient déclaré l'immeuble impartageable.

Ainsi jugé par arrêt de la cour de Colmar, rapporté tom. 3, p. 365 *de la Jurisprudence du Code civil.*

11°. Le créancier qui veut saisir doit-il auparavant discuter le mobilier du débiteur ?

Suivant les dispositions des lois romaines, la vente des meubles devait toujours précéder celle des immeubles du débiteur , et cet ordre , dans aucun cas, ne pouvait être interverti par le créancier.

Le même principe avait été adopté parmi nous ; et avant l'ordonnance de 1585 , cette discussion du mobilier était regardée généralement comme une mesure nécessaire et préalable à la saisie du débiteur. Mais l'art. 74 de cette ordonn. avait dispensé le saisissant de cette formalité souvent illusoire ; le créancier pouvait *de plano*, faire saisir réellement les biens de son débiteur et les faire vendre à l'encan sans être tenu de justifier d'aucune discussion préalable du mobilier , à moins qu'il ne s'agît d'un immeuble qui appartînt à un mineur.

Cette dernière jurisprudence a été consacrée par l'art. 2206 du Code civil qui ne prescrit la discussion préalable du mobilier qu'en faveur des mineurs , et dans le cas où ils ne sont pas codébiteurs indivis avec un majeur. Si la chose due est divisée entre eux la discussion préliminaire du mobilier du mineur est nécessaire.

12°. L'action en rescision d'un immeuble, peut-elle être la matière d'une saisie immobilière ?

Quoique par l'action rescisoire le demandeur requière que les parties soient remises au même état qu'avant la vente , c'est-à-dire, que la vente soit résiliée à raison de la lésion énorme qu'elle lui fait éprouver, cette action néanmoins n'est pas purement *réelle* ou *immobiliaire* en ce que l'acquéreur peut empêcher la résolution du contrat en suppléant jusqu'à concurrence du juste prix, et c'est même à un supplément du juste prix, que se réduit l'action rescisoire. Ainsi elle ne peut être la base d'une saisie immobiliaire. Arrêt de cassation du 14 mai 1806.

13°. Lorsqu'un débiteur a vendu par des contrats *simulés*, mais transcrits au bureau des hypothèques, des biens dont il conserve encore réellement la propriété, ses créanciers peuvent après et nonobstant la transcription, poursuivre la saisie immobiliaire de ces biens ; parce que la simulation est une voie frauduleuse qui ne doit point profiter à ses auteurs et à leurs complices. *Voy*. M. Merlin, Quest. de droit, p. 440, 9ᵉ. vol.

14°. Peut-on saisir immobiliairement un *contumax* ?

Oui : arrêt de cassation, *p.* 81, *tom.* 6, *Jurisprud. du Code civil.*

15°. La caution *judicatum solvi* peut-elle être ici exigée ?

Voy. *pag.* 69 *ibid.*

Commandement préalable.

POUR constituer de nouveau le débiteur en demeure, pour lui faire connaître de quelles poursuites il est menacé, combien il lui importe de se libérer et de se soustraire à des frais capables d'absorber une partie de sa fortune, la loi exige qu'on *l'avertisse* officiellement par un commandement préalable donné à sa personne ou à son domicile, que « faute » de paiement il sera procédé à la saisie de ses , immeubles. »

Quelles sont les formes de ce commandement (1) ?

1°. Donner en tête (2) copie entière et non par extrait du titre (3) en vertu duquel elle est faite, afin que le débiteur connaisse d'une manière certaine le vrai motif des poursuites

---

(1) Voy. art. 2, loi du 11 brumaire an 7.

(2) Si cette copie était donnée, non en tête, mais dans le corps du commandement, serait-il nul ?

La même formalité était prescrite par la loi du 11 brumaire an 7, et la cour de cassation avait jugé, par arrêt du 6 frimaire an 13, que ce commandement était valable.

« Attendu, dit cette cour, que l'arrêt attaqué porte que le commandement dont il s'agit comprend, dans le corps de son contexte, la désignation des biens dont on poursuivait l'expropriation forcée, et qu'en jugeant que les formalités prescrites avaient été remplies, cet arrêt n'a contrevenu à aucune loi. »

Il est évident que le Code ayant consacré le même principe, cette cour prononcerait la même décision.

(3) Quel est le titre dont il faut donner copie dans le commandement? Est-ce le billet, ou l'obligation originaire, ou le jugement?

Les titres en vertu desquels on saisit immobiliairement sont les seuls titres *exécutoires* en vertu desquels on pouvait faire commandement.;

dirigées contre lui, et qu'il attaque ce titre s'il le juge convenable.

2°. Elire domicile dans le lieu où siège le tribunal de la situation des biens à saisir, si le créancier n'y demeure.

3°. Enoncer l'objet du commandement comme dessus.

4°. Faire viser l'original par le maire ou l'adjoint du domicile du débiteur (1) et remettre une copie a cet officier.

Ces quatre formalités qui constituent le commandement doivent être suivies *à peine de nullité*, 673.

« Il faut, disait la cour DE DIJON, que l'huissier ne soit pas dans le cas de faire un second voyage et qu'il puisse faire viser son original sans désemparer. »

----

ce sont les seuls dont il faut donner copie. On voit donc qu'il s'agit du jugement, et non de l'obligation primitive. Ainsi jugé par la cour d'appel de Paris, par arrêt du 28 thermidor an 12. Voy. d'ailleurs M. Grenier en son rapport au corps législatif. ——— Cet arrêt doit être suivi sous le Code.

Plusieurs cours trouvaient cette copie inutile; elles eussent desiré une simple énonciation pour éviter frais.

(1) Cette précaution est prise pour constater que l'huissier a réellement signifié le commandement requis, et pour remplacer le certificat des témoins ou des recors, qui, pour éviter des frais, sans doute, ne doivent point y paraître.

C'est probablement sur cette observation qu'on a ajouté dans l'article que l'huissier fera viser *dans le jour*, parce qu'il est rare que le maire et l'adjoint s'absentent simultanément pour un plus long tems.

« Le *visa* que le maire donnera sur l'original de cet acte, observait la cour DE TURIN, prouvera bien que l'huissier le lui a présenté; mais il ne constatera pas la vérité de la signification de cet acte au débiteur. »

« Toutes les mesures qui peuvent brider les huissiers dans leur devoir, ne doivent pas être négligées, sur-tout lorsqu'il s'agit d'actes d'une grande importance, tel que le commandement qui doit être suivi d'une saisie immobiliaire. »

Avertir le maire ou l'adjoint qui, de son côté, ne manquera pas d'avertir aussi le débiteur, est un surcroît de précaution, suffisant pour avoir toutes les probabilités que le saisi aura connaissance du commandement.

Lorsque le commandement a été fait au détenteur des biens saisis et non au débiteur, la saisie immobiliaire est-elle nulle?

« Attendu que dans l'espèce, dit la cour de cassation, le commandement n'a pas été fait au débiteur, mais au détenteur des biens qui n'était pas débiteur de la somme due aux poursuivans. »

« D'où il résulte que l'arrêt attaqué en annul-
lant cette expropriation forcée, s'est conformé
à la loi, rejette. »

Du 6 messidor an 13. (Aujourd'hui même
décision.)

Lorsque le créancier tient son débiteur en
prison, peut-il signifier le commandement à
fin de saisie immobiliaire, au domicile de ce
débiteur, ne doit-il pas le signifier à sa personne ?

Nous répondons que la détention pour dettes
dans une maison d'arrêt, ne constitue point
pour le détenu l'établissement d'un domicile
dans cette maison, qu'il conserve toujours son
domicile, malgré son emprisonnement; qu'ainsi
la signification faite à l'ancien domicile serait
valable.

Voy. arrêt de la cour d'appel de Paris, du 25
vendémiaire an 14, chambre des vacations (1).

Quel délai doit s'écouler entre le commandement et la saisie ?

Toujours inquiète sur le sort du débiteur qui
va être exproprié, la loi veut lui donner encore le tems de faire un dernier effort et de se
procurer la somme nécessaire pour éviter une
saisie. En conséquence, elle veut que « cette

---

(1) Voy. pag. 151, tom. 6 de la *Jurisprud. du Code civil.*

saisie ne puisse être faite que trente jours après le commandement. »

Ce commandement doit être renouvelé si la saisie n'est faite que trois mois après, (à peine de nullité), 674.

« Il convient d'ajouter à l'article, disait la cour de Dijon, que les frais du premier commandement seront à la charge du créancier, pour que le débiteur ne soit point vexé en frais inutiles, et qu'il ne puisse y avoir de contestation à cet égard.

Quoique la loi ne l'ait point exprimé, nous pensons que c'est le vœu de l'article', et que le créancier doit supporter les frais de la péremption de l'acte, qui provient de son fait.

Cette dernière formalité doit-elle être remplie lorsque le retard est causé par le fait du saisi ?

D'une part, on peut dire que l'art. 674 ne fait aucune distinction entre le cas où le créancier est ou n'est pas arrêté par les contestations du saisi ; qu'il ne faut pas reconnaître une exception que la loi n'a pas établie, et qu'il suffit que le délai de trois mois soit écoulé pour que le poursuivant ne puisse, sous aucun prétexte, se dispenser de renouveler son commandement.

Mais il nous paraît que cette conséquence n'est pas exacte; l'art. 674 établit une véritable prescription contre le commandement, pour stimuler le créancier poursuivant ; or il est incontestable que la prescription ne peut courir contre ceux qui exercent leurs droits, qui font toutes leurs diligences pour agir, mais qui sont arrêtés par le fait de l'adversaire. Autrement, il dépendrait absolument de celui-ci d'obtenir de nouveaux délais, puisqu'il faut encore un second mois d'intervalle après ce second commandement, ce qui ne peut être admis.

Le délai utile ne court contre le poursuivant que du jour où un jugement en dernier ressort a écarté la prétention du saisi.

Mais il faut soigneusement remarquer que la péremption est acquise hors ce cas d'exception de plein droit ; que le délai de trois mois expiré, le commandement doit être renouvelé sans que le saisi l'ait demandé. Ainsi jugé par arrêt de cassation du premier prairial an 13.

Le commandement fait par l'héritier du créancier doit-il contenir, à peine de nullité, copie des pièces justificatives de la qualité de cet héritier ?

La négative a été décidée par la cour d'appel de Paris, par arrêt du 31 mars 1806, 2e. section.

IIe. SECTION.

De la saisie.

Cette section embrassant un grand nombre de formalités, nous la diviserons en plusieurs paragraphes.

§ Ier.

Du procès-verbal de saisie.

Que doit contenir ce procès-verbal ?

Les formalités communes à tous les exploits (1).

Il doit en outre énoncer :

1°. Le titre en vertu duquel on saisit ;

2°. Le transport de l'huissier sur les biens saisis ;

3°. La désignation de l'extérieur des objets saisis.

Il est assez difficile de *préciser* ce que l'on entend par la désignation d'un immeuble ; *désigner* est une expression générique qui, dans la pratique, prête beaucoup à l'arbitraire.

Pour écarter cette difficulté, le législateur a pris soin de déterminer lui-même cette désignation ainsi qu'il suit :

---

(1) De là la source d'une foule de nullités.

Si c'est une maison, il faut énoncer l'arrondissement, la commune et la rue où elle est
située, et les tenans et aboutissans (1).

S'il s'agit de biens ruraux, il faut désigner les
bâtimens s'il y en a, la nature et la contenance
au moins *approximative* (2) de chaque pièce,
au moins deux de ses tenans et aboutissans.

Le nom du fermier ou colon s'il y en a.

L'arrondissement et la commune où elle est
située (3).

Quelle que soit la nature de l'immeuble saisi,
le procès-verbal contient en outre l'extrait de la
matrice de rôle de la contribution foncière pour
tous les articles saisis.

---

(1) Le numéro de la maison ne paraît nécessaire que dans les grandes
villes. On peut se dispenser de désigner l'étendue superficielle : on
avait vu l'abus de cette forme dans la cause Maugis, jugée par la
cour d'appel de Paris, le 6 floréal an 10, troisième sect.

(2) L'art. 4, n°. 2 de la loi de brumaire, exigeait ici *l'étendue
superficielle*, c'est-à-dire, la quantité exacte des mètres; ce qui
était trop rigoureux, car on pouvait faire tomber une expropriation
pour avoir commis une légère erreur dans cette désignation.

(3) Faut-il, à peine de nullité, insérer le canton, l'arrondissement
et le département dans lesquels cette commune est située?

Il est utile, mais il n'est pas nécessaire de le faire. Il n'y a nécessité de remplir une formalité que dans le cas où la loi l'ordonne; ici
elle ne le prescrit point : donc, on ne pourrait prononcer la nullité
proposée.

Ainsi jugé par la cour de cassation, par son arrêt du 15 messidor
an 12. — Arrêt auquel il faut aujourd'hui se conformer.

« Aux moyens exigés jusqu'à ce jour pour procurer une désignation précise des objets saisis,
nous avons cru devoir ajouter que le procès-
verbal de saisie contiendra l'extrait de la matrice
de rôle de la contribution foncière, pour tous
les articles saisis. Cette disposition donne aux
propriétaires une sécurité qu'aucune loi ne leur
avait encore pu procurer. Elle remplace pour
eux, avec beaucoup d'avantage, même le bail
judiciaire et la publicité que donnait l'expropriation qui en était le résultat. En effet, cette
expropriation, et par conséquent la publicité
qui n'avait que cette expropriation pour base, ne
pouvait être appliquée dans plusieurs circonstances ; par exemple, dans la saisie d'une nue-
propriété ; et, dans tous les cas, l'avertissement,
résultat de cette expropriation quelquefois impossible et souvent équivoque, ne pouvait être
donné que par autrui. »

« Dans notre système, au contraire, le propriétaire n'a pas besoin d'être troublé, n'a pas
même besoin d'être averti. Il suffit, pour sa par-
faite sécurité, qu'il fasse porter son nom sur le
rôle des contributions ; et par cette précaution bien simple qu'on ne peut l'empêcher de
prendre, il se met lui-même hors d'atteinte
de tout trouble, de toute perte, de toute surprise. » (M. Réal.)

Il contiendra en outre l'indication du tribunal où la saisie sera portée ;

Et la constitution d'avoué chez lequel le domicile du saisissant sera élu de droit (1). Le tout à peine de nullité, 675.

À qui faut-il donner copie du procès-verbal de la saisie ?

1º. Aux greffiers des juges de paix du canton dans lequel sont les biens du débiteur ;

2º. Si c'est une maison, aux maire ou adjoint de la commune où elle est située ; et si ce sont des biens ruraux, aux maire ou adjoint du lieu où sont les bâtimens, et s'il n'y en a pas, aux maire ou adjoint de la commune dans laquelle la matrice du rôle de la contribution foncière attribue le plus de revenus.

Ces copies sont exigées pour s'assurer que le saisi connaît tout ce qui se passe, et que l'huissier s'est transporté sur les lieux et a fait son devoir.

Ces greffiers et maires visent l'original du procès-verbal qui doit contenir mention que les copies leur ont été laissées ; le tout à peine de nullité ; 676.

____

(1) Ces deux dispositions étaient inutiles : ces formalités *étant communes à tous les exploits*, étaient suffisamment exigées par le commencement de l'article.

« Il est sans doute très-sage , observait la cour
DE DIJON , de prendre toutes les précautions
possibles pour établir l'authenticité et la publicité des saisies immobilières, pour mettre le débiteur à même d'en être instruit , pour constater
que les formalités prescrites ont été bien exactement observées; mais il ne faut pas multiplier
ces précautions sans nécessité. »

« Or, à quoi bon deux copies laissées, l'une au
greffier du juge de paix, l'autre au maire de la
commune de la situation de l'immeuble saisi ?
A quoi bon deux *visa* sur l'original du procès-
verbal ? Un seul suffit (1). »

On a craint sans doute la négligence de l'un
des fonctionnaires indiqués, et dans un acte aussi
important qu'une saisie, on a sacrifié les frais
qu'entraîne la double précaution ordonnée, à la
nécessité de prendre tous les moyens pour qu'il
n'y ait pas de surprise.

§ 11.

De la transcription de la saisie.

Où le procès-verbal de saisie doit-il être transcrit?

1°. Comme le procès-verbal de saisie n'opère

---

(1) Nous avons vu que beaucoup d'autres cours réclamaient contre la
même formalité.

point l'expropriation et n'enlève point le domaine du débiteur saisi, la loi a craint qu'il ne
s'élevât des débats entre plusieurs créanciers
saisissans, et pour les éviter elle a prescrit des
mesures pour constater la priorité des saisies,
en ordonnant « de transcrire la saisie immobiliaire dans un registre particulier au bureau des
hypothèques de la situation des biens pour la
partie des objets saisis qui se trouve dans l'arrondissement, à peine de nullité, 677.

« Dans quel délai, demandait la cour de
Rouen, cet enregistrement doit-il avoir lieu? »
La loi n'en ayant fixé aucun, nous ne voyons
pas sur quoi on pourrait se fonder pour le limi-
ter; l'intérêt du saisissant l'engagera sans doute
à ne pas omettre cette formalité, puisqu'il ne
pourra opposer la saisie aux tiers si elle n'a
pas été transcrite.

Si le conservateur des hypothèques ne peut
transcrire sur-le-champ cette saisie, il fera
mention sur l'original qui lui sera laissé, des
heure, jour, mois et an auxquels il lui a été
remis, et en cas de concurrence, le premier
présenté seul sera transcrit, 678.

Dès qu'il ne doit y avoir qu'une saisie transcrite, le conservateur motivera son refus de
transcrire la seconde, sur ce qu'il en a déjà
une

une précédente dont il énoncera la date, ainsi que les noms, demeures et professions du saisissant et du saisi, l'indication du tribunal où la saisie est portée, le nom de l'avoué du saisissant, et la date de la transcription.

2°. La saisie est en outre transcrite au greffe du tribunal où doit se faire la vente, dans la quinzaine du jour de la transcription au bureau des hypothèques, sauf le délai ordinaire pour la distance entre le lieu de la situation des biens et le tribunal. Le tout à peine de nullité, 680.

§ III.

De la dénonciation de la saisie immobiliaire.

Enregistrée au bureau des hypothèques et au greffe du tribunal, la saisie immobiliaire doit être dénoncée au saisi dans la quinzaine du jour du dernier enregistrement, outre un jour pour trois myriamètres de distance entre le domicile du saisi et la situation des biens.

Cette dénonciation doit contenir :

1°. La date de la première publication ;

2°. Être visée par le maire du domicile du saisi ;

3°. Être enregistrée dans la huitaine au bureau des hypothèques des biens saisis ;

4°. Il faut faire mention en marge de l'enregistrement de la saisie (1). Le tout à peine de nullité, 681. *Voy. plus haut les reproches adressés à ces deux articles.*

III°. SECTION.

Publicité de l'adjudication.

Si la loi prend déjà des précautions dispendieuses pour donner quelque publicité à la vente des meubles saisis, elle doit ici mettre tout en usage pour se procurer cet avantage ; sans cette publicité il n'y aurait que très-peu d'enchérisseurs qui pourraient obtenir à vil prix des biens dont la vente est forcée : de là, double perte pour le saisi, et souvent même pour le poursuivant et les autres créanciers.

Pour acquérir la publicité nécessaire, le Code a employé l'insertion sur le tableau des audiences, dans les journaux, et l'annonce par placards affichés.

§ Ier.

De l'insertion sur le tableau de l'auditoire.

Dans les trois mois de l'enregistrement par

____

(1) Sans doute c'est par erreur que la saisie est qualifiée *réelle* dans la loi.

lui fait de la saisie, le greffier est tenu d'insérer dans un tableau placé à cet effet dans l'auditoire un extrait contenant :

1°. La date de la saisie et des enregistremens;

2°. Les noms, professions et domiciles du saisi et du saisissant et de l'avoué de ce dernier.

3°. Les noms de l'arrondissement, de la commune, de la rue, des maisons saisies.

4°. L'indication sommaire des biens ruraux, en autant d'articles qu'il y a de communes, (il faut indiquer les communes et l'arrondissement dans lequel elles sont placées).

Chaque article contient seulement la nature et la quantité des objets et les noms des fermiers ou colons s'il y en a.

Si néanmoins les biens situés dans la même commune sont exploités par plusieurs *personnes* (1), ils sont divisés en autant d'articles qu'il y a d'exploitans.

5°. L'indication du jour de la première publication.

----

(1) Cette locution de la loi ne nous paraît pas juste. Une exploitation ne se fait ordinairement que par plusieurs personnes; il fallait mettre *par plusieurs familles.*

6º. Les noms des maires et greffiers des juges de paix, auxquels il a été laissé une copie de la saisie.

Le tout à peine de nullité, 682.

§ II.

Insertion dans les journaux.

L'extrait délivré par le greffier réunissant les conditions que nous venons de détailler, doit être inséré, sur la poursuite du saisissant, dans un des journaux du lieu où siège le tribunal qui connaît de la saisie.

S'il n'y a pas de journaux dans cette ville, il faut insérer cet extrait dans l'un de ceux du département ; s'il n'y en a pas, l'insertion n'est pas requise.

Il est justifié de cette insertion par la feuille contenant ledit extrait avec la signature de l'imprimeur, légalisée par le maire. Le tout à peine de nullité, 683.

§ III.

Affiches et placards.

Extrait, pareil à celui prescrit par l'article

précédent , *imprimé* en forme de placard , sera affiché (1) :

1°. A la porte du domicile du saisi ;

2°. A la principale porte des édifices saisis ;

3°. A la principale place des communes où le saisi est domicilié , où les biens sont situés , et où la vente se poursuit ;

4°. Au principal marché desdites communes , et lorsqu'il n'y en a pas , aux deux marchés les plus voisins ;

5°. A la porte de l'auditoire du juge de paix de la situation des bâtimens , et s'il n'y a pas de bâtimens , à la porte de l'auditoire de la justice de paix où se trouve la majeure partie des biens saisis ;

6°. Aux portes extérieures des tribunaux du domicile du saisi , de la situation des biens et de la vente,

____

(1) Cette affiche est requise pour l'intérêt de la partie saisie et de tous les créanciers. Déjà l'art. 2 de l'édit de 1551 exigeait impérieusement que l'huissier mît une affiche à-peu-près aux mêmes lieux que l'indique l'art. 684 du Code. Voy. aussi l'art. 4 de la loi du 11 brum. an 7.

La loi ne prononce pas la nullité de la procédure, si on lacère les affiches apposées par l'huissier; mais l'auteur de ce délit peut être puni par voie correctionnelle.

Le tout à peine de nullité, 684.

Comment l'apposition des placards doit-elle être constatée ?

Par un tableau auquel est annexé un exemplaire du placard.

Par cet acte l'huissier atteste que l'apposition a été faite aux lieux désignés par la loi, sans les détailler, (à peine de nullité,) 685.

Autrefois les originaux du placard étaient ainsi que le procès-verbal d'apposition, écrits en très-gros caractères; de là ces volumineux cahiers qui étaient un objet de ruine pour le saisi et un bénéfice scandaleux pour les procureurs.

Le Code défend de les *grossoyer* (1) sous aucun prétexte, 686.

Le Code ne prononce pas dans ce cas la peine de nullité ; mais la contravention entraînerait la perte des frais d'écritures qui ne passeraient point en taxe.

L'original du procès-verbal d'apposition doit être visé par le maire de chacune des communes dans lesquelles l'apposition a été faite.

______

(1) *Grossoyer*, c'est faire de la grosse écriture pour l'expédition d'un acte judiciaire.

Il est notifié à la partie saisie avec copie du placard. (Le tout à peine de nullité, 687.)

« Cet article, disait la COUR DE ROUEN, nous paraît inexécutable, ou entraînera beaucoup de longueurs et de frais, les maires des communes rurales étant souvent absens de leurs maisons ; quelle sera d'ailleurs la peine du maire refusant son visa ? »

En cas d'absence du maire, nous croyons qu'il faut ici, comme aux art. 673 et 676, recourir à l'adjoint ; en cas de refus, il faut se conformer à l'art. 1039 et faire viser par le procureur impérial.

IVe. SECTION.

Des mesures conservatoires à prendre pendant les poursuites.

Dans tous les tems de nombreuses difficultés se sont élevées sur l'administration des biens depuis le moment où ils ont été saisis. Que faut-il faire des fruits s'ils sont pendans par racine ? qui doit cultiver et ensemencer les terres ? si elles ne le sont pas, doit-on les louer ? quel est le propriétaire depuis la saisie jusqu'à la vente ? Toutes ces questions excitaient de vifs débats, faisaient naître des incidens sans nombre, donnaient lieu à de nouveaux frais que la loi a voulu éviter.

En conséquence elle a déclaré,

1°. Que si les immeubles saisis ne sont pas loués ou affermés, le saisi en restera en possession jusqu'à la vente (1), comme séquestre judiciaire (2).

Le Code apporte cependant une exception à ce principe, il permet au juge d'en ordonner autrement sur la réclamation d'un ou de plusieurs créanciers (3). »

2°. Quoique l'immeuble saisi reste provisoirement dans le domaine du débiteur, les créanciers peuvent néanmoins faire faire la coupe et la vente de tout ou de partie des fruits pendans par racines; parce que, s'ils les lais-

---

(1) Si la chose vient à périr, jusqu'alors c'est à la charge du saisi, *res perit domino.*

(2) Voy. le Code civil, art. 1965 et suiv.

(3) S'il y a du danger de laisser la possession au saisi, parce qu'il pourrait la dénaturer ou la détruire, le tribunal prend telle mesure que sa prudence lui suggère pour empêcher ce préjudice. Cette disposition a été ajoutée sur l'observation de la COUR DE DIJON, qui demandait « ce que fera le saisissant, si le saisi ne veut point être séquestre judiciaire de sa propriété, s'il cesse la culture des terres, etc. »

sent enlever, il est à présumer que le saisi les distraira à son profit, et qu'il enlevera cette sûreté au préjudice des créanciers, 688.

5°. Les fruits échus depuis la dénonciation au saisi sont immobilisés pour être distribués avec le prix de l'immeuble par ordre d'hypothèque; c'est-à-dire, que la dénonciation une fois connue du saisi, les fruits croissent pour les créanciers, et sont partagés entre eux comme l'immeuble même, 689.

« Mais si les fruits sont saisis, qui veillera à leur conservation? demandait la cour d'Agen, qui en fera la récolte? Les gardera-t-on ou les vendra-t-on? Qui les gardera ou vendra? La vente devra-t-elle en être faite dans la forme du titre 9? Que fera-t-on du prix immobilisé? Où le déposera-t-on? Voilà bien des difficultés que les art. 688 et 689 vont faire naître. »

C'était effectivement un vide que laissait le projet; mais l'art. 688 ayant ajouté que les créanciers pourront faire la coupe et la vente; il en résulte bien qu'ils sont les surveillans naturels; quant à la vente des fruits, il n'y a pas de doute qu'on ne doive se conformer pour la forme au titre 9; parce que c'est à proprement parler une *saisie-brandon*.

« Au cas de saisie des fruits des biens saisis

immobiliairement et de vente d'iceux par suite de la saisie, on ne fait pas de doute, observait la COUR D'ORLÉANS, que le prix doive en être distribué par voie de contribution, ainsi qu'il a été réglé au titre de la saisie-brandon. Cependant l'art. 689 présente une incertitude qu'il faut faire disparaître ; il dispose indéfiniment que les fruits échus depuis la dénonciation au saisi seront immobilisés : sans doute ils doivent être immobilisés quand le saisi, privé du droit d'en disposer, ne jouit et ne récolte que comme séquestre judiciaire de la propriété, et qu'à ce titre, c'est lui qui est resté en possession et a perçu les fruits ; mais dès qu'un créancier usant du bénéfice qui lui est accordé de pouvoir toujours faire saisir les fruits, a distrait ces fruits du fonds et leur a conféré la nature de meubles, par cette distraction qu'a opérée la vente en faveur des créanciers qui l'ont provoquée et suivie, ils doivent être partagés comme meubles ; l'incertitude doit donc disparaître. »

Il n'y avait pas besoin d'une disposition à cet égard ; assurément, quand il y a eu des créanciers qui déjà ont saisi les fruits, ces mêmes fruits ne peuvent être immobilisés et distribués avec le prix de l'immeuble, ils appartiennent à ceux qui en ont fait la saisie.

4°. Le saisi ne peut faire aucune coupe de bois, aucune dégradation, à peine de dommages-intérêts auxquels il est condamné par corps.

Il peut même être poursuivi par la voie criminelle, suivant la gravité des circonstances, 690.

Du bail de l'immeuble saisi.

5°. « Si les immeubles sont loués par un bail qui n'a pas une date certaine avant le commandement, la nullité peut en être prononcée, si les créanciers ou l'adjudicataire le demandent (1), » c'est-à-dire, si l'on présume qu'il

---

(1) « Si les créanciers ou l'adjudicataire le demandent, cela suppose donc, disait la COUR D'AGEN, qu'il y aura un adjudicataire des fruits. Il aurait donc fallu dire, à l'art. 688, *que les fruits seront saisis et vendus dans les formes prescrites par le titre 9;* et alors un pauvre débiteur aura contre lui deux procédures, double poursuite, et sera, comme à Rome, déchiré en lambeaux. Et si le bail n'a pas été connu avant l'adjudication, comme l'article paraît le supposer, car ce n'est que dans ce cas qu'il peut y avoir un adjudicataire, celui-ci ne pourra-t-il demander aucun dédommagement aux créanciers ? A la charge de qui seront les frais exposés pour parvenir à la vente des fruits ? C'est encore ce qu'il faudrait dire. »

« Mais si les créanciers ont fait faire la vente, malgré qu'ils eussent la connaissance du bail, l'action de l'adjudicataire contre eux sera bien plus forte : le saisi devra-t-il payer les frais d'une mauvaise procédure faite par leur faute ? »

Nous ne pensons pas, avec la cour d'Agen, qu'on parle ici d'un adjudicataire des fruits, mais seulement de l'adjudicataire de l'immeuble,

y a eu fraude ou collusion de la part du locataire.

« Si le bail a une date certaine, il doit être
maintenu, mais les créanciers peuvent saisir et
arrêter les loyers ou fermages échus depuis la
dénonciation faite au saisi, » 691.

« Il suit de cet article, observait la cour de
Caen, qu'un débiteur de mauvaise foi (et c'est
le plus grand nombre), prévoyant l'impossibilité d'éviter l'expropriation de ses biens, les
louera par bail authentique, et prendra par
forme de pot de vin, une somme considérable
qui ne sera point exprimée dans le bail, et frus-
trera ainsi ses créanciers d'une manière d'autant
plus dommageable ; qu'outre la perte des sommes
payées par avance, les acquéreurs se dégoute-
ront par cela même qu'ils ne pourront entrer en
jouissance, et seront tenus de souffrir un long
bail fait à vil prix. »

« Nous jugeons que le fermier pouvait être
dépossédé à l'expiration de l'année de jouissance, commencée lors de l'adjudication, sauf

---

qui peut demander la nullité du bail dont l'existence ni la sincérité
ne sont pas certaines, comme dans le cas de l'art. 1543 du Code civil.

Quant aux créanciers, nous estimons que s'ils ont fait une procédure
dans laquelle ils ont succombé, ils doivent seuls en supporter les
frais.

à réclamer ses dommages et intérêts à l'état de deniers, dans l'ordre de son hypothèque, s'il avait pris la précaution de se l'assurer. »

« Cette jurisprudence paraît préférable à celle introduite par le projet que nous examinons. »

« Au surplus, si on croit devoir maintenir l'article, pour ne pas exposer le débiteur à ne pouvoir trouver de fermier, au moins faudrait-il réduire la durée de sa jouissance à trois années au plus, y compris celle dans laquelle le commandement aurait été fait. »

Le Code n'a point adopté cette distinction : il ne s'attache qu'au fait de savoir s'il y a ou non un bail à date certaine : dans le dernier cas et par respect pour les conventions, on les maintient sans réduction du tems pour lequel elles ont été faites ; l'inconvénient qui en peut résulter en quelques circonstances, est sûrement moins grand que celui qui naîtrait de la faculté accordée indistinctement d'attaquer les baux légalement passés. C'était d'ailleurs le vœu de l'art. 1743 du Code civil.

« Quoique le bail n'ait point une date certaine, observait la COUR DE DIJON, la jouissance peut être commencée ; alors elle doit avoir lieu conformément à ce qui est prescrit par le Code civil, et les créanciers audit cas, pourraient saisir, arrêter les fermages pour le tems qu'ils auraient à courir. »

Nous croyons qu'effectivement, il peut y avoir un bail sincère sans écrit, et qu'il faut se conformer aux dispositions du Code en ce point; *Voy. art.* 1716 et 1774, c'est-à-dire, donner le tems nécessaire au locataire pour récolter et évacuer les lieux.

La COUR DE DIJON demandait qu'on ajoutât à l'article « que ce sera sans aucune indemnité, ni dommages-intérêts, que la nullité du bail sera prononcée. »

Cette disposition n'aurait été ici qu'une répétition, car elle se trouve littéralement consignée dans l'art. 1750 du Code civil.

De la vente de l'immeuble saisi.

6°. « A compter de la dénonciation au saisi, il ne peut plus aliéner ses immeubles, à peine de nullité, et sans qu'il soit besoin de la prononcer, » 692.

Mais il peut, si les créanciers y consentent, convertir la saisie en vente volontaire.

Néanmoins l'aliénation des immeubles saisis produira son effet si, avant l'adjudication, l'acquéreur consigne une somme suffisante pour acquitter en principal, intérêts et frais, les créances inscrites , et signifie l'acte de consignation aux créanciers inscrits. »

Dans ce cas , les créanciers n'ont aucun intérêt à demander la nullité de l'adjudication ; le saisi se trouve également lié , son consentement est obligatoire envers son acquéreur. *Voy. l'arrêt de cassation du 21 juillet 1806.*

A part ce cas singulier , nous pensons qu'un seul créancier peut s'opposer à ce que la saisie immobilière soit convertie en vente volontaire.

On ne peut arguer de nos usages sur les faillites , où les trois quarts en sommes , amènent l'autre quart à un arrangement avec le débiteur commun. Ici aucune loi n'impose cette obligation à un créancier , il doit jouir, sauf le cas de la contribution, de toute l'étendue de son droit. Ainsi jugé sous l'empire de la loi de brumaire par la cour d'appel de Paris , par arrêt du 5 messidor an 10, 2e. section, entre Testu Balincourt et la république. — (Même décision aujourd'hui.)

Mais si les deniers déposés ont été empruntés , les prêteurs n'auront d'hypothèque que postérieurement aux créanciers inscrits , lors de l'aliénation.

« Cette disposition peut donner lieu à des fraudes et porter évidemment préjudice aux créanciers cédulaires, observait la COUR DE DIJON. »

« Supposons, en effet, qu'un domaine qui pourrait être vendu 50,000 fr., ne soit grévé d'inscription que pour 20,000. »

« S'il était vendu 30,000 fr., les créanciers inscrits seraient d'abord colloqués pour 20,000 fr. et les créanciers cédulaires requerraient collocation pour les 10,000 fr. restant. »

« Mais si la vente que le débiteur pourrait faire après que la saisie lui aura été dénoncée, doit avoir son exécution, l'acquéreur déposant somme suffisante pour acquitter les créances inscrites, il s'ensuivrait que, par un concert frauduleux entre l'acquéreur et le saisi, celui-ci pourrait mettre dans sa poche, ou partager avec l'acquéreur, la somme dont il serait clandestinement convenu pour le prix de la vente, au-delà du montant des créances inscrites. »

« Et la seconde partie de l'article donnant au prêteur une hypothèque immédiatement après les créanciers inscrits, les créanciers cédulaires se trouveraient, dans tous les cas, nécessairement évincés. »

« Il

« Il conviendrait donc de supprimer totale-
ment cet article ; il faut que le saisi ne puisse
plus disposer de l'immeuble, dès que la saisie
lui a été dénoncée, ainsi que cela a été établi
par les lois antérieures sur cette matière. »

Il est évident qu'ici on a dérogé au § 2 de
l'art. 2103 du Code civil, par la raison sans
doute, qu'aucune considération ne peut faire
perdre aux créanciers inscrits leur droit d'hypothèque ; et si quelquefois il peut en résulter
quelques inconvéniens, vis-à-vis des créanciers
cédulaires, les cas supposés sont trop rares pour
que le législateur ait dû s'y arrêter.

« Faute de cette consignation il ne peut être
sursis à l'adjudication sous aucun prétexte, » 694.

Le tribunal peut-il accorder des délais et
prononcer un sursis pour faire une vente volontaire ?

D'une part, la dernière disposition de l'article 1244 du Code civil permet aux tribunaux
d'accorder un délai pour payer ; l'art. 122 du
Code de procédure leur conserve la même faculté, mais ils n'en doivent user qu'avec la
plus grande réserve ; et l'on peut répondre qu'en
thèse générale le poursuivant a le droit de
continuer les poursuites sans sursis. *Voy. un
arrêt de la cour d'appel de Besançon, p. 360,
tom. 5 de la Jurisprud. du Code civil.*

La cour de Caen observe « qu'il faudrait dire où se fera le dépôt ordonné par l'art. 693. »

Le projet se servait seulement du mot *dépôt;* mais on a répondu à l'observation de la cour de Caen en y substituant le mot *consignation;* de sorte que comme dans le cas de l'art. 590 ci-dessus, il faut déposer au lieu ordinaire des consignations (1), à moins que les parties ne conviennent autrement.

Notification des affiches.

Pour avertir les créanciers inscrits que leur gage doit leur être enlevé, pour les engager à surveiller leurs intérêts, et se présenter à l'adjudication, « un exemplaire du placard imprimé est notifié aux créanciers inscrits (2) aux domi-

---

(1) Voy. sur les consignations, le mode et le lieu où elles doivent être faites, la loi du 28 nivose an 13, rapportée *pag.* 143, *quatrième vol. de la Jurisprud. du Code civil.*

(2) « La saisie immobiliaire n'est pas nulle, faute par le poursuivant d'avoir compris dans l'affiche et dans la notification prescrite par l'art. 695, plusieurs créanciers inscrits; mais non mentionnés dans l'état des inscriptions à lui délivré par le conservateur. Ce poursuivant n'a pas le droit de compulser lui-même le registre du conservateur des hypothèques; il doit nécessairement s'en rapporter à la déclaration de ce dernier pour régulariser la procédure, sauf aux créanciers omis à faire leur réclamation ultérieurement. »

Ainsi jugé par la cour d'appel de Besançon, par arrêt du 25 ni-

ciles élus par les inscriptions., huit jours au moins avant la première publication de l'enchère, » sauf l'augmentation ordinaire pour la distance (à peine de nullité), 695.

Où doivent être faites les notifications aux créanciers qui habitent en pays étrangers ?

Comme le Code ne prescrit aucune formalité à cet égard , il faut appliquer aujourd'hui l'art. 69 , n°. 9 du Code , comme la cour de cassation avait auparavant prescrit d'appliquer l'art. 7 , tit. 2 de l'ordonn. *Voy.* arrêt du 11 *fructidor an 11.*

La nullité résultant du défaut de ces notifications ou du vice dont elles sont infectées, peut-elle être invoquée par les saisis ?

Il nous paraît que les créanciers sont seuls intéressés à ce que cette notification soit faite ; que lorsqu'ils ne se plaignent pas , qu'ils n'en demandent pas la nullité, le saisi n'a pas la faculté de s'en prévaloir; c'est un principe universellement reçu qu'une partie ne peut exciper des droits de tous. Ainsi l'avait déjà jugé la cour d'appel de Paris , par arrêt du 13 prairial an 11.

---

vose an 13. —·— Cet arrêt doit être aujourd'hui suivi , ainsi que celui de la cour d'appel de Colmar , du 14 janvier 1806, qui établit le même principe.

La notification prescrite par l'article 695 est enregistrée en marge de la saisie au bureau de la conservation.

Du jour de cet enregistrement la saisie ne peut plus être rayée que du consentement des créanciers, ou en vertu de jugemens rendus contre eux (à peine de nullité), 696.

« Voilà en quelques lignes tout le système de l'expropriation forcée. Comparé au système trop rapide et incomplet de la loi de l'an 7, comparé au système incohérent, bisarre et spoliateur qui l'a précédé, il n'a aucun des inconvéniens qui flétrissent ces deux systèmes : il réunit tous les avantages qu'on demanderait vainement à l'un ou à l'autre. »

« Dans un intervalle de cinq mois et quelques jours à compter du commandement, et de quatre mois à compter du procès-verbal de saisie, le créancier pourra mettre fin à une poursuite qu'aucun incident n'aura arrêtée. »

« Mais aussi sans susciter aucune difficulté mal fondée, la partie saisie obtient de la loi ces cinq mois, pendant lesquels elle peut trouver les moyens d'opérer sa libération autrement que par la vente de ses propriétés. »

« Dans ce système, vous aurez remarqué que c'est encore en évitant les excès opposés, que c'est encore en conciliant les intérêts diffé-

rens du saisi , du saisissant et des tiers , que
nous avons fixé le nombre des actes et des formalités dont se compose cette poursuite. Nous
nous sommes tenus également éloignés et d'une
parcimonie qui , anéantissant toute publicité ,
aurait compromis tous ces intérêts ; et, d'une
prodigalité qui , multipliant sans mesure ces formalités et ces actes , aurait sacrifié tous ces intérêts à l'intérêt des officiers ministériels. Mais
cette modération même nous a permis d'exiger
avec sévérité que chacun de ces actes ne pût
être la cause ou l'occasion de quelqu'abus. »
(M. Réal.)

V^e. SECTION.

De l'adjudication.

L'adjudication est l'acte par lequel on aliène
l'immeuble à celui qui est le plus offrant et
dernier enchérisseur.

Celui-ci prend le nom d'*adjudicataire* pour
le distinguer de l'acquéreur qui achète par contrat volontaire.

Il y a deux espèces d'adjudications , l'adjudication *préparatoire* et l'adjudication *définitive.* Cette section sera divisée en trois paragraphes.

Le premier traitera du cahier des charges.

Le second de l'adjudication préparatoire.

Le troisième de l'adjudication définitive.

§ Ier.

Du cahier des charges.

Le cahier des charges est l'acte qui contient l'énonciation de toutes les clauses , conditions, ou plutôt de toutes les charges qu'on impose, ou qui sont déjà imposées sur l'immeuble.

Lorsqu'il s'agit d'une saisie immobiliaire, ce cahier doit être déposé quinzaine au moins avant la première publication , au greffe, et renfermer en outre les conditions suivantes :

1°. Il doit énoncer le titre en vertu duquel la saisie a été faite, celle du commandement, de l'exploit de saisie , et des actes et jugemens qui ont pu être faits ou rendus.

2°. Désigner les objets saisis, comme ils ont dû l'être dans le procès-verbal.

3°. Énoncer les conditions de la vente.

Quels sont les termes de paiement.

4°. Contenir une mise à prix par le poursuivant (le tout à peine de nullité), 697.

« Il faudrait fixer une base pour la mise à prix , observait la COUR D'APPEL D'AIX; elle ne peut pas être arbitraire. La loi du 11 brumaire an 7 la portait à quinze fois le revenu net désigné dans la matrice du rôle. Il faudrait peut - être la porter plus haut, puisqu'il est reconnu que cette base n'égale jamais la valeur foncière de l'immeuble...»

Malgré cette observation, on n'a point déterminé la quotité de cette mise à prix, de sorte qu'elle est absolument facultative.

Le poursuivant demeure adjudicataire pour la mise à prix, s'il ne se présente pas de surenchérisseur, 698.

Le projet renfermait un art. 718 qui disposait au contraire que s'il ne se présentait pas d'enchérisseur, le poursuivant ne pourrait être contraint de demeurer adjudicataire; mais alors, comme le demandait la cour d'Aix.« que deviendra la mise à prix ? et comment se terminera la procédure ? il faut nécessairement que le créancier fasse vendre l'immeuble hypothéqué, ou qu'il le prenne en paiement. »

« La vente est impossible quand il ne se présente pas d'enchérisseur. Il faut donc recourir au bail en paie : mais quelle doit être sa base ? nous n'en connaissons pas de plus juste que l'évaluation par experts. »

« Il faudrait donc déterminer qu'à défaut d'enchérisseur, le poursuivant sera tenu de faire estimer l'immeuble par experts nommés d'office par le juge de paix et de s'y payer, sur le pied de cette estimation, de tout ce qui lui est dû. »

Le moyen adopté par le Code est plus simple et évite tous ces embarras.

Les dires des parties, c'est-à-dire du saisi, du poursuivant et des créanciers, les publications et adjudications sont inscrits sur le cahier des charges, à la suite de la mise à prix (à peine de nullité), 699.

Le cahier des charges est publié, pour la première fois, un mois au moins (1) après la notification du procès-verbal d'affiche à la partie saisie (à peine de nullité), 700.

Il ne peut y avoir moins d'un mois d'intervalle ni plus de six mois entre la notification et la première publication (à peine de nullité), 701.

§ II.

Adjudication préparatoire.

L'adjudication préparatoire n'est qu'une adjudication incertaine qui ne donne sur les biens saisis aucune propriété actuelle à l'adjudicataire, puisqu'il peut être déchu par un plus haut

---

(1) Voy. arrêt de la cour d'appel de Paris, du 27 floréal an 12, sur l'interprétation de l'art. 14 de la loi du 11 brumaire an 7.

enchérisseur ; mais si lors de l'adjudication définitive , personne ne surenchérissait , la propriété lui serait incommutablement transférée.
Voy. art. 703 ci-après.

Le cahier des charges est publié à l'audience
successivement de quinzaine en quinzaine , trois
fois au moins avant l'adjudication préparatoire (à peine de nullité) , 702.

Huit jours au moins avant cette adjudication , et le délai ordinaire pour la distance ,
il faut insérer de nouveau dans un journal
l'extrait prescrit par l'art. 683 , apposer les
placards comme l'exige l'art. 684 , et y ajouter
la mise à prix et l'indication de l'adjudication
préparatoire , à peine de nullité.

Cette addition est *manuscrite* (1) pour éviter
les frais , autrement ils ne passeraient point
en taxe , 703.

Dans les quinze jours de cette adjudication,
de nouvelles annonces sont insérées dans les
journaux , et de nouveaux placards sont apposés
avec l'indication du prix de l'adjudication

---

(1) Il serait en effet trop difficile et quelquefois impossible de recourir à un imprimeur , chaque fois qu'il faut apposer de nouvelles
affiches ; les frais d'ailleurs deviendraient trop considérables.

préparatoire et du jour de l'adjudication définitive (à peine de nullité) , 704.

L'insertion aux journaux , l'apposition des placards sont justifiés dans le 2ᵉ. et 3ᵉ. cas , comme dans le 1ᵉʳ. (à peine de nullité) , 705.

« Il faut trouver un autre mode de rendre l'enchère publique, disait la cour d'Agen; celui-ci est nul. Pourquoi cette adjudication préparatoire qui ne produit rien que des frais qui diminuent les biens du saisi et les reprises des créanciers ? Ne peut-on pas proroger les délais sans faire des actes inutiles et ruineux ? »

« On aurait dû décider ici quelques difficultés que la matière fait naître. »

« Le dernier enchérisseur est-il obligé par son enchère ? Peut-il s'en départir avant l'adjudication? Pourra-t-il s'en faire décharger , si, par quelque incident , le terme de l'enchère définitive était éloigné ? si , par l'effet d'une demande incidente , il survenait de nouvelles charges sur les biens saisis? si , dans l'intervalle de l'enchère à l'adjudication , l'objet saisi éprouve des dégradations notables , l'enchérisseur est-il dégagé lorsque son enchère est couverte par un autre ? et si celui-ci abandonne l'enchère, est insolvable ou est déchargé, pourra-t-on revenir sur le précédent ? Telles sont

les principales difficultés qui se présenteront
journellement et dont la loi devrait offrir la
solution. Au reste , les annonces , appositions
de placards , enchères et adjudications prépa-
ratoires , devraient toujours être signifiées au
saisi , il faut au moins lui faire connaître le
jour où son expropriation devra être consom-
mée. Comment pourra-t-il sans cela remplir ,
quant aux demandes en nullité, l'obligation qui
lui est imposée par l'art. 735 ? »

Plusieurs autres cours trouvaient aussi, par
les mêmes motifs , cette adjudication préparatoire inutile ; cependant elle n'en a pas
moins été maintenue.

Quant aux difficultés proposées , nous croyons
que l'enchérisseur ne peut se désister que lorsqu'il survient de nouvelles charges ou de nouveaux accidens inattendus, qui ne peuvent raisonnablement frapper sur celui qui n'étant point
encore propriétaire ne peut les supporter.

Quant au point de savoir si le premier enchérisseur abandonnant son enchère, ou peut
recourir au deuxième , *voy*. ci-après l'art. 707
qui décide la négative.

§ III.

Adjudication définitive.

Cette adjudication doit être faite au jour indiqué lors de l'adjudication préparatoire (1).

Mais le délai entre les deux adjudications ne peut être moindre de six semaines (à peine de nullité), 706.

Les enchères sont faites par le ministère d'un avoué et à l'audience.

Les enchères étant ouvertes, il est allumé successivement des bougies préparées de manière que chacune ait une durée d'environ une minute.

L'enchérisseur cesse d'être obligé, si son enchère est couverte par un autre, lors même que

---

(1) Mais si des incidens, des discussions ne permettent plus d'adjuger au jour indiqué, le juge peut il ordonner une remise au lendemain ?

L'affirmative avait été jugée par arrêt de la cour suprême, du 28 ventose an 13 ; mais aujourd'hui l'art. 706 semble refuser cette faculté : cependant il pourrait y avoir des causes tellement graves, que cette remise devienne nécessaire et avantageuse à tous les intéressés. Dans tous les cas, il ne serait plus possible de s'en faire un moyen de nullité, si, aux termes de l'art. 731, la nullité n'avait pas été proposée avant l'adjudication, ou même dix jours auparavant, dans le cas de l'art. 735.

cette dernière serait déclarée nulle (à peine de nullité), 707.

« Pourquoi faudrait-il donc se servir du ministère d'avoués pour faire des enchères ? pourquoi chaque citoyen ne serait-il pas reçu à enchérir, soit par lui-même, soit en vertu de procuration, demandait la cour de Dijon ? »

D'autres cours faisaient des observations à-peu-près dans le même sens.

« Comme il peut se trouver un plus grand nombre d'enchérisseurs que d'avoués près le tribunal qui procède à l'adjudication, il paraît convenable, disait la cour d'Amiens, d'ajouter : ou par la partie avec l'assistance d'un avoué, qui ne pourra refuser son ministère. »

Malgré ces raisons, on a laissé aux avoués directement le droit d'enchérir, par la raison, sans doute que le tribunal ne connaissant pas les individus, il fallait que les enchères fussent faites par des individus qui en attestassent, pour ainsi dire, la sincérité.

Aucune adjudication ne peut être faite qu'après l'extinction de trois bougies allumées successivement.

S'il y a un enchérisseur lors de l'adjudication préparatoire, l'adjudication ne devient définitive qu'après l'extinction de trois feux sans nouvelles enchères.

Si pendant la durée d'une des trois premières bougies il survient des enchères, l'adjudication ne peut être faite qu'après l'extinction de deux feux sans enchère survenue pendant leur durée (à peine de nullité), 708.

L'avoué dernier enchérisseur est tenu dans les trois jours de l'adjudication, de déclarer l'adjudicataire et de fournir son acceptation ; sinon de représenter son pouvoir et de l'annexer à la minute de sa déclaration.

Autrement il est déclaré adjudicataire en son nom, 709.

« Loin d'accorder trois jours à l'avoué du dernier enchérisseur pour déclarer l'adjudicataire, il faut l'obliger à faire sur-le-champ cette déclaration, disait la cour de Dijon. L'avoué n'a pas dû se présenter aux enchères sans être muni d'une procuration ; il n'y a donc aucune espèce de raison pour laisser un délai de trois jours entre sa déclaration et l'adjudication ; autrement c'est ouvrir la porte aux fraudes. »

« Nous irons plus loin, et nous dirons qu'il conviendrait de ne recevoir aucune enchère de la part d'un avoué, qu'il n'eût déclaré si c'est pour lui et en son nom qu'il enchérit, ou qu'il n'ait justifié de son pouvoir. »

Justifier de son pouvoir, c'est faire connaître celui qui l'a donné, et qui a intérêt peut-être à ne se mettre au jour qu'après que l'adjudication sera certaine en sa faveur. Le mode adopté par le Code, offre presque la même sûreté, évite l'inconvénient, et devient donc préférable.

La cour d'Agen observait qu'il faudrait donc dire : « *l'adjudication sera prononcée au nom de l'avoué enchérisseur, qui sera tenu*, etc. ; où et comment l'avoué fera-t-il cette déclaration ? Cela doit être au greffe, sans doute ; mais il faudrait le dire : cette déclaration, l'acceptation ou le pouvoir, ne doivent faire qu'un même titre de propriété avec l'adjudication ; et la loi devrait dire que le tout serait expédié à la suite de la grosse du jugement d'adjudication. »

Effectivement la déclaration devra être faite au greffe, et l'expédition contiendra sans doute l'énonciation de la déclaration faite et de l'acceptation.

« Il paraît que les rédacteurs du projet ont voulu, en cet article, parler de l'adjudication définitive : néanmoins, il serait convenable, disait la cour de Turin, que la rédaction fût

plus précise , pour lever le doute sur l'applica·
tion de l'article à l'adjudication préparatoire. »

Quoique le Code ne se soit pas expliqué , nous
croyons, avec la cour de Turin, que l'article
ne s'applique qu'à l'adjudication définitive.

Toute personne peut dans la huitaine du jour
où l'adjudication aura été prononcée , faire au
greffe du tribunal une surenchère du quart au
moins en sus du prix principal de la vente, 710.

Cette surenchère n'est reçue qu'à charge
d'une dénonciation dans les 24 heures aux
avoués , 1°. de l'adjudicataire , 2°. du poursuivant, 3°. de la partie saisie , si elle a constitué avoué , et si elle n'en a pas , il n'est pas
nécessaire de lui en faire une.

La dénonciation doit être faite par un simple
acte, ou avenir à la prochaine audience , 711.

Au jour indiqué l'immeuble est remis aux
enchères entre l'adjudicataire et le surenchérisseur seulement.

Celui-ci , en cas de folle enchère , est tenu
par corps de la différence de son prix d'avec
celui de la vente , 712.

De là on pourrait induire que les septuagé-
naires , les femmes et les filles qui , aux termes
de l'art. 2066 du Code civil ne sont sujets à la
contrainte

ontrainte par corps que pour stellionat , ne pourraient faire au greffe la surenchère permise par l'art. 710 ; car, dira-t-on , si l'on s'attachait juridiquement à l'expression générale de l'article par TOUTE PERSONNE , sans distinguer la condition du nouvel enchérisseur , le saisi ne manquerait jamais de faire cette surenchère sous le nom d'un septuagénaire insolvable pour obtenir de nouveaux délais et un adoucissement dans la rigueur de l'exécution.

Nous estimons néanmoins que les personnes mêmes , non sujettes à la contrainte par corps , peuvent surenchérir , parce que si elles ne paient pas , l'adjudication définitive obtient son effet , et que l'on se venge sur les biens de ces personnes pour les frais.

Nous croyons cependant qu'on peut refuser leur enchère , si d'ailleurs elles n'offrent pas sûreté ou caution suffisantes.

Qui peut se rendre adjudicataire ?

Tous ceux qui ne sont pas empêchés par la loi.

Les personnes incapables , sont le saisi , les insolvables , les juges , les suppléans , le ministère public et le greffier du tribunal chargé de faire la vente , à peine de nullité de l'adjudication et de tous dommages-intérêts.

Voy. aussi celles énumérées par l'art. 1596 du Code civil.

« La défense portée par cet article paraît trop générale, observait la COUR DE METZ, le motif qui l'a dictée est la crainte de l'influence des juges qui président à l'adjudication ; elle devrait donc être bornée à ceux qui siègent lors de la vente. »

L'article n'a pas été changé dans la rédaction définitive, et nous regardons que l'incapacité est attachée à la qualité de juge, que par conséquent celui qui n'a pas siégé, ne peut non plus se porter adjudicataire.

Les incapables ne peuvent pas mieux se rendre adjudicataires pour autrui, comme si celui qui a été déclaré par l'avoué, faisait ensuite une déclaration de command au profit de l'incapable. L'effet de cette dernière déclaration étant que celui-ci a donné, dès le principe, ordre ou pouvoir d'agir pour lui, il en résulterait contre lui la même cause d'exclusion.

« Il ne suffit pas, disait la COUR DE DIJON, que les juges, les suppléans, les procureurs impériaux, les substituts et les greffiers du tribunal où la vente a été poursuivie, ne puissent être adjudicataires, il faut encore que les avoués qui auraient prêté leur ministère aux parties ayant un intérêt quelconque à la vente, ne puissent avoir l'adjudication. »

« Il faudrait par identité de raison, ajoutait la COUR DE TURIN, comprendre dans la prohi-

bition portée par cet article, les commis greffiers et les huissiers reçus près le tribunal où se
poursuit la vente. »

« Le projet se borne à défendre aux avoués
de se rendre adjudicataires pour le saisi et les
personnes notoirement insolvables ; mais il ne
prononce pas de peine contre les contrevenans ,
telles , par exemple , qu'une amende dont on
fixerait le *maximum* et le *minimum* , ou l'interdiction de leurs fonctions pendant un tems que
l'on déterminerait aussi, outre les dommages-
intérêts et frais envers les intéressés ; et l'on
devra comprendre dans ces frais ceux de nouvelles enchères. »

Comme ici il s'agit d'exclusions et d'incapa-
cités , et qu'on ne peut les étendre, il en résulte que l'avoué n'étant empêché d'acquérir que
pour le saisi , peut cependant le faire pour son
propre compte.

Il en est de même des commis greffiers , des
huissiers, des notaires et mêmes des avocats qui
ne sont point compris dans la prohibition.

La nullité de l'adjudication et les dommages
et intérêts dans lesquels , sans doute, on fera
entrer les frais de nouvelles enchères, telles sont
les peines infligées ; et en aucun cas , il n'y
aura lieu d'en ordonner d'autres.

*

Il est constant que le saisi ne peut être adjudicataire, parce qu'il ne peut payer, de même
que l'insolvable : il est défendu aux magistrats
de se rendre adjudicataires, parce qu'il est à
craindre qu'ils n'abusent de l'autorité que leur
donne leur caractère, pour se faire adjuger à vil
prix le bien exproprié, au préjudice de la partie
saisie et de ses créanciers. C'était déjà la jurisprudence de la plupart des parlemens. *Voy.* le
nouveau Répertoire, v°. *adjudicataire.*

Une question très-importante consiste à savoir
si les magistrats peuvent surenchérir sur l'adjudication aux termes de l'art. 710 ?

Cet article porte que TOUTE PERSONNE pourra
surenchérir au greffe, et en effet il semble que
la loi n'a plus à craindre le même danger que
lors de l'adjudication ; que d'ailleurs ces magistrats peuvent, comme créanciers, avoir intérêt
à faire porter ce domaine à sa juste valeur.

Néanmoins nous estimons que cette faculté leur
est interdite, et nous nous fondons sur ce que,
si l'immeuble leur est laissé par suite de leurs
surenchères, ils deviennent à leur tour adjudicataires, et rentrent dans la prohibition légale.

Une femme mariée et non autorisée peut-elle
être adjudicataire ?

La négative résulte des art. 215 et 219 du

Code civil, à moins que le juge ne l'ait lui-même autorisée, comme il en a le droit.

Si le mari même autorisait ensuite, l'adjudication reprendrait toute sa force ; dans tous les cas cette nullité ne pourrait jamais être demandée par les créanciers, ni par le premier adjudicataire ; la femme, le mari, et les héritiers seraient seuls recevables à la proposer. Art. 225 du Code civil.

VIe. SECTION.

Du jugement d'adjudication.

Qu'est-ce que le jugement d'adjudication ?

C'est la transcription du cahier des charges, revêtue de la forme exécutoire des jugemens, avec injonction au saisi de laisser la possession, sous peine d'y être contraint, même par corps ; si la loi ne le soustrait point à cette peine. *Voy. art.* 2066 *du Code civil.*

« Il faut donc qu'avec le jugement on signifie la déclaration, l'acceptation ou le pouvoir, observait la COUR D'AGEN. »

Effectivement, il est bien de consigner cette formalité dans le jugement même, pour

L'avoué poursuivant l'ordre ne peut être chargé, de la part des créanciers contestans, parce que ceux-ci ont des intérêts distincts, et souvent opposés à ceux du créancier poursuivant, et qu'il serait dangereux de mettre tous les intérêts dans la même main, 760.

Ici, plus encore que dans les procès ordinaires, la loi craint les écritures et les frais inutiles, parce que l'abus pourrait devenir très-grave, diminuer et même absorber le prix entier de l'immeuble, elle ne permet ni requêtes ni replique; « l'audience est poursuivie sur un simple acte d'avoué à avoué, et sans autre procédure, » du moins les écritures ne passent point en taxe, et demeurent à la charge de celui qui les a faites, 761.

Ici, comme dans le cas et par les motifs que nous avons exprimés sur l'art. 668, le jugement est rendu sur le rapport du juge-commissaire et les conclusions du ministère public : il contient liquidation des frais, comme rendu en matière sommaire (1), 762.

Ici enfin, les délais ordinaires d'appel sont trop longs, ils tiennent en suspens les intérêts de trop d'individus, il faut terminer les

____

(1) Voy. art. premier du décret impérial relatif aux dépens en matière sommaire.

contestations survenues dans le plus court inter-valle possible , dix jours seulement sont accor-dés depuis la signification du jugement , sauf l'augmentation à raison de la distance ; et pour hâter davantage , l'acte d'appel doit contenir l'assignation comme les appels ordinaires , et de plus l'énonciation des griefs comme dans un exploit d'opposition à un jugement par dé-faut , ou intervention , 763.

« L'avoué du créancier dernier colloqué pourra être intimé s'il y a lieu , » porte l'art. 764 , c'est-à-dire , que dans les cas où ce n'est pas lui qui est chargé de défendre , il peut être appelé , lorsque sa créance court risque de ne pas venir en ordre utile , ou qu'il peut avoir des raisons particulières pour combattre celui qui veut le primer, ou autres motifs semblables.

La procédure sur l'appel se poursuit aussi précipitamment et aussi économiquement que celle de première instance. La loi ne permet de signifier pour toutes écritures que de simples conclusions motivées de la part des intimés , l'audience se poursuit conformément à l'art. 761 ci-dessus.

Ici s'élève une question assez importante : un créancier peut-il prendre communication des productions, produire même ou demander sa collocation et contester en cause d'appel ?

Nous pensons que l'art. 756 prononce la forclusion pour tous les cas où l'on n'a pas pris communication en première instance; lorsqu'elle est une fois encourue, comme elle l'est de plein droit, il en résulte que la communication ne peut avoir lieu en cause d'appel.

Il n'en est pas tout-à-fait de même de la production, l'art. 757 met seulement les frais à la charge de celui qui produit après le délai fixé. Ainsi en supportant cette peine, la production peut encore se faire en appel.

Quant à la collocation, nous pensons qu'elle peut encore se demander sur l'appel, jusqu'à la clôture définitive de l'ordre, comme on peut aussi intervenir sur l'appel pour contester. *Voy. p. 173 du 3e. vol.*

L'arrêt doit contenir la liquidation des frais; les parties qui succombent, supportent les frais de l'appel sans qu'elles puissent les rejetter sur le débiteur saisi, ni les confondre avec ceux de l'ordre; on applique cette maxime que celui-là doit supporter les dépens qui les occasionne (1), 766.

Aussitôt après quinzaine depuis que le jugement a acquis l'autorité de la chose jugée,

---

(1) Voy. pag. 396 du premier vol.

c'est-à-dire, quinzaine après le jugement inter-venu sur les contestations, ou quinzaine après la signification de l'arrêt s'il y a eu appel, le commissaire arrête définitivement l'ordre des créances contestées et de celles postérieures.

Chacun des créanciers peut réclamer la somme colloquée; et s'il y a retard, il ne peut plus être imputé qu'à eux : les intérêts et arrérages cessent de courir pour eux, 767.

L'avoué des créanciers unis pour contester une collocation de créance antérieure, doit être préféré à tous ces créanciers ; il vient pour récupérer ses frais, immédiatement après les créanciers dont la collocation n'a point été attaquée; il a le privilège accordé par l'art. 2101, n°. 1 du Code civil, 768.

Il n'en est pas ainsi de l'huissier. Ainsi jugé par deux arrêts de la cour de Colmar, l'un en date du 12 fructidor an 13, l'autre du 8 février 1806. Voici les motifs du premier :

« Considérant qu'ils (les huissiers) étaient chargés de commission de la part de Rock et Mœrlen, dont ils n'étaient conséquemment que les mandataires ; que pour les frais qui ont pu leur revenir pour avoir occupé pour eux, ils étaient devenus créanciers de leurs mandans, et non créanciers des débiteurs de ceux-ci, vis-à-vis desquels aucune action personnelle n'avait pu être ouverte en leur faveur..... Ils n'ont donc pu s'ériger en créanciers des débiteurs de leurs commettans, en se présentant dans l'ordre de leur chef, ni être colloqués utilement *et même par privilège* pour des frais qu'ils ne pouvaient répéter qu'à ceux qui avaient employé leur ministère, etc. »

Nous pensons que ces arrêts, et par les mêmes motifs, doivent être suivis aujourd'hui.

Mais lorsque l'avoué a ainsi obtenu distraction et préférence de ses frais sur les créanciers qu'il a défendus, la justice veut qu'en recevant ce qui lui est dû il cède ses droits à celui des créanciers qui se trouve frustré de ce recouvrement par l'effet de cette préférence. la cour doit même prononcer cette subrogation dans l'arrêt, afin que le créancier subrogé puisse agir contre la partie condamnée, 769.

« Une disposition sévère, mais aussi sage que sévère, empêchera qu'aucun créancier n'élève légèrement une contestation ; c'est celle que contient l'art. 770, qui veut que la partie saisie et le créancier sur lequel les fonds manqueront, puissent avoir leur recours contre ceux qui ont succombé dans la contestation pour *les intérêts et les arrérages qui auront couru pendant le cours desdites contestations.* » (M. Réal.)

De même que les intérêts sont dus par un

débiteur constitué en retard, de même ces intérêts sont à la charge de la partie adverse, lorsqu'elle a causé un semblable retard.

Quand toutes les contestations sont terminées, que les frais sont prélevés, il ne reste plus qu'à partager les deniers restant, suivant l'ordre des créanciers colloqués. Dix jours après l'ordonnance du commissaire, le greffier délivre à chaque créancier un bordereau de collocation qui est exécutoire contre l'adjudicataire, c'est-à-dire, qu'il ne peut, sous aucun prétexte, refuser de payer à vue du mandement du greffier, 771.

« L'acquéreur sera donc détenteur des fonds, observait la cour d'Agen ; voilà une nouvelle procédure qui va commencer, s'il refuse de payer. Cependant cet acquéreur jouit du bien depuis un ou deux ans, et de son argent ; sera-t-il tenu de rendre les fruits, s'il est dépouillé par une folle enchère ? sera-t-il tenu des intérêts envers les créanciers depuis l'adjudication, s'il garde les fruits ? La loi ne dit rien. »

« Il faudrait au moins que la loi assurât le moyen de faire payer les créanciers sans discussion après la procédure de l'ordre ; ce qui serait, si l'acquéreur se dénantissait des sommes par la consignation, ou mieux si l'on jugeait l'ordre avant l'adjudication. L'art. 2186 du Code civil, qui ordonne la consignation, est plus juste. »

La réponse à cette observation se tire du droit commun. Il suffit de consulter l'art. 1652 du Code civil pour décider que si la chose vendue produit des fruits, l'acquéreur doit intérêt pour tout le tems où il a joui.

Toutes les fois qu'un créancier reçoit son paiement, il est souverainement juste qu'il consente la radiation d'une inscription qui devient par-là même absolument inutile pour lui, tandis qu'elle n'en serait pas moins préjudiciable au propriétaire de l'immeuble. Il est inutile de prendre des mesures conservatoires quand on n'a plus rien à réclamer, 772.

Si le créancier remboursé ne donnait pas ce consentement, il serait passible des frais et dommages-intérêts résultant de son refus.

Et même pour exécuter cette radiation sans difficulté, la loi astreint le conservateur de radier d'office les inscriptions, sur la simple représentation du bordereau quittancé, et jusqu'à concurrence de la somme acquittée; 773.

Comme l'acquéreur n'est tenu de payer que jusqu'à concurrence du prix de son adjudication, la radiation s'opère aussitôt que l'adjudicataire justifie du paiement de la totalité de son prix , et de l'ordonnance du juge qui prononce la radiation des créanciers non colloqués.

§ II.

De l'ordre en cas d'aliénation volontaire.

« Après avoir réglé avec soin tout ce qui a
rapport à la radiation des inscriptions , la loi
s'occupe des ordres qui peuvent être la suite
d'aliénation , autre que celle par expropriation :
elle rappelle et consacre le principe qui veut
que l'ordre ne puisse , dans ce cas, être provoqué, s'il n'y a plus de trois créanciers inscrits (1). »

L'aliénation est volontaire , soit par suite
d'une vente judiciaire consentie par tous les
créanciers majeurs, soit autrement.

Alors l'ordre est provoqué par le plus diligent créancier, et dans les délais tracés par
les art. 2185 et 2194 du Code civil, 775.

Ensuite on procède à l'ordre d'après les formalités que nous venons de parcourir , à l'égard de la saisie immobiliaire, et de l'expropriation qui en est la suite, 776.

L'acquéreur est préféré à tout créancier pour
le coût de l'extrait des inscriptions , et pour

____

(1) M. Réal.

les dénonciations aux créanciers inscrits, comme
étant des frais préjudiciaux (1), 777.

C'est un principe immuable de justice, que
*chaque créancier peut surveiller les intérêts de
son débiteur.* Ainsi tout créancier peut prendre
inscription pour conserver les droits de son
débiteur; mais le montant de la collocation
est distribué, comme chose *mobiliaire*, entre
tous les créanciers inscrits ou opposans avant
le jugement d'ordre, 778.

La disposition de cet article ne doit s'entendre que des cas où les autres créanciers ne
contestent pas la créance du débiteur; s'ils
la contestent, tous les créanciers de ce débiteur doivent se réunir pour en défendre la
validité, et procéder d'après les règles tracées
ci-dessus par les art. 760 et suiv.

En cas de retard ou de négligence dans la
poursuite d'ordre (2), la subrogation peut être
demandée, c'est-à-dire, que le créancier postérieur a le droit de forcer le saisissant à lui
abandonner le soin de continuer les poursuites.

La demande en subrogation est formée par
requête insérée au procès-verbal d'ordre, com-
muniquée au poursuivant par acte d'avoué, et

____

(1) Voy. art. 2101, n°. 1 du Code civil.

(2) Voy. ce que nous avons dit sur l'art. 722.

jugée sommairement en la chambre du conseil, sur le rapport du juge-commissaire et sans qu'il y ait ni plaidoirie ni écriture, 779.

Un créancier en *sous ordre* est - il fondé à requérir la subrogation aux droits du poursuivant et continuer la saisie abandonnée ?

L'art. 779 du Code qui permet la subrogation pour fraude, négligence et collusion, ne semble applicable qu'aux créanciers postérieurs, et non aux créanciers des créanciers ; en effet, pour être subrogé à un poursuivant en matière de saisie immobiliaire , il faut être créancier du débiteur saisi. Ainsi jugé sous l'empire de la loi du 11 brumaire an 7, par arrêt de cassation du 10 pluviose an 12.

Mais cette décision nous paraît un peu sévère, elle est même en opposition avec l'art. 1166 du Code civil , qui permet au créancier d'exercer tous les droits de son débiteur et par conséquent de continuer des poursuites mal-à-propos abandonnées par ce dernier.

Elle est en opposition avec l'art. 778 qui permet également à chaque créancier de conserver les droits de son débiteur.

Les créanciers sous condition, ceux dont les droits ne sont point encore ouverts , ou dont l'obligation n'est point encore à terme, peuvent-ils se faire colloquer dans l'ordre ?

M. Grenier, dans son rapport, n'a point laissé échapper ces difficultés : « elles trou-
» veront, dit-il, leur solution, indépendamment
» de quelques dispositions du Code civil, dans
» les principes généraux de jurisprudence, qui
» sont de tous les tems, parce qu'ils sont le
» résultat immédiat des premières notions de
» la justice. »

Il est à regretter que cet auteur n'ait point décidé nettement ce point aussi important. En se reportant aux principes généraux de jurisprudence où il renvoie, on trouve dans l'article 16 de l'ord. de 1551 « que s'il y a opposition
» formée pour l'événement d'un procès péti-
» toire, intenté pour raison des choses criées, ou
» aucun droit réel prétendu sur icelles, qui puisse
» prendre long trait, ou bien pour recours
» de garantie ou autre semblable droit, dont
» n'y aurait procès encommencé, au moyen
» desquelles oppositions est empêchée l'adju-
» dication par décret et distribution de deniers,
» sera préfixé un tems certain à l'arbitrage de
» justice, pour faire vider lesdits procès jà
» commencés et pendans, et à faute de ce faire
» dans ledit tems, seront lesdits procès péti-
» toires intentés auparavant la saisie, évoqués
» et apportés devant les juges pardevant les-
» quels seront pendantes lesdites criées. . . . . .

Sera

« Sera aussi passé outre pour le regard des
» oppositions de recours de garantie, pour
» lequel n'y aurait procès commencé, à la
» charge que les opposans postérieurs seront
» tenus obliger et hypothéquer tous et chacun
» leurs biens, et bailler caution idoine et
» suffisante de rendre et restituer les deniers
» qui par eux seront reçus à l'opposant ou
» opposans pour raison de ladite garantie, qui
» seraient trouvés être précédens en hypothè-
» que auxdites oppositions, auxquels la distri-
» bution aurait été faite. »

Ainsi en prenant de cet article ce qui peut
s'adapter à notre législation actuelle (1), il en
résulterait que lorsque ce sont des droits incertains, qu'il y a instance dans les tribunaux,
on peut fixer un tems pendant lequel les intéressés feront vider le procès.

S'il n'y a pas litige, et que les droits soient
incertains, alors on passera outre à l'opposition, à la charge, par les créanciers à qui l'on
paie, de donner bonne et suffisante caution
de rendre si le cas y échet.

Nous assimilerions à ce cas celui où le
droit est certain, mais n'est point encore ou-

---

(1) On voit qu'il faut écarter ce qui est relatif à l'évocation, et qui
ne se concilierait pas avec la compétence actuelle des tribunaux.

vert ; on peut toujours payer, à charge, par celui qui reçoit de fournir caution de rendre, lorsque le droit s'ouvrira, à moins cependant qu'on ne se trouve dans le cas de l'art. 2184 du Code civil, où l'acquéreur voudra purger, et où il ne doit dans l'offre de remboursement faire aucune distinction des dettes exigibles et non exigibles.

1°. Doit-on colloquer dans l'ordre les créanciers à terme, et dont la créance ne porte pas intérêt?

Boudet était créancier de Lesguillez d'une somme de 30,000 fr., payable dans vingt ans, sans intérêt.

Lesguillez fait faillite ; on vend ses biens. Boudet demande à être colloqué dans l'ordre, sur le prix provenant de deux maisons spécialement hypothéquées à sa créance.

Les créanciers s'y opposent, et soutiennent que la créance ayant encore quinze ans à courir, il n'y avait tout au plus lieu à collocation qu'en laissant un capital de 30,000 fr. entre les mains de l'acquéreur, qui en paierait l'intérêt aux créanciers pendant ce tems.

Malgré ces observations, la cour d'appel de Paris, par arrêt du 28 novembre 1806 (Voy. pag. 152 et suiv., 8e. vol. de la *Jurisprudence du Code civil*), ordonna qu'il serait délivré à Boudet un bordereau de collocation pure et simple.

Mais nous ne pensons pas que cet arrêt doive être suivi ; il renferme une fausse application de l'art. 2184 du Code civil , sur lequel il est fondé ; car ici l'acquéreur ne voulait pas purger. Et d'ailleurs, lors même qu'il l'eût voulu, il ne pouvait le faire au préjudice des créanciers du débiteur ; car il est certain que le créancier qui recevait aujourd'hui 30,000 fr. qu'il n'espérait pas , et qu'aux termes mêmes de son acte , dont cette condition faisait partie essentielle, il ne pouvait demander que dans quinze ans, ou amélioré son sort , ou ajoute à son contrat , au préjudice des créanciers qui, jouissant pendant trente ans , eussent pu trouver là un moyen d'éteindre leur créance ou de la diminuer , d'autant que les 1500 fr. , qui étaient le plus faible produit des 30,000 , auraient excédé les intérêts qui étaient dus aux créanciers , si toutefois ils avaient droit d'en demander.

Pour savoir si le propriétaire d'une rente foncière constituée sous les lois anciennes , et qui a une hypothèque générale sur tous les biens du débiteur , peut être colloqué dans l'ordre pour le remboursement du capital et des intérêts de cette rente, *voy*. pag. 173,

6e. vol. de notre *Jurisprudence du Code civil*, un arrêt de la cour de Nîmes, qui a jugé l'affirmative. *Voy*. aussi *ibid*. le tableau de la législation que nous avons présenté sur ce point de droit.

2°. Les créanciers qui ont eu sous la loi ancienne hypothèque générale, mais qui n'ont point renouvelé leur inscription sous la loi de brumaire, doivent-ils être colloqués dans l'ordre avant les créanciers postérieurs, mais qui ont pris inscription conformément à la loi ?

Par arrêt du 10 février 1807, la COUR DE LIÉGE a jugé l'affirmative, « attendu que les créanciers hypothécaires de *la masse*.... doivent être colloqués les premiers, et par ordre de date entre eux seuls, sur la totalité des biens vendus, et cela sans égard à la date des inscriptions prises par les créanciers particuliers de chaque co-vendeur (1), qui ne peuvent être colloqués qu'en second ordre, sur la part ou portion du co-vendeur qui a contracté l'obligation, et qui n'a pu donner en hypothèque à ses créanciers sa part plus libre qu'elle n'était. »

---

(1) Celui qui avait consenti hypothèque générale était décédé, ses héritiers avaient vendu, et avaient donné hypothèque spéciale sur les biens déjà grevés d'hypothèque générale.

Le créancier hypothécaire d'une rente constituée ne peut être colloqué dans l'ordre, si
lors de la vente il n'a pas fait déclarer le capital exigible. *Voy.* l'arrêt qui l'a ainsi décidé,
pag. 295, 8e. *vol. de la Jurisprudence du Code
civil.*

5°. Celui qui a une rente viagère dont il a fixé
le capital, peut-il demander à être colloqué
dans l'ordre pour une somme double, et qui
soit suffisante pour assurer le service de la
rente ?

Par arrêt du 11 avril 1807, la cour de
Nîmes a jugé l'affirmative. *Voy. le* 8e. *vol.
de notre Jurisprudence.*

On peut être colloqué dans l'ordre pour
deux ans d'arrérages échus même depuis la
transcription du contrat.

L'inscription faite sans mention d'exigibilité
est nulle (1).

Celle qui est prise par la femme pour un
douaire non ouvert, ne profite pas aux enfans
propriétaires du fonds de ce douaire, attendu
que pour le conserver ils doivent prendre une
inscription en leur nom propre.

---

(1) Nous croyons qu'il interviendra aussi un avis du conseil d'état sur
ce point.

Les créanciers postérieurs à la femme peuvent toujours être colloqués, en attendant l'ouverture du douaire.

Tous ces points résultent d'un arrêt de la cour de cassation, du 4 frimaire an 14, qui a rejetté le pourvoi contre un arrêt de la cour d'appel de Paris, rendu entre Greffet et la dame Sillemain.

L'élection de domicile faite par le poursuivant, dans l'affiche d'expropriation, dure autant que la poursuite même, et s'étend jusqu'à l'ordre et à la distribution du prix qui en font partie.

La déchéance, faute de production dans les trente jours de l'ouverture de l'ordre, n'est encourue que par les créanciers privilégiés non inscrits ; les créanciers inscrits conservent leur hypothèque.

Ainsi jugé par la cour de cassation, le 22 janvier 1806, entre Terrasson et la dame Rossari.

4°. L'art. 749, qui dit « que les créanciers seront tenus de se régler entre eux ; » et l'art. 750, portant « que le créancier le plus diligent requerra la nomination d'un juge devant lequel on procédera à l'ordre, » s'appliquent-ils aux chirographaires comme aux hypothécaires ?

La loi ne faisant aucune distinction, et les

créanciers chirographaires ayant aussi droit de figurer dans l'ordre , quoiqu'on ne soit pas tenu de les y appeler , nous estimons qu'ayant intérêt ils ont qualité pour poursuivre l'ordre.

5°. Devant quel tribunal se portent les contestations qui pourraient s'élever dans la distribution du prix ?

Devant celui où s'est faite l'adjudication , parce que l'ordre en est une suite.

Mais si la vente a été volontaire , et qu'il y ait des créanciers chirographaires qui contestent , alors il faut les citer devant le tribunal de leur domicile.

Si cependant il y a eu surenchère sur la vente volontaire , l'art. 2187 du Code civil disant qu'on procède comme dans les expropriations forcées , il faudra dès-lors se pourvoir ici , comme dans le premier cas , devant le tribunal qui aura prononcé l'adjudication par suite de la surenchère.

6°. Est-ce du moment de la clôture de l'ordre, ou de celui de la délivrance des bordereaux, que cessent les intérêts ?

Le greffier ne peut délivrer les bordereaux que conformément à ce qui a été arrêté par le juge-commissaire ; ainsi nous estimons qu'il ne doit pas y ajouter les intérêts qui auront pú courir depuis la clôture de l'ordre.

7°. Les créanciers en sous-ordre qui ont pris inscription, doivent-ils être sommés de produire ?

Il suffit qu'ils aient pris inscription pour que leurs droits ou les espérances qu'ils ont soient connus, et que par-là on doive les appeler, sauf ensuite à ceux qui ont intérêt à contester, s'ils le jugent à propos.

8°. La quinzaine accordée par l'art. 767, pour clore l'ordre, court-elle depuis la prononciation du jugement, ou depuis sa signification ?

L'article disant « quinzaine après le jugement, » et disant ensuite « quinzaine après la *signification* de l'arrêt, » nous croyons que le législateur a voulu donner deux décisions différentes, puisqu'il y a différence dans l'expression. Ainsi, dans le premier cas, la quinzaine courra depuis la prononciation du jugement.

FORMULES.

N°. 340.

Réquisition et nomination d'un juge-commissaire.

Voyez le N°. 307.

N°. 341.

Ordonnance du commissaire, et sommation de produire.

Voy. les N°s. 309 et 120.

N°. 342.

Acte de produit.

Joseph Cretin, marchand drapier à Strasbourg, demeurant etc., créancier hypothécaire du sieur Najac, demeurant à Versailles, débiteur saisi, comme il est justifié par un bordereau d'inscription prise sur une maison sise à Versailles etc., et adjugée sur ledit Najac à l'audience des criées le 30 mai dernier.

Requiert M. le juge-commissaire nommé pour procéder à l'ordre des créanciers réclamant le prix de ladite maison, de le colloquer dans l'ordre suivant le rang et la date de son inscription et hypothèque, pour une somme de 1000 fr., pour etc.

Fait à Versailles, le six juin mil huit cent sept.

N°. 343.

Etat de collocation.

Etat de collocation des créanciers inscrits, ayant produit et ayant droit ;

1°. A la somme de cent mille francs, formant le prix de l'adjudication d'une maison sise à Versailles, département de Seine et Oise, faite par jugement du   , sur le sieur Najac etc., au profit du sieur B   , demeurant etc.

2°. A la somme de cinq mille francs, provenant des loyers saisis à la requête du poursuivant entre les mains des sieurs　　, locataires.

(Ici faire la collocation suivant les priviléges, le rang des créances hypothécaires et le nombre des chirographaires.)

(Ainsi clore le procès-verbal.)

L'état de collocation ci-dessus ainsi fait par nous juge-commissaire nommé par ordonnance de M. le président de ce tribunal, sur le registre des adjudications, le ....

Entre le sieur N　　, poursuivant l'ordre,

Et les créanciers hypothécaires inscrits qui nous ont produit leurs titres et pièces, avec leurs demandes en collocation,

Contre le sieur Najac, partie saisie.

Ordonnons qu'à la diligence du poursuivant, les créanciers produisant et la partie saisie seront sommés d'en prendre communication, et de contredire, s'il y a lieu, dans le mois sur notre présent verbal, qui a été signé par nous et notre greffier.

Fait à Paris, ce

   Signé N , *juge-commissaire.*

    L , *greffier.*

N°. 344.

Sommation de prendre communication.

Voyez la formule 177.

Voy. aussi les formules 312 et suiv., *pag.* 300 de ce volume.

Fin du quatrième volume.

TABLE

DES CHAPITRES, SECTIONS ET PARAGRAPHES CONTENUS DANS LE IVᵉ. VOLUME.

T A B L E
DES FORMULES.

Fin de la table du quatrième volume.

www.ingramcontent.com/pod-product-compliance
Ingram Content Group UK Ltd.
Pitfield, Milton Keynes, MK11 3LW, UK
UKHW022054120726
13694UKWH00001B/127